大故宫六百年风云史

阎崇年

青岛出版社

## 图书在版编目（CIP）数据

大故宫六百年风云史 / 阎崇年著. — 青岛：青岛出版社，2020.5

ISBN 978-7-5552-9105-3

Ⅰ.①大… Ⅱ.①阎… Ⅲ.①故宫-历史-北京 Ⅳ.①K928.74

中国版本图书馆CIP数据核字（2020）第043131号

| | |
|---|---|
| 书　　名 | 大故宫六百年风云史 |
| 著　　者 | 阎崇年 |
| 出版发行 | 青岛出版社（青岛市海尔路182号，266061） |
| 本社网址 | http://www.qdpub.com |
| 邮购电话 | 13335059110　0532-68068026 |
| 策　　划 | 刘　咏　蔡晓林 |
| 责任编辑 | 刘　坤　刘　冰 |
| 营销编辑 | 秦　玥 |
| 营销宣传 | 许璐娜　张乐燕　杨佳希　仇　巍　宫一帆 |
| 插　　图 | 三水木　黄俊凯 |
| 装帧设计 | 单向空间 |
| 封面设计 | 陈　麟 |
| 内文设计 | W戊戌同文 |
| 印　　刷 | 青岛国彩印刷股份有限公司 |
| 出版日期 | 2020年5月第1版　2020年5月第1次印刷 |
| 开　　本 | 16开 |
| 印　　张 | 25.75 |
| 插　　页 | 10 |
| 字　　数 | 500千 |
| 书　　号 | ISBN 978-7-5552-9105-3 |
| 定　　价 | 98.00元 |

编校印装质量、盗版监督服务电话　4006532017　0532-68068638

六百年来，故宫就像一座历史的大舞台，明朝和清朝先后有二十四位皇帝在这里演绎了自己的历史角色，他们的皇宫已经成为故宫和故宫博物院；宫中所用、所藏，已经成为故宫博物院的收藏。而我最关注的，是六百年来，那些跟皇宫、故宫相关联的人，人的命运，人的奋争，人的喜怒哀乐。

掐丝珐琅通常是铜胎，用铜丝按照胎上绘好的纹饰，沿着边缘掐焊铜丝，然后点上不同的釉彩，再入炉窑，在约800摄氏度的火中烧造，出炉以后，打磨抛光。据传，一件珐琅器约需108道工序方能完成。

明・銅胎掐絲琺瑯纏枝花卉紋碗

对于故宫,要从多侧面观、多角度看。从建筑感受壮丽辉煌,从文化感受丰富多彩,从哲学感受天人合一,从历史感受兴盛衰亡,从服饰感受绚丽多姿,从文物感受真善美,从人物感受立德立业,从宫室学到布置装潢,从园林学到天然情趣,从教育感受成才培养,从警卫感受安全重要,从礼制感受日常学养。

杯的外壁绘两组相同的鸡群，都是一只公鸡、一只母鸡、三只小雏鸡。母鸡和公鸡沉稳，雏鸡顽皮，活灵活现，跃然瓷上。鸡群周围，洞石清秀，幽兰碧青，牡丹吐艳，一派春意盎然的景象。

明・成化斗彩鸡缸杯

故宫的建筑、人物、珍宝——器物、服饰、珠宝、书画、典籍、档案等——早已不是皇家的财富,而是士人、匠师、能工、夫役等,用鲜血、智慧、汗水和生命凝聚的,是中华民族的珍贵财富。后人对中华文化遗产,既应抱以敬畏之心、赞颂之意、骄傲之情、欣赏之趣,更应行以守护之职、关爱之举、学习之实、弘扬之责。

乾隆四十二年（1777年）正月二十三日，崇庆皇太后病逝于圆明园长春仙馆，享年八十六。乾隆帝下诏制作金发塔一座，塔高147厘米，使用黄金三千多两，镶嵌珠宝、绿松石、珊瑚等。塔肚内有一个金盒子，珍存太后的头发。金发塔安放在紫檀木莲花瓣须弥座上。这座金发塔现在在故宫博物院珍藏并展出。

清・乾隆金发塔

第一道城墙就是紫禁城，也叫宫城。宫城里面就是皇宫，也称大内，是皇帝理政和居住的地方，也是北京的心脏、国家的心脏。宫城四面有城门：南面为正门，有三道门——第一道是承天门，就是天安门，第二道是端门，第三道是午门；东面为东华门；西面为西华门；北面为玄武门，也就是神武门。城墙四角建有角楼。城墙外面有护城河环绕。

故宫既是中华的,故宫更是世界的。故宫博物院早在1987年就被列为世界文化遗产。故宫,不仅是中华文明的骄傲,而且是世界文明的瑰宝。故宫六百年证明:中华民族已对人类文明发展做出辉煌的贡献,而且正在做着积极的贡献!

# 自序

2020年恰逢北京故宫建成六百周年，而我与故宫结缘，也有七十多年了。1949年4月，我第一次走进故宫博物院参观，接着在故宫西邻的清代升平署旧址读中学六年。我们曾在天安门广场上体育课，更是经常穿梭行走在故宫、景山、北海、中南海、中山公园（社稷坛）和劳动人民文化宫（太庙）等之间。在把清史作为自己的研究方向之后，我的故宫之行就增添了学术情结和研究旨趣。改革开放以后，我陆续见证和参与了故宫学术研究的许多重要节点，比如中国紫禁城学会成立，《紫禁城》杂志创刊，《故宫学刊》复刊，故宫出版社成立，《故宫志》和《故宫辞典》编纂出版等，结交了一批故宫学的著名专家和青年俊彦。

在我看来，研究明清史，离不开北京故宫。因为它是明清时期国家的政治中心、文化中心和国际交往中心，是国家政权的象征。它又是这六百年历史的核心载体，明清史上发生的所有重大事件、所有重要人物，都直接或间接地和故宫相关联。而且，故宫传承和留存下来的历史档案、浩瀚典籍、伟丽建筑和珍贵文物，为历史研究提供了鲜活的资料。所以，在我数十年的学术生涯里，借住在北京这一地利，我和故宫结下了不解之缘。

从2000年开始，我集中更多的时间和精力，着手读故宫，写故宫，讲故宫。2002年，我的《清朝皇帝列传》（上、下册）由紫禁城出版社出版。2010年至2013年，我写出了七十万字的《大故宫》，分为第一、二、三部，由长江文艺出版社出版，同期在央视《百家讲坛》讲述。《大故宫》以故宫的平面格局为纽带，串联起故宫的建筑、人物、事件和文物。2015年，我写出《大故宫》第四部《御窑千年》，由生活·读书·新知三联书店出版，同期，又在央视《百家讲坛》讲述。《御窑千年》勾勒出景德镇御窑在宋元明清千年中的沧桑变迁及与故宫的紧密联系。2019年，我写出《故宫六百年》，在此基础上，我又按照网络音频课程的特点，改写出比较通俗易懂的《大故宫六百年风云史》。2020年，《故宫六百年》文稿由华文出版社出版，其音频播出稿《大故宫六百年风云史》由青岛出版社出版，我同时在喜马拉雅网络音频平台开讲同名课程。《大故宫六百年风云史》以时间为线索，讲述故宫六百年的历史故事。2020年春节，疫情来袭，利用在家避疫的几个月，我又写出了《故宫疑案》，将由中国民主法制出版社出版。至此，我的故宫研究也就暂告一个段落。

对于《大故宫六百年风云史》的筹划、出版，全国政协文化文史和学习委员会副主任、中国版权协会理事长阎晓宏，青岛出版集团前董事长孟鸣飞，均给以关心和支持；青岛出版集团董事长王为达率党委委员、董事李茗茗，青岛出版社总编辑刘咏及社科人文出版中心总经理蔡晓林，人文图书编辑部主任刘坤、编辑刘冰等，亲临小舍给予温暖的支持；喜马拉雅联席首席执行官陈小雨、副总裁李兴仁、亲子儿童事业部副总经理宋楠、制作人覃方可和叶康以及王磊先生等给予关心、支持和付出辛劳，谨此致谢。

从本书的选题策划、资料收集、文稿撰写、校样审阅、信息往来到生活保障等，我的夫人倾注心血，任劳任怨，就不言谢了。

这本书是在烟台紫金山庄写成的，李林才董事长给予亲切关怀与热心支持，谨表敬谢。

阎崇年

# 目 录

自序 ......1

01 · 开篇——故宫已经六百岁了 ......001

02 · 故宫之源——是谁成就了大明基业？......005

03 · 皇宫秘闻——建文帝朱允炆的传奇 ......009

04 · 迁都北京——永乐皇帝朱棣的重大决策 ......013

05 · 国家心脏——四道城墙、三道护城河都护卫着什么？......017

06 · 故宫摹本——从南京的吴王府说起 ......021

07 · 北京中轴线——皇宫南有"三凸"，北有"三靠"......025

08 · 大明门——大才子解缙的人生福祸 ......028

09 · 三大殿天火——让永乐帝又爱又恨的名臣夏原吉 ......032

10 · 宦官使者——郑和、亦失哈、侯显 ......036

11 · 乾清宫的哭声——后宫第一代主人与残酷的宫妃殉葬制度 ......040

12·囚禁西华门——永乐帝三个儿子一直在争什么 ......044

13·国师李时勉——洪熙皇帝被谁气死了？......048

14·五全皇后——从世子妃到太皇太后的传奇 ......052

15·福祸无常——故宫里第一位被废掉的皇后 ......056

16·故宫宝物——宣德炉、甜白釉、掐丝珐琅 ......060

17·文渊阁的传奇——杨士奇为何能连做四朝老臣 ......064

18·定都北京——七岁的孩子怎么做皇帝 ......068

19·皇帝俘虏——正统帝怎么成了阶下囚？......072

20·兵临城下——杀掉于谦就是自毁长城 ......076

21·南宫复辟——兄弟俩的皇位之争 ......080

22·英宗皇后——被阻挠的合葬 ......085

23·正派家风——从皇宫走出的一门三代国子监祭酒 ......088

24·两次大婚——成化皇帝为何独宠万贵妃？......092

25·生在冷宫——六岁才见到皇父的弘治皇帝 ......096

26·保和殿的荣耀——明朝唯一连中三元的学霸 ......099

27·故宫宝物——成化斗彩鸡缸杯、三秋杯 ......103

28·张后擅宠——弘治帝为什么只有皇后没有妃嫔 ......107

29·宗室之害——那些当不了皇帝的老朱家人 ......111

30·被冷落的乾清宫——荒唐的正德帝和他的豹房 ......114

31·邪不压正——大太监刘瑾的下场 ......118

32 · 天子御驾——令正德皇帝元气大伤的西征和南巡 ......122

33 · 王阳明——从午门廷杖到此心光明 ......126

34 · 皇位空置——首辅杨廷和的三十八天 ......131

35 · 有权就任性——朱厚熜继承了谁的皇位？ ......135

36 · 大江东去——被贬成的状元杨慎 ......139

37 · 嘉靖后宫——竟然遭到宫女谋杀 ......143

38 · 搬进西宫——炼丹吃药求长生不老 ......147

39 · 撵出皇宫——扭曲的父子关系 ......151

40 · 海瑞上疏——嘉靖晚年的当头一棒 ......155

41 · 隆庆登极——皇帝又懒又贪，怎能实行新政？ ......159

42 · 父子帝师——给皇帝当老师是怎样的体验？ ......163

43 · 少年天子——严厉的母后、大伴和张先生 ......168

44 · 酒色财气（上）——万历帝如何为自己辩解？ ......172

45 · 酒色财气（下）——皇帝敛财的手段 ......176

46 · 立储风波——万历帝为什么不愿意立太子？ ......180

47 · 三娘子——与明朝交好的蒙古奇女子 ......184

48 · 定陵之谜——万历帝的皇陵总是出岔子？ ......188

49 · 后金崛起——明朝为何在萨尔浒一败涂地？ ......192

50 · 红丸疑案——泰昌帝是死于红色药丸吗？ ......196

51 · 慌乱继位——天启帝继位之初的政坛斗争 ......200

52·客魏当道——客氏与魏忠贤如何狼狈为奸？......204

53·天启张后——成为皇后要经过多少次筛选？......208

54·辽河三战——以己之短，攻敌之长......212

55·宁锦大捷——明军为何反败为胜？......216

56·九次落榜——锲而不舍的文震孟......220

57·崇祯之悲——悲剧的人生，悲剧的时代......224

58·末日一拼——明朝面对农民军的最后一次挣扎......228

59·煤山自缢——崇祯皇帝的最后一天......232

60·士人殉国——明末忠臣孙承宗和史可法......237

61·改号大清——皇太极如何用谋略制胜？......241

62·清朝入主——为什么选择定都北京？......245

63·董妃之谜——顺治帝的爱妃是董小宛吗？......249

64·顺治出家——终老寺庙还是死于天花？......253

65·太后下嫁——孝庄和多尔衮真的结婚了吗？......257

66·童年玄烨——自强勤学的他经历了什么磨炼？......261

67·终生读书——康熙帝读书有哪些诀窍？......265

68·孝爱祖母——奶奶和康熙帝的祖孙情......269

69·六下江南——康熙帝如何开解南方汉人心中的结？......273

70·康熙治河——为什么水利和漕运这么重要？......277

71·御史弹相——明珠与索额图的结党争斗......281

72·立废太子（上）——康熙帝对太子的精心教育......285

73·立废太子（下）——康熙帝为何对太子失望？......289

74·雍正夺位——韬光隐晦的老四如何突然得到皇位？......293

75·继位疑案（上）——雍正帝对兄弟宠臣动用了什么手段？......297

76·继位疑案（下）——康熙帝遗诏被涂改过吗？......301

77·雍正年窑——高级的皇家审美是怎么养成的？......306

78·生母之谜——乾隆帝生母是汉人吗？......310

79·乾隆膳单——八十九岁的长寿皇帝平时怎么吃？......314

80·三帝国师——怎样的人才可以做康雍乾三个皇帝的老师？......318

81·惩治贪官——匪夷所思的贪污大案......322

82·有福之人——乾隆皇帝的生母钮祜禄氏......326

83·和珅儿媳——乾隆帝最喜欢的十公主......330

84·御制唐窑——为皇帝督造瓷器的唐英......335

85·宫中三宝——大石雕、大玉山和大珐琅塔......339

86·马戛尔尼——遇上无知与傲慢......343

87·和珅得宠秘诀——看得见、信得过、用得上、离不开......347

88·大内遇刺——皇宫两次遭遇危险......351

89·道光继位——第一个同西方签订丧权辱国条约的皇帝......355

90·梅妻鹤子——追慕淡泊名利的高洁情操......359

91·爱国英雄——林则徐的为官与交友......363

92·辛酉政变——年轻的两宫太后和恭亲王 ......368

93·同治新政——短暂的改革与开放 ......372

94·道光四位皇子——影响中国近代史的进程 ......376

95·国师王懿荣——有学问有气节的国子监祭酒 ......380

96·皇帝的称谓——当时的人怎样称呼皇帝？......384

97·皇位继承——越来越专制的选择 ......388

98·皇帝之寿——住在皇宫里的皇帝不见得能长寿 ......392

99·海洋之殇——近代入侵者为什么总是从海上打来？......396

100·故宫新生——从皇宫到故宫再到故宫博物院 ......401

## 01

## 开篇
—— 故宫已经六百岁了

有人问：什么是皇宫？皇宫就是皇帝工作和居住的宫殿。中国最早的皇宫是秦始皇的阿房宫。在秦朝之前，中国没有皇帝，国君称王，只有王宫。现在我们能看到的皇宫是位于北京的明清皇宫。因为明朝和清朝已经离我们远去了，所以这座皇宫在今天被称为故宫，就是过去的皇宫。

又有人问：故宫六百年，是说故宫有六百年历史了，这是怎么算出来的？

明朝永乐十八年（1420年）十一月初四，永乐皇帝朱棣在北京皇宫奉天殿（今太和殿）举行盛典，宣告：北京宫殿，今已告成。接着，接受朝贺，大宴群臣。

第二年，也就是明永乐十九年（1421年）正月初一，永乐皇帝朱棣在北京皇宫奉天殿再一次举行盛典，宣告北京皇宫正式启用，同时接受百官群臣、藩属使臣的新年拜贺！

从此，北京的明朝皇宫正式全面启用。

从1420年建成到2020年，北京明清皇宫——也就是故宫——整整六百年了；而从1421年启用到2021年，也将整整六百年。

六百年来，故宫就像一座历史的大舞台，明朝和清朝先后有二十四位皇帝在这里演绎了自己的历史角色，他们的皇宫已经成为故宫和故宫博物院；宫中所用、所藏，已经成为故宫博物院的收藏。而我最关注的，是六百年来，那些跟皇宫、故宫相关联的人，人的命运，人的奋争，人的喜怒哀乐。宫廷深深，疑案重重，给故宫披上了神秘的面纱。撩开面纱一探究竟，一定是许多朋友的兴趣和愿望。所以，本书将用一百讲的篇幅，说故宫，逛故宫，探秘故宫，欣赏故宫，带读者了解一下六百年来走进故宫的那些人和发生的与故宫相关的那些事。

刚才简要讲了皇宫、故宫以及故宫六百年。这些年出现了一个非常好的文化现象，就是"故宫热"，故宫受到大家的关注和喜爱。"故宫热"的重点，集中在故宫的建筑，特别是故宫的藏品。故宫现存1862690件藏品，每一件都是精品。在这里要强调的是，故宫是美好的，故宫建筑和藏品是精美的，同时我们也不要忘记，故宫也曾经是血色皇宫。为什么这样说呢？因为大皇宫的背后是大一统皇朝，而皇朝的兴起往往都是以血腥的战争为基础的。古人说"一将功成万骨枯"，王朝、皇宫更是如此。

以秦国大将白起为例。据《史记·白起列传》记载，白起统率秦军，同韩国和魏国大战于伊阙（今洛阳龙门），斩首二十四万；又攻魏国，斩首十三万；接着与赵国作战，把赵国两万兵士沉入河中；后来攻韩国陉城（今山西曲沃东北），斩首五万；再攻赵国，长平（今山西晋城高平市外）之战前后斩杀四十五万。仅以上五战，即斩杀八十九万人。后来秦王听信谗言，赐剑令白起自杀。白起仰天长叹道："长平之战，赵军投降的数十万人，被我骗而尽坑杀之，所以我是应该死的！"秦国名将，何其多也，秦国仅白起一员大将，就先后斩杀、坑杀、沉杀敌人近百万人。这个数字可能夸大，但在秦始皇统一六国的过程中，的确是伏尸百万，血流成河。这足以说明：秦始皇的阳宅阿房宫殿、秦始皇的阴宅秦皇陵寝，是用尸骨堆砌起来的，是用鲜血染成的。

而后，两汉隋唐，略而不说。最后明清的皇宫，何尝不是尸骨堆砌的、鲜血染成的！

明太祖朱元璋本是安徽凤阳皇觉寺的一个和尚，后来加入了元末义军行列，迅速发展。三十五岁时，朱元璋与陈友谅大战于鄱阳湖。当时陈友谅率领号称六十万军队，楼船数百艘，旗舰高数丈，也就是十多米高，把巨舰连接起来形成船阵，船队长数十里。陈友谅的战船非常先进，船高数丈，涂着红漆，每船三层，都有篷子，兵马在船上可上下调动，而且木船的船舱都裹着铁皮。朱元璋呢？率军二十万，战船也没那么大、那么多，处于劣势。朱元璋亲自督阵，但兵士都害怕，不敢向前。这时，朱元璋手下有个叫郭兴的出主意说："火攻！"朱元璋采纳了这个建议，命敢死队乘小船，载芦苇，装火药，到上风头，靠近敌舰，燃炮纵火。刹那间，数百敌舰陷入一片火海，敌兵落水，湖水尽赤。陈友谅被箭头贯穿眼睛和脑袋而死去了，他的六十万大军大部分葬身在鄱阳湖了。经过三十六天激战，朱元璋取得鄱阳湖大战胜利。第二年，朱元璋就做了吴王；三年后，朱元璋在应天（今南京）称帝，建立大明，营建皇宫，也就是南京故宫。后面几讲会介绍南京故宫短暂的历史。

清朝建立，也是如此。清太祖努尔哈赤起兵，征战四十四年，其中最惨烈的是萨尔浒大战。明军出动号称四十七万大军，后金军也号称二十万，双方军队集中在今辽宁省抚顺市萨尔浒地方，血战厮杀，前后经过抚顺、清河、开原、铁岭、沈阳、辽阳、广宁、宁远八场激战，哪一战不是尸骨遍野，血流成河！努尔哈赤的儿子多尔衮则率领清军进关，"扬州十日""嘉定三屠""留头不留发、留发不留头"，江南多少百姓和仁人志士牺牲在清军的铁蹄马刀之下。仅明大学士、天启皇帝的老师孙承宗一家，就有二十四人遇难。后来清朝做了统计，有一本书叫《钦定胜朝殉节诸臣录》，收录了明末殉节之士四千〇二十三人。而军人、民众的死伤更是不计其数。

这些滴血的历史告诉我们，皇宫是血色的、血腥的。至少，这是我们了解故宫的一个侧面。

因此，对于故宫，要从多侧面观、多角度看。从建筑感受壮丽辉煌，从文化感受丰富多彩，从哲学感受天人合一，从历史感受兴盛衰亡，从服饰感受绚丽多姿，从文物感受真善美，从人物感受立德立业，从宫室学到布置装潢，从园林学到天然情趣，从教育感受成才培养，从警卫感受安全重要，从礼制感受日常学养。

## 02

## 故宫之源
——是谁成就了大明基业？

俗话说：树有根，水有源。北京故宫的源头在哪里？在明太祖朱元璋。因为故宫是明朝的皇宫，而明朝又从朱元璋开始，所以讲故宫的源头，就要讲朱元璋建立明朝的雄才大略，探寻是谁成就了大明的基业。

朱元璋（1328—1398），二十五岁[①]起兵，四十岁登上皇位，在位三十一年，寿龄七十一岁。朱元璋生于安徽临濠（今凤阳）钟离东乡一个贫苦农家。十七岁那年，父亲、母亲和长兄相继去世，又逢灾荒，他便投到皇觉寺做了和尚，在寺里住了五十天，寺里也没有饭吃了，就被遣散，自己托钵游食，也就是四处讨饭，过了三年。

元朝末年，宫廷腐朽，大臣内讧，旱灾频发，瘟疫严重，民不聊生，民变四起，天下大乱，朱元璋投靠红巾军郭子兴的队伍。后来，朱元璋自己拉起队伍，在十六年的时间里，浴血征战，先称王，后称帝，击败群雄，登上皇位，推翻元朝，开拓了明朝二百七十六年的江山。

人们不禁要问，元末豪杰四起，群雄逐鹿，朱元璋为什么能独占鳌

---

① 虚岁。如没有特殊说明，本书年龄都为虚岁。

头?因为他有雄才大略。这个雄才大略是什么呢?

朱元璋提出政治纲领:"驱逐胡虏,恢复中华,立纲陈纪,救济斯民。"这四句话包含四项主要内容:第一,"驱逐胡虏",就是推翻蒙元统治;第二,"恢复中华",就是恢复唐宋礼法;第三,"立纲陈纪",就是重建社会秩序;第四,"救济斯民",就是实现社会稳定,改善民众生活。

朱元璋的这个政治纲领,目标非常明确,而且顺应民意,顺应发展大潮,所以得到四方响应。元末各路英雄,只有朱元璋提出了这个正确的政治纲领并且将其实现。这就是朱元璋的雄才大略。

除了政治纲领,朱元璋的雄才大略还体现在他善于选人、用人。《诗经》说:"济济多士,文王以宁。"一个民族,一个国家,要取得发展、成就,必须有一批优秀人才、俊杰之士。朱元璋身边就聚集了一批名士。文臣,比如刘基。

刘基(1311—1375),也就是刘伯温,浙江青田人,元末进士。他留着大胡子,个高俊秀,为人慷慨,有大气节。史书说他"博通经史,书无不窥",没有他没看过的书,又说他是明初的"诸葛孔明"。朱元璋先派人用重金请刘基,刘基不答应。朱元璋再以尊贵的礼节去邀请,刘基才同意出山,于是朱元璋专门建了一座礼贤馆安置刘基。刘基为朱元璋贡献了什么?

第一,劝朱元璋称王。有一年正月初一,朱元璋向当时农民军的首领韩林儿行跪拜礼,但是刘基不拜,他建议朱元璋另立旗号。后来朱元璋派大将迎接韩林儿,途中船翻人亡,朱元璋便自立为吴王,后来就称帝了。这是刘基给朱元璋建议的一个战略目标,实现了以后,朱元璋就从一位部将而成为吴王,称王了。

第二,为朱元璋策划战略。关于朱元璋成就霸业的战略方针,刘基又给了很好的主意。当时朱元璋夹在方国珍和陈友谅两雄之间,北方还有元朝皇帝。这三者，先打谁呢？刘基建议：第一，先聚力对付陈友谅；第二，陈氏既灭，方氏势孤，一举可定；第三，北向中原，王业可成！朱元璋就是按照这条路径，先击败陈友谅，后击败方国珍，然后北上，推翻元朝，建立明朝。

第三，救了朱元璋一命。鄱阳湖大战时，朱元璋坐在船的小凳上督战。刘基在他身边，忽然跃起大呼，请朱元璋换船，朱元璋赶紧换了一条船，还没坐定，飞炮就击中了他原来乘坐的战船，战船粉碎，就下沉了。

第四，建议朱元璋不要把都城设在凤阳。有一段时间，朱元璋执意要在老家凤阳建中都，刘基直言："凤阳虽然是您的故乡，但并不是建都之地。"朱元璋当时没有听进去，但是凤阳宫殿即将完工的时候，他还是接受了刘基的建议，决然停工，在南京建筑宫殿。

史书评说刘基："帷幄奇谋，中原大计，往往属基。"夺取中原的大计，多是刘基提出的。所以刘基在军有张良之称，而谋略又有诸葛之喻。刘基晚年被朱元璋疏远，又有病，获准还乡，隐逸山中，每天饮酒下棋，口不言功（从不提自己过往的功劳），六十五岁时死去。

刚才以刘基为例，讲了朱元璋开国时身边任用的文臣，下面再介绍一位武将，就是徐达。

明朝开国武将，其中六人有"六王"之誉：中山王徐达、开平王常遇春、岐阳王李文忠、宁河王邓愈、东瓯王汤和、黔宁王沐英。此处重点介绍中山王徐达。

徐达（1332—1385），安徽凤阳人，出身农家，二十二岁起跟随朱元璋。率军攻安庆，斩首万人，擒三千人，获大胜；率二十万军攻苏州，大败张士诚，俘虏二十五万人；洪武元年（1368年），率军攻克大都（今北京）。

徐达为什么所向披靡、战无不胜呢？首先是他制定严格的军纪："掠民财者死，毁民居者死，离营二十里者死。"也就是说，士兵不许抢夺百姓的钱财，不许毁坏百姓的房屋，不许擅自离开军营。军纪严明，秋毫无犯。明军攻进大都时，他派兵千人守宫殿门，令太监护视皇宫里的宫女、妃嫔、公主，禁止士卒横行不法。官吏平民因此得以安居乐业。除了军纪严明，徐达还能与兵士同甘苦，兵士无不感恩效死。徐达有一个优点难能可贵：越是取得大的胜利，他就越是谦虚谨慎。当他获得重大胜利，部队凯旋，到达金陵，军民夹道欢迎时，他没有骑着高头大马走在前列，而是一个人乘坐小车回到家里，招待儒生，在一起谈议终日，雍雍如君子也。徐达官居右丞相、魏国公、大将军，相当于总理级和元帅级的地位，却住在简陋的房子里。朱元璋给他造了新府，他就是不搬。后来朱元璋建了皇宫，就请他搬到原来自己住的地方——吴王府——去住，他还是不搬。于是，有一天，朱元璋请他在吴王府喝酒，把他灌醉，让人把他抬到吴王府原来朱元璋的床上。徐达醒来之后，一看不对，立即到朱元璋面前跪着请罪，还是居住在旧房子里。朱元璋曾经称赞徐达说："妇女无所爱，财宝无所取，中正无疵，昭明乎日月，大将军一人而已。"

以上我们追溯了故宫的源头，就是朱元璋建立明朝。朱元璋之所以在元末乱世脱颖而出，成就霸业，是因为他具有高于其他人的雄才大略，制定了正确的战略指导方针，又善于任用杰出的文臣和武将，上下一心，拼力奋斗。故宫的开创，就是靠着这种团结和打拼的精神。

## 03

## 皇宫秘闻
——建文帝朱允炆的传奇

朱元璋在世时,他的太子朱标去世了,朱元璋没有把皇位传给其他儿子,而是传给了朱标的儿子,也就是自己的孙子朱允炆。朱允炆年号建文,所以一般称他为建文帝。

朱允炆继位当年,他的叔叔燕王朱棣就举兵造反,兵锋直指南京。建文四年(1402年)六月,燕王朱棣经过四年的"靖难之役",也就是夺取侄子朱允炆皇位的战争,率军打进南京皇宫。建文帝朱允炆的下落呢?活,不见人;死,不见尸。这也成为明宫六百年来一桩历史疑案。

这是怎么回事呢?故事要从一个神秘的"盒子"说起。

燕王朱棣攻入南京皇宫后,第一件大事就是寻找建文帝的下落。他派兵四处搜查,又派人找太监询问,却找不到建文帝的踪影。这时,有人从灰烬里找到一具烧焦的尸体,朱棣立即上前大声说:"你这小子无知,至于走上绝路吗?!"也就是认定这具尸体就是建文帝,他已经烧死了。当时,没有DNA检测,怎么知道并证明这就是建文帝的遗体呢?就连《明史·恭闵帝本纪》对这件事也是含含糊糊,记载了三种说法:一说"都城陷,宫中火起,帝不知所终";二说燕王遣中使在火中找出帝、后尸体，八天后埋葬了；三说"或云帝由地道出亡"，就是建文帝由地道逃走了。三种说法，互相矛盾。

那么，这位二十六岁的建文帝是死于皇宫火中还是逃出皇宫了呢？如逃出皇宫，他逃出去以后干什么呢？最后归宿在哪里？

这个疑案直到今天还没有破解，众说纷纭，仍是个历史疑案。以下介绍其中一种说法。

建文帝得知燕王已经兵临城下，慌了手脚，不知所措。翰林院编修程济出了一个主意："不如逃出宫去。"怎么逃呢？少监王钺说："当年高皇帝朱元璋去世前，留下一个盒子，说如果遇到大难，就拿出来，盒子收藏在奉先殿的左偏殿。"大臣们都说："赶紧取过来！"不久，王钺取来一个红色铁皮盒，两把锁，灌了铅。程济砸碎铁盒，发现三张度牒，也就是三张和尚"身份证"：一张给应文，一张给应能，一张给应贤。袈裟、帽鞋、剃刀，一应俱备，另有白金十锭。

建文帝说："这是老天安排的！"程济当即给皇帝剃发。建文帝持应文和尚的度牒；吴王教授杨应能自愿剃发随亡，持应能度牒；监察御史叶希贤说："我的名字有'贤'字，无疑就是应贤。"也剃发，持应贤和尚度牒。

盒子里还有一封红笔写的信，说："应文从鬼门出去，其他人沿着水关御沟出去，黄昏时，相会在神乐观的西房。"

建文帝顿时悲痛大哭，急命点火烧毁宫殿，趁乱逃出皇宫。

逃出皇宫后，往哪里逃呢？建文帝本来想逃往云南，投奔黔宁王沐英后代家中。有一位名叫史彬的说："往来名胜，东西南北，都是我们的家。"意思是哪里安全就去哪里吧。从此建文帝一行东躲西藏，南奔北逃，颠沛流离，朝不保夕。他们先后奔波于云贵高山野岭，两粤峡谷江河，四川高原丛林，江苏偏僻寺庙，浙江荒野道观，还有陕西等地。他们穿着袈裟,捧着陶钵,昼不得食,夜不得宿。

建文帝最大的享受,就是偶尔到原属下家里暂避,比如今苏州吴江史彬家。他先后去过四次。

第一次,建文帝刚逃出宫不久,史彬全家既恭敬又惊吓,接待逃亡的建文帝一行,把他住的小院改名为水月观,建文帝还亲笔撰文。刚住几天,礼部行文州县,严查建文帝下落。建文帝一行仓促星散,另行逃亡。

第二次到史彬家,建文帝着破衣烂衫,黑瘦憔悴,不堪入目,住留三天,匆匆离去。

中间有个插曲。工部尚书严震直奉使安南,竟然在云南山里的路上与建文帝相遇,两人相对而泣。建文帝说:"何以处我?"(你将怎么处置我?)严震直回答:"上从便,臣自有处。"(您随便,我自有办法。)后来,严震直吞金自杀。

建文帝在云南白龙山搭个草庵,非常狼狈,见史彬来看他,就问:"你们有没有带来地方特产?"因为史彬是苏州人,从小在南京长大的建文帝很喜欢史彬带来的苏州特产,吃过之后,建文帝说:"不食此味,已三年矣!"

第三次,永乐二十二年(1424年),建文帝与史彬在旅店相遇,史彬告诉他,朱棣已经死于榆木川,建文帝很高兴,就和史彬一同来到史彬家。

第四次,又过了十年,宣德九年(1434年)五月,建文帝再到史彬家,这时史彬已死,建文帝悲悼了很久才离去。

到正统五年(1440年),建文帝已经在外颠沛流离三十八年,从二十六岁的青年成为六十四岁的老人。当年抢夺他皇位的叔叔永乐帝及其儿子洪熙帝、孙子宣德帝都已去世,在位皇帝是建文帝的侄孙正统皇帝了。所以他下定决心，要回到宫里养老。

这个消息传到皇宫，御史秘密报告明英宗正统皇帝。皇帝派曾经侍奉过建文帝的太监吴亮秘密探望。建文帝见到吴亮就问："你是吴亮耶？"吴亮答："不是。"建文帝说："我以前到便殿，你伺候进餐，掉了一片鹅肉在地上，你手里拿着壶不方便，就用嘴把鹅肉舔掉，我说的对不对？"吴亮跪在地上痛哭。建文帝左脚趾有一个黑痣，吴亮找到这颗黑痣，更加证明此人就是建文帝。吴亮哭得抬不起头来，退下后自缢而死。这样，正统皇帝就把建文帝迎进西内宫殿（今北海公园西南处）。宫中人都称呼他为老佛爷，他以高寿终。

上面这段明朝建文帝按照朱元璋留下的神秘盒子的指引逃亡三十八年的故事，真像神话传说，但又不无依据，所以说这是皇宫秘闻：建文帝朱允炆的传奇。

总之，永乐帝在位二十二年间，一直在竭力寻找建文帝的下落。他派郑和下西洋的一个目的，便是寻找建文帝。后来派户科给事中胡濙（yíng）出巡各地，实际上遍行天下州、郡、乡、邑，秘密找寻建文帝。胡濙到永乐二十一年（1423年）才回京。当时永乐帝北征，胡濙一直追到宣府（今河北宣化），朱棣已经睡下，听说胡濙来到，急忙起身召见，两人谈到漏下四鼓，到后半夜胡濙才离开。朱棣北征回来后，就不再追查建文帝的下落。八个月后，朱棣去世。朱棣在位二十二年，也找了建文帝二十二年。

史学家说，很可能胡濙知道了建文帝朱允炆的下落，说他已经死了，或者不会给朱棣带来威胁。而朱棣如此执着地暗中寻访建文帝的下落，也从侧面证明了建文帝当年可能没有烧死在宫中。

那么，明朝当初的首都和皇宫都在南京，为什么要迁到北京呢？

## 04

## 迁都北京
——永乐皇帝朱棣的重大决策

燕王朱棣作为朱元璋的第四个儿子,八岁随父亲入住皇宫,十一岁封王,十七岁结婚,十九岁移住凤阳,直到二十一岁就藩北平。什么是就藩呢?因为朱元璋需要派人镇守边疆或要地,又对武将、大臣不放心,就分封儿子做藩王,既可以抵御外敌入犯,又可以在朝廷有危难时勤王。当然,朱棣后来起兵夺取皇位,这就不在朱元璋的意料之中了。

因为北平的燕王府利用了元朝旧宫,所以朱棣出了凤阳(中都),又住进了元朝旧宫。在北平,朱棣奉旨多次北征,为明初巩固、安定北边立下战功,也多遭磨难,历练成熟,直到四十四岁重回南京,登上皇位。

不难看出,从二十一岁到四十四岁,朱棣在北平居住了二十三年,北京是他的"龙兴之地",也是他的第二故乡。所以,朱棣刚一登极,就改北平为北京,随即开始北京城池宫殿的设计和筹建。永乐四年(1406年)闰七月,朱棣下诏,营建北京宫殿。永乐七年(1409年)以后,朱棣多次北巡,长期住在北京,而以太子朱高炽在南京监国。

永乐十八年(1420年),北京宫殿建成。朱棣下诏:明年正月初一,以北京为京师,正式迁都北京,举行庆贺大典。

永乐十九年(1421年)正月初一,永乐皇帝身着龙袍,端坐在奉天殿的宝座上,接受百官和使臣的朝贺,庆祝新年的到来,也庆祝新落成的皇宫——紫禁城宫殿——正式启用。从这一天开始,北京正式升格为明朝的都城,南京则成为陪都。也是从这一天开始,北京的大明皇宫正式登上历史的舞台!从朱棣决意迁都北京,到北京宫殿建成,先后经过了十八年。

永乐帝迁都北京,既是惊天动地的壮举,更是影响千秋的决策。定都,对于一个政权、一个民族、一个君王、一个国家来说,是头等大事。当年明太祖朱元璋成了气候,要建立都城,在凤阳、南京、开封、洛阳、西安、北平之间犹豫不决。一天,他让群臣写诗表达自己的意见。儒士邓伯言献诗说:"鳌足立四极,钟山一蟠龙。"这句诗契合了朱元璋定都金陵的意向。朱元璋兴奋地在金銮殿上高声朗读这首诗,邓伯言误认为皇帝震怒,自己小命要完了,当堂吓得昏死,被抬出东华门时才苏醒过来。

迁都,也同样是惊心动魄的。北魏孝文帝以征战为名,胁迫贵族从大同迁都洛阳;金海陵王完颜亮逼迫贵族迁到中都(今北京),先后毁掉上京(今哈尔滨市阿城区)的宫殿和贵族府邸,把先祖的陵墓都迁到北京;而清太祖努尔哈赤为了从辽阳迁都沈阳,不顾八大贝勒反对,独自前行。所以,朱棣把都城宫殿从南京迁到北京,的确是需要大雄心、大决策、大气力、大智慧。

那么,明成祖朱棣为什么一定要把都城迁到北京呢?

朱棣的理由是,北京是"龙兴之地"。其实如此重大决策,必有更为复杂的考量。

第一,北京是"龙兴之地",根基稳固。永乐帝认为,北京风水好,圆了他的皇帝梦,而南京有鬼魂犯驾,风水对自己不利。朱棣在北京经营二十多年,基础深厚,而南京则遍布前朝遗臣、遗民,人心不稳,还是回大本营北京为好。

第二,北京是形胜之区,位置重要。北京"北枕居庸,西峙太行,东连山海,南俯中原。沃壤千里,山川形胜,足以控四夷、制天下,诚帝王万世之都也"。当时撤退到塞外的北元势力,"控弦之士,不下百万",严重威胁明朝北方安全。都城设在北京,"天子守国门",利于北边防务。

第三,北京是居中之地,交通便利。四方入贡,收取赋税,道里适中,联通九州,北京位置居于天下之中。盛明疆土,北到黑龙江入海口的奴儿干和库页岛(今萨哈林岛),南达曾母暗沙,北京的地理位置,约略南北居中。那时候没有汽车、飞机、高铁、轮船,交通主要靠陆运和水运——京杭大运河贯通海河、黄河、淮河、长江、钱塘江五条大江河,北京则为这条大运河交通的起点和终点。

第四,北京是帝王之都,积淀丰厚。北京自辽南京、金中都到元大都,作为帝都,已绵延四百多年。北京历史文化积淀丰厚,有大气象,有帝王气。

第五,北京位于华北大平原北端,平原开阔,沃土千里,四季分明,气候宜人。北京既不像南国夏天溽热,也不像北疆冬天严寒,而是比较温和,适于人居。

第六,北京是中华文明五种文化的中心,即中原农耕文化、西北草原文化、东北森林文化、西部高原文化、沿海暨岛屿海洋文化的中心。从永乐十九年(1421年)正月初一开始,北京继元大都之后,在元、明、清三代,是全中国的政治中心、文化中心,而今又是中华人民共和国的首都,全国政治中心、文化中心、国际交往中心和科技创新中心。

总之，永乐帝迁都北京，既是惊天动地的壮举，更是影响千秋的决策！

这里顺便说一下对永乐皇帝的评价。永乐皇帝是一位有雄才大略的君主。为什么这样说？因为他对中国历史的发展做出了重大贡献。

第一，派遣郑和下西洋，完成人类航海史上的空前壮举。

第二，派女真族宦官亦失哈赴奴儿干，设立奴儿干都指挥使司，实现对黑龙江女真和东海女真等族群的招抚和地域管辖。

第三，派太监侯显五次出使乌思藏，使西藏归于大明版图。

第四，派陈诚五使西域，远达撒马尔罕（今属乌兹别克斯坦）、哈烈（今阿富汗赫拉特），一次往返行程三万四千多里，加强了丝绸之路的经济、文化交流。

第五，编修《永乐大典》，既是中华文化史也是世界文化史上的盛事。

第六，营建都城北京皇家宫殿，为人类增添了一份世界文化遗产。

朱棣和他的皇父朱元璋一样，虽然都有历史大功绩，但也有历史大罪过——他们都漠视生命，特别是漠视士人生命，对于异己者，滥施淫威，残暴屠杀。尤其是在"靖难之役"后，对于不顺从自己的文官、士人，朱棣进行了残酷的杀戮，故宫红墙的威严之下，既有"远迈汉唐"的雄才大略，也有鲜血淋漓的历史另面。

北京故宫的肇建，源自明成祖朱棣。北京明清故宫是中华文明的精粹，是人类文明的瑰宝，是世界现存最大的宫殿建筑群，也是世界著名的文化遗产。这么复杂的宫殿建筑群，它的规划和设计摹本是怎样的呢？

## 05

## 国家心脏
—— 四道城墙、三道护城河都护卫着什么？

北京城池宫殿的营建，从永乐元年（1403年）到十八年（1420年），整整十八年，这十八年使用了巨大的人力、物力、财力，建造了一座壮丽辉煌的皇宫。那么，明代北京城和北京皇宫的营建，永乐皇帝有什么法宝呢？

永乐皇帝营建北京城和北京皇宫的法宝，首先是一个"中"字。按照中国优秀传统文化的理念，择天下之中而立都，择都之中而立宫。就是说，选择天下的中心建立国都，选择国都的中心建筑皇宫。这个"中"字，体现在北京城和明皇宫，主要有两个特点：第一，北京的心脏是皇宫；第二，北京的脊梁是中轴线，而中轴线的心脏又是皇宫。此处重点讲第一个特点，北京的心脏是皇宫，或者说皇宫是北京的心脏。

怎么体现皇宫是北京的心脏呢？普通人家住宅，豪门贵族府邸，都是外面有一道围墙，而皇宫在北京城里，是用四道城墙来层层围护的。哪四道城墙呢？

第一道城墙就是紫禁城，也叫宫城。宫城里面就是皇宫，也称大内，是皇帝理政和居住的地方，也是北京的心脏、国家的心脏。宫城四面有城门：南面为正门，有三道门——第一道是承天门，就是天安门，第二道是端门，第三道是午门；东面为东华门；西面为西华门；北面为玄武门，也就是神武门。城墙四角建有角楼。城墙外面有护城河环绕。

第二道城墙就是皇城，在宫城之外筑起一道围墙。皇城围绕宫城设置朝廷办事机构，是为皇家服务的地方。皇城四面开六座城门：南面为正门大明门，还有长安左门、长安右门；东边是东安门；西边是西安门；北边是北安门（后称地安门）。这里要补充一点，承天门（天安门）清乾隆时被称作宫城的第一道正门。我们今天看到的天安门两侧的红墙就是当年皇城的南城墙。皇城同样被列为禁地，民间百姓如擅自闯入，杖责一百。皇家西苑在皇城之内。

第三道城墙就是内城，在皇城之外围起一道城墙。内城共有九座城门：南面为丽正门，也就是今天的正阳门，左为崇文门，右为宣武门；东面南为朝阳门，北为东直门；西面南为阜成门，北为西直门；北面东为安定门，西为德胜门。今北京2号线地铁是在原内城城墙和护城河的位置修建的，这些城门的名称大多成为今天地铁的站名。内城城墙的四角也建有角楼。城墙外面有护城河环绕。

第四道城墙叫作外城，在内城之外围起一道城墙。但是这道城墙只修了南面一段，开七座城门：正南面为中永定门，东为左安门，西为右安门；东面南为广渠门，北为东便门；西面南为广宁门，也就是今天的广安门，北为西便门。城墙的外面又是一条护城河环护。

以上，共有二十二座城门，俗称"内九外七皇城六"。

这样，外城护卫内城，内城护卫皇城，皇城又护卫宫城，那么，宫城又护卫着什么呢？护卫着皇帝的宝座。皇帝的宝座是皇权的象征，它才是中国也才是北京的政治心脏。

六百年前永乐皇帝朱棣营建北京城的法宝之一，就是把皇宫作为北京的心脏来建设。而这个心脏的心脏,就是皇帝的宝座。

明皇宫的中心,北京城的中心,就是皇帝的宝座。皇帝的宝座在奉天殿,也就是今天的太和殿(俗称金銮殿)的正中,俗称"金銮宝座"。故宫博物院将其命名为"楠木髹(xiū)金漆云龙纹宝座"。宝座安置在高高的基座之上,基座正面和左右两侧各有三组丹陛,也就是台阶,外面有围栏。宝座后面设雕龙髹金屏风,宝座前设宝象、甪(lù)端、仙鹤、香亭各一对。宝座两侧六根大殿金柱矗立,六条巨龙盘旋而上,龙头伸向宝座。奉天殿建筑面积达 2377 平方米,金砖地面,满铺黄绒地毯,下面衬着棕皮和竹篾编的席子。所有这些都指向一个主题,就是烘托皇帝和皇权的至尊、至高、至上、至圣。

说起金銮殿的皇帝宝座,还有一个故事。

1915 年,袁世凯复辟帝制,要在太和殿举行登极大典,特地赶制了一把高背大座椅,替换原来的皇帝宝座。后来故宫博物院决定,撤下袁世凯的"龙椅",换回原来的宝座,却发现原来那张宝座竟不知去向。就这样过了四十四年,直到 1959 年,故宫博物院专家朱家溍先生对照一张清末太和殿内景老照片,终于在库房里发现了皇帝宝座。宝座的髹金漆历经数百年,仍然金光灿灿,现已复归原位。

关于北京皇宫的规划设计,再介绍一个有趣的历史现象。

元大都宫殿布局是以太液池为主,就是以今中南海和北海为中心,使大内、隆福宫、兴圣宫三组宫殿呈"品"字形,中间夹太液池,形成"太液为主,宫殿为客"的布局。而明代北京则将宫城集中在太液池东岸,形成"宫殿为主,太液为客"的布局。为什么会有这种转换呢?

这有文化上的原因。游牧民族的部民逐水草而居,水是草原文化的生命,所以元大都以太液池为主,宫殿为客。而夺取皇位、迁都北京的明成祖朱棣来自南京,原来南京是农耕文化的水泽之乡,朱棣最缺乏的是安全感,所以把高筑城墙的紫禁城放在主位,太液池则是消闲游憩之地,也就是"宫殿为主,太液为客"。因此,这是草原文化与农耕文化在城市规划和宫殿布局上的映现。

总之,以紫禁城为中心的北京城的建成,反映出15世纪初的中国,国家强大统一,财力丰实雄厚,人民聪明勤劳,建筑水平高超。这是中国古代都城史上最辉煌的杰作,也是世界都城史上最宏丽的篇章。北京城池宫殿建成后,明朝官方评论说,北京城的宫殿坛庙之辉煌壮丽,超过了南京,具有天子之都雄伟博大、宏阔壮丽的气概。

## 06

## 故宫摹本
——从南京的吴王府说起

有人问：建皇宫干吗还要摹本呢？大家知道，画素描要有模特，做月饼要有模子，所以建皇宫要有摹本，就是参照已有宫殿建筑样子来建造。

先讲一个民间故事。相传，永乐皇帝派刘伯温和姚广孝两人到北京，设计北京城池宫殿。到第十天，他们同时拿出自己画的设计图，不由得哈哈大笑：原来两人所画的北京城竟然都是八臂哪吒图！其实，刘伯温（刘基）在朱棣决定迁都北京的时候，已经死了二十八年，他不可能参与北京城池皇宫的设计。但这个传说也不是空穴来风，因为先有南京吴王府、凤阳中都皇宫和南京皇宫，后来才有明朝北京皇宫。所以，接下来一个一个摹本向大家介绍。

明北京皇宫的第一个摹本是明南京吴王府新宫殿。

元至正十六年（1356年）三月，红巾军元帅朱元璋率军攻占集庆（今南京），改集庆路为应天府。七月，朱元璋自称吴国公，在原来元朝江南行御史台的旧址上建立江南行中书省，第二年就拓展城池，营建吴王府。

元至正二十七年（1367年）正月，朱元璋建国号为吴，称吴元年。

由刘基规划设计，开始营建吴王新宫。朱元璋看了宫殿设计图之后，认为过于奢华，他说："宫殿只求完善、坚固就可以，何必过为雕琢！古代尧帝的宫室，以黄土为阶，茅草为屋，房椽画色，不加雕琢，极其简陋啊！但是千年之后，尧还是首屈一指的盛德榜样。而后世竞相奢侈，宫室苑囿极其讲究，车马珠宝大量收集，利欲之心一旦纵容，就不可遏止，动乱也就起来了。只要上面崇尚节俭，下面就没有奢靡。何必穷极雕巧，浪费天下之力！"朱元璋终究是贫苦出身，这时还没忘初心。九月，新宫殿落成，只花了九个月时间，规模不太大，"制皆朴素，不为雕饰"。

吴王新宫虽然简朴，但是给明代皇宫定下了基调。吴王新宫给朱元璋带来好运，他自己也没想到，称吴王仅一年，就称帝建立明朝了。

洪武元年（1368年）正月初四，朱元璋即皇帝位，定国号为"大明"，年号"洪武"。正月初七，明太祖朱元璋从旧吴王宫迁到新吴王宫。（《明太祖实录》卷二十九）

当时宫里的空地种着蔬菜。有一天，朱元璋退朝回宫，见到皇太子朱标和其他皇子在宫院的菜地里玩，就指着菜地对皇子们说："这里不是不可以盖亭馆台榭作你们游观的地方。如今我让太监种上蔬菜，是因为不忍伤民之财、劳民之力啊。古代商纣王崇饰宫室，不恤人民，天下怨之，身死国亡。你们一定要记住我说的话。"

这就是明朝的第一座宫殿——南京吴王府。既然已经建立明朝了，朱元璋就要考虑建立明朝首都和皇宫了。

朱元璋对于建都在哪里，十年之间，三变主意：开始在南京；又想在北京（今河南开封。但没有建宫殿，后来连北京之名也取消）；再想在凤阳；最终定都南京。

明北京皇宫的第二个摹本是中都宫殿。朱元璋将"龙兴之地"凤阳定为中都，修建中都宫殿，极力表现帝王都城宫殿的气派。从洪武二年

（1369年）到洪武八年（1375年），集全国人力、物力，大兴土木。朱元璋亲自到中都巡查之后，回到南京当日，就突然下令，终止了明中都营建工程，理由是"劳费"，就是太费钱、费劳力了，而实际上工程已经接近尾声。后来他下令把已建成的部分宫殿拆毁，移建大龙兴寺，以纪念这个"龙兴之地"。这就是明朝的第二个皇宫——中都凤阳宫殿。当朱元璋决定在凤阳建都时，正巧刘基因妻子去世请丧假还乡，临行时还特意给朱元璋上奏说："凤阳虽然是皇帝故乡，但不是建都之地。"朱元璋当时没有接受这个意见，但是后来中都建都的事情果然半途而废。

明北京皇宫的第三个摹本是明朝南京皇宫。中都宫殿不建了，朱元璋又以新吴王府为基础，改建大内宫殿。两年后，到洪武十年（1377年）十月，大内宫殿建成，制度皆如旧，规制和以前一样，稍加增益，规模更加宏壮。这就是明南京宫殿。

在吴王新宫修建的过程中，有一个有趣的故事。朱元璋在吴王宫殿筹备之初，派刘基选址。正殿基址选好后，朱元璋嫌前方地势不够开阔，便将桩橛向后移动，问刘基："使得吗？"刘基无可奈何地一笑，说："也好，只是不免迁都。"意思是说往后移一点可以，但是免不了会迁都。城墙修好后，刘基陪朱元璋巡视，朱元璋见工程坚固，很高兴，说："这墙谁能越过？"刘基随口答道："除非燕子飞过。"结果，刘基不仅是一语成谶，而且两语都成谶。没过几年，燕王朱棣就攻破京师南京，好似燕子飞过城墙，后来又迁都北京。

我们回过头来看，刘基规划设计的吴王新宫殿虽然简朴，但奠定了明朝皇宫的格局，甚至为主要宫殿确定了名称，为明清两代五百多年的宫殿奠定了基础。

我们看南京新宫殿的四条规制："前殿后宫，左文右武，围以宫墙，宫门四开。"

"前殿后宫"就是前面为殿——前为奉天殿,中为华盖殿,后为谨身殿(这就是三大殿);后面为宫——前为乾清宫,后为坤宁宫,再后依次排列六宫。

"左文右武"就是奉天殿左右各建一楼,左为文楼,右为武楼。

"围以宫墙"就是皇宫外面建高大围墙护卫皇宫。

"宫门四开"就是皇宫设四座城门——南为午门,东为东华门,西为西华门,北为玄武门。

以上四条规制,明中都皇宫、明南京皇宫、明北京皇宫,都没有改变。

再如,三大殿的名称——奉天殿、华盖殿、谨身殿——被北京的皇宫一直沿用到明嘉靖年间;乾清宫和坤宁宫的宫名都一直沿用至今;而四个宫城门的名称也沿用至今。这是明朝的第三个皇宫——南京皇宫。

最后,北京皇宫,就是我们今天看到的北京故宫。

明永乐皇帝朱棣在营造北京城池宫殿时,以南京宫殿和凤阳宫殿为摹本。北京故宫宫殿布局和凤阳相同,如午门,紫禁城四个角楼、三大殿,东西六宫,左祖右社,内外金水河,都跟中都凤阳宫殿相似。按照当时的风水观念,凤阳宫殿北面有一座万岁山,北京皇宫没有天然的山,就在宫殿后面用人工堆一座土山,也取名万岁山,现在叫景山,今天登上景山公园的山顶可以俯瞰故宫的全貌。凤阳宫殿左右有日精峰、月华峰,北京紫禁城左右虽没有日精峰、月华峰,但在宫殿中有日精门、月华门,作为象征。

所以,故宫建成六百年的历史,要追溯刘基为朱元璋建造的吴王新宫以及后来的明中都和明南京宫殿,这些应当是北京故宫营造的摹本。故宫营造还吸取了宋都汴梁和元大都的经验,更是遵循《周礼·考工记》等中国古代传统建筑都城的理念。

## 07

## 北京中轴线
——皇宫南有"三凸",北有"三靠"

永乐皇帝营建北京城池宫殿,其法宝就是一个"中"字,天下之中是北京,北京之中是皇宫。这个"中"字正中的一竖,就是北京城和北京皇宫的中轴线。这条中轴线从南到北贯穿北京外城、内城、皇城和皇宫,作为全城的脊梁。北京城的建筑都以中轴线为基线而对称展开。皇宫在这条中轴线上,前有"三凸",后有"三靠",形成一个又一个高潮。

明朝永乐皇帝营建北京,借鉴了元大都城的中轴线,就是先定中轴线,后建北京城。正如著名建筑学家梁思成先生所说:"北京独有的壮美秩序就由这条中轴线的建立而产生。"

这条中轴线全长约7.8千米,皇宫仍然占据着中间的一段,从南到北矗立着太和殿(奉天殿、皇极殿)、中和殿(华盖殿、中极殿)、保和殿(谨身殿、建极殿)、乾清宫、交泰殿、坤宁宫以及钦安殿、寿皇殿等雄伟的宫殿。而皇帝的宝座就安设在中轴线上的太和殿(奉天殿、皇极殿)之中,同时也形成北京中轴线的一个高潮。

除了宫殿以外,这条中轴线上从南到北排列着正阳门、大明门(大清门)、天安门(承天门)、端门、午门、太和门(奉天门、皇极门)、乾清门、神武门（玄武门）、地安门（北安门）等九座最重要的城门，纵贯宫城、皇城、内城和外城。后来在嘉靖朝又添造一座永定门。

中轴线上的这些伟大的建筑，形制体量平衡对称，结构整肃，壮美谐和，高低错落，井然有序，阴阳之间不激不随，构成了一幅世间独具的壮美画卷。

除了皇宫建筑在中轴线上形成的高潮，在皇宫之南，还有三个坐北朝南、平面呈"凸"字形的建筑布局，层层递进，在中轴线上又形成三个高潮，显示出宏图大展的磅礴气势。

第一个"凸"字形的布局，依托宫城向南凸出。北依午门，经端门，南望雄伟壮丽的承天门（天安门），东西两侧各有一道红墙或庑廊围合。两翼分别布置一组对称的壮丽建筑群：左边是祭祀皇帝祖先的太庙（今北京市劳动人民文化宫），右边是祭祀社（土地）和稷（五谷）的社稷坛（今中山公园内）。左者，祖先，是生命的延续，感恩祖先，因为没有祖先就没有子孙；右者，社稷，是生活的维系，感恩土地及生长的庄稼，因为没有土地和粮食，就没有兆民生命，也就没有皇帝、皇后的生命。左祖右社这个"凸"字形的布局，从"天人合一"看，体现了对生命的敬畏、对自然的敬畏；从建筑格局看，既突出了宫城的雄伟气势和帝王的至尊至上，又表现出天之骄子的社会责任。

第二个"凸"字形的布局，依托皇城向南凸出。北依承天门（天安门），中经大明门（大清门），南望正阳门，东有长安左门，西有长安右门，中间为宽阔的御道，两旁有东西相向的千步廊，以红墙封围。红墙外面，又对称地布列着中央政府主要官署：左边是吏部、户部、礼部、兵部、刑部、工部和翰林院等，右边是中军、左军、右军、前军、后军的五军都督府和锦衣卫等。左文右武这个布局，进一步突出了宫城的雄伟气势和帝王的至尊至上，又表现出明清中央政务区集中办公的特点。

第三个"凸"字形的布局，依托内城向南凸出。从正阳门（前门）往南，到永定门，两侧最重要的建筑群，左面是天地坛（圜丘、天坛、大祀殿），右面是山川坛（先农坛、神祇坛、太岁殿）。这两组建筑群，天与地、乾与坤，相互对应，彼此对称。左天右地这个布局，进一步突出了宫城的雄伟气势和帝王的至尊至上，又表现出天地对应、天人合一的哲学理念。

以上这三个"凸"字形空间，左祖右社、左文右武、左天右地，在皇宫以南，沿着中轴线节节展开，形成三个高潮，既烘托出皇宫的宏伟气势，更延展了城市中轴线的开阔气魄。

在中轴线上，不仅皇宫前面有"三凸"，而且皇宫后面还有"三靠"。

第一"靠"是万岁山（煤山、景山）。明时在皇宫北侧堆土，形成高49米的万岁山，收住了宫气，形成皇宫的第一"靠"。清乾隆十六年（1751年），又在景山五峰上建起五座亭子——中为万春亭，左为观妙亭、周赏亭，右为辑芳亭、富览亭，增添了秀丽的景色，也为我们今天欣赏故宫提供了登高远望的佳境。

第二"靠"是钟鼓楼。中轴线从南到北绵延约7.8千米，到钟鼓楼就此打住，收拢了城气，形成皇宫的第二"靠"。

第三"靠"是北城墙。内城北城墙正中不开城门，再守城气，形成皇宫的第三"靠"。

故宫以北的这"三靠"，还是沿着中轴线恢宏展开，形成三个高潮，既收住皇宫的宏伟气势，更挺起城市中轴线空间的三个高峰。

上面所说，在中轴线上：南有"三凸"，意境深邃，是起兴之笔；中有宫城，宏伟壮丽，是高潮之笔；北有"三靠"，平实厚重，是收束之笔。坐落在这条中轴线上的明清皇宫，在帝制时代，既是北京的中心，也是中华的中心，还是天下的中心。

## 08

## 大明门
——大才子解缙的人生福祸

明朝在北京建了那么多城门,俗称"内九外七皇城六",仅中轴线上就有十座城门,那么,哪一座城门堪称明朝的国门呢?答案是:大明门。

在明朝,只有大明门是唯一用国号命名的门,这座门规制并不高,不是七个门洞,也不是五个门洞,而是仅有三个门洞,也没有城台,更没有重檐,只是门匾题了三个字:大明门。

皇帝到天坛祭天,到先农坛行耕耤礼,或御驾亲征,必须出大明门中门向南。而进了大明门,就进入皇城了。除了皇帝进出走大明门中门,皇后嫁进皇宫的时候,也用轿子抬进大明门中门,鼎甲的状元、榜眼、探花金榜题名,则可以从大明门中门走出。所以,大明门不仅是国门,也是地位和荣誉的象征。

大明门上题有一副门联,上联是"日月光天德";下联是"山河壮帝居"。

这副对联自然是歌颂皇帝、皇宫、皇权和皇朝的,但就文学层面来说,它有三个特色。

第一,气势磅礴。仰望天空的太阳与月亮,俯视大地的山峦与江河,顶天立地,气贯寰宇。

第二，石破天惊。在此之前，在此之后，没有文字能用十个字将大明门的地位、价值和影响表述得如此精确、透彻、简明且富有哲理。

第三，语言通俗。日月对江河，天德对帝居，苍天对大地，自然对社会，上下联，五双字，对仗和谐，语言朴实，妇孺都懂。

第四，意境高远。日月之明光，山河之壮美，都为衬托大明而存在，将天德与帝居扩充到天日之崇高，川流之不息。

《孟子·尽心下》说："民为贵，社稷次之，君为轻。"就是说，孟子的看法，民众最重要、最珍贵，国家排在第二，国君则排在民众和国家后面。这副对联却将皇帝、皇宫、皇权、皇朝推高到了极致。

这副门联的撰写者是明代大才子解缙。解缙是明朝初年一位具有传奇色彩的大名士，此处讲一下解缙。

解缙（1369—1415），江西吉水人，是个大才子、大学问家。十九岁就中进士，入选翰林院庶吉士。十九岁的解缙才华横溢，勇敢直率。明太祖朱元璋对他非常器重、喜爱，经常让他待在身边。

朱元璋比解缙大四十一岁。一天，他对解缙说："朕与你，虽说是君臣，却如同父子，你有话可要知无不言啊！"于是，率真的解缙当天就给朱元璋上了万言书。这封万言书，对朱元璋大到用人、治策等国务，小到皇帝读什么书，都批评一通，特别是严肃指出了朱元璋杀人过多等弊政。朱元璋看到奏疏，称赞解缙有才华，却对奏疏内容未置可否。

解缙非常正直单纯，对国事很关心，也做了思考，但是他少年得志，不懂人情世故，还不会审时度势，于是接着又上了一份《太平十策》。朱元璋这次根本就没搭理解缙。

后来，朱元璋就找了个茬，把解缙调走去做御史了。御史地位比较低，但是有谏言的权力。解缙并没有从中吸取教训，又继续秉笔直书，或为人申冤，或弹劾官员。后来解缙的父亲觐见，朱元璋对他父亲说：

"大器晚成，如果你把儿子带回家，指导他好好学习进步，十年后，再来派大用，也不晚。"朱元璋就这样客气地把解缙赶回家了，说明他确实珍惜解缙这个人才。

永乐帝登极以后，解缙受到重用，进入内阁，参与国家机务，每天在皇宫里的文渊阁上班，后来又晋升为侍读学士，奉命总编《明太祖实录》。永乐二年（1404年），解缙做了皇太子朱高炽的老师，为翰林学士兼右春坊大学士。短短两年，解缙一路春风，节节高升，位极人臣，前途无量。

永乐皇帝曾经对解缙说："慎初易，保终难，愿共勉焉。"（一个人一开始谨慎是容易做到的，但是自始至终都保持谨慎是很难做到的，我愿意和你们共勉。）这段话非常恳切，也很有道理，但是解缙没有认真理解这个"慎"字。他少年登朝，才华过人，又锋芒毕露，言无遮拦，于是又招来灾祸。

第一，编纂《永乐大典》不符合皇帝要求。永乐皇帝下令编纂《永乐大典》，派解缙负责这项文化工程。《永乐大典》要编成规模空前的类书，就是尽量搜集各种图书，把这些图书的内容打散，然后重新分类编纂，再按照字韵重新排列起来，便于检索查阅。永乐帝修书的要求就是两个字，"全"和"便"，就是汇集要齐全，使用要方便。解缙显然没有理解这个"全"字。他组织了一百多人的编辑部，只花了一年多时间，就编完了一部《文献大成》，向永乐帝交差。皇帝不满意，就加派姚广孝等为总负责，重新修撰。姚广孝把编修人员扩大到2169人，加上辅助人员，达3000余人。到永乐五年（1407年）冬，编成一部收书七八千种，共22937卷、11095册、约3.7亿字的大书《永乐大典》。

第二，陷入太子之争。永乐帝有三个儿子，在考虑立储的时候，一直在嫡长子朱高炽与次子朱高煦之间犹疑，就悄悄征求解缙的意见。解缙本身就是朱高炽的老师，应该避嫌，言语谨慎，但是他直率地说："皇长子仁孝，天下归心，还给皇帝生了一位好孙子。"永乐皇帝决定立嫡长子朱高炽为太子，但是解缙就此得罪了皇次子朱高煦。后来永乐帝又倾向于立皇次子，解缙劝皇帝这样不可，竟惹怒了皇帝，说他离间骨肉。

第三，谏阻永乐帝远征。永乐帝发兵征安南，解缙上疏劝阻。皇帝不听，发兵平安南，设置郡县，后来就借茬把解缙贬到交趾去做个小官。永乐八年（1410年），解缙进京奏事，顺便去看太子。当时朱棣北征，皇次子朱高煦挑拨说："解缙趁皇上外出，私见太子。"永乐帝正在为太子的事情烦恼，怀疑太子私下与解缙交往，所以大怒，立即把解缙关进监狱。本来做皇太子老师，太子一继位，解缙就可能晋升为大学士，但他因此丢了性命。

永乐十三年（1415年），朱棣阅看在押犯的名单，见到解缙名字，对锦衣卫头目纪纲说："解缙还在啊？"纪纲就在一个寒冬深夜把解缙灌醉，把他埋在雪中活活冻死，还抄了他的家，把他的妻儿老小及宗族都发配到辽东。

解缙，一代才俊，悲剧谢幕，才四十七岁，最终是因福得祸。可叹解缙曾写下"日月光天德，山河壮帝居"的名句，却没能在皇帝威权下有个善终。

顺便说一下，后来清朝定都北京，把大明门的匾额换为大清门。民国初年改大清门为中华门。据说当时换匾的人本想把门匾翻过来接着用，摘下一看，门匾已经被清朝翻刻过了，只好另找一块门匾，刻上"中华门"三个大字。大明门上的门联"日月光天德，山河壮帝居"，早已灰飞烟灭。

解缙福祸人生的故事告诉我们：解缙，虽人很聪明，但缺少智慧；聪明很重要，智慧更重要。

## 09

### 三大殿天火
——让永乐帝又爱又恨的名臣夏原吉

明永乐十九年（1421年）正月初一，盛大朝会在新落成的北京皇宫奉天殿（今太和殿）举行，庆祝北京宫殿正式启用。这是多么值得庆贺的一件大事啊！但是很快，就传来一个坏消息。

原来，永乐帝召见钦天监管时间的漏刻博士胡龡（yūn），让他占卜皇宫三大殿的吉祥。胡龡占卜后，竟然预言：永乐十九年（1421年）四月初八午时，奉天殿、华盖殿、谨身殿三大殿会遭到大火焚毁。

永乐皇帝还沉浸在皇宫正式启用的喜悦当中呢，听到这个消息，勃然大怒，下令把这位胡博士下狱。为什么没有立刻杀他呢？永乐帝的意思是，到时候三大殿安然无恙，再杀也不迟。过了正月、二月、三月，三大殿都平安无事。到四月初八这一天，永乐帝静心地等待正午的时刻。顺便说一下，午时是指十一点到十三点，而午正是十二点。报时官员奏报："现在是午正时刻！"永乐帝既高兴又愤怒——高兴的是皇宫三大殿太平无事，愤怒的是胡龡胡言乱语，扰乱君心、臣心、军心和民心。这时，狱卒报，见正午没有起火，胡龡在狱中自杀了！但是，正午刚过三刻，皇宫三大殿遭雷击，都着火了！胡龡预言的是午时起火，也就是十一点到十三点,他的预言应验了,皇帝和博士都太性急了。就这样,刚刚启用三个多月的三大殿全部烧毁。

永乐皇帝心里恐惧惊慌,下诏征求意见。于是,有一些官员上疏反对迁都。永乐帝生气了,杀了主事萧仪,并说:"迁都是经过深思熟虑、反复商议之后做出的决定,并不是轻率的举动。"还命令所有非议迁都的官员都在午门外罚跪。

这时,有一位大臣上奏说:"言官响应诏令提意见,没有罪。我们这些皇帝身边的大臣,有责任。"这位大臣就是户部尚书夏原吉。他把责任揽到自己这些皇帝身边的大臣身上,给朱棣解了围、泄了火。有些同僚不理解,埋怨他。他说:"在皇帝焦躁的时候,应先宽慰其心,再说治国良策。"在夏原吉的担当和调解下,这场由三大殿被烧毁引起的迁都之争才渐渐平息。

这位户部尚书夏原吉并非等闲之辈。他早年丧父,靠自己孝养母亲,后来被推荐进入太学,又被选到宫里,抄写文书。朱元璋升他为户部主事,就是处长。建文帝又升他做户部右侍郎,就是第二副部长。

永乐帝即位后,提拔他做户部左侍郎,就是第一副部长,后来,他又做了户部尚书。但他建言永乐帝不要亲征,被下狱、抄家。果然,永乐帝病死在路上。

永乐帝去世后,他的儿子洪熙帝朱高炽重新起用夏原吉,将其官复原职,在北京和南京都为他修建府第,命他"食三禄",就是领三份薪水,赐给他一枚银章,使他享有直接呈递奏疏的特权。

洪熙帝死后,宣德帝对夏原吉更加亲信和重用,让他随从北巡,又赐给他一枚银印,每年都赐给他自己绘的画和其他礼物。宣德五年(1430年)正月,夏原吉早上进宫谢恩,晚上回家就死去了,年六十五。

夏原吉很不简单,没有任何家庭背景,洪武、建文、永乐、洪熙、宣德五位皇帝都信任他，提拔他，敬重他。人们常说，伴君如伴虎，惨死的大才子解缙就是明证。但是，夏原吉却得以善终，就个人品性而言，他究竟有什么过人之处呢？

第一，心胸开阔，善于包容。夏原吉对同事，有好的建议，就采纳；有小过，就为他们遮掩。有官吏弄脏了精微文书，吓得叩头请死。夏原吉到皇帝面前，把责任揽到自己身上。有一位平江伯陈瑄曾经诬告过夏原吉，但夏原吉还是经常夸赞陈瑄的才能。有人问他："人的器量可以学会吗？"夏原吉回答："始忍于色，中忍于心，久则无可忍矣。"就是说，开始是表面忍耐，而后是心里忍耐，时间长了也就没什么可忍的了。

第二，谨而慎之，多思少语。一次，夏原吉和同事去别处喝酒，晚上骑马回来路过宫门，有人不想下马，觉得反正也没人看见，但是夏原吉说："君子不因为别人不知道而做不好的事情。"皇帝召他商量事情，他都小声说话，不让别人听见，回来之后也不露声色。

第三，勤勉做事，清廉做官。夏原吉身历洪武、建文、永乐、洪熙、宣德五朝，掌管户部二十七年，管理天下钱粮、税收，被抄家时，家里"惟布衣瓦器"，没有钱财、珍玩，只有布衣、瓦器而已，非常清廉。

包容、谨慎、多思、少语、勤勉、清廉，这些优秀的品质，使夏原吉平安度过一生。

当然，夏原吉也不是没有受到挫折。

永乐十九年（1421年）冬，永乐皇帝刚迁都北京，三大殿又遭遇天火，他还要大举北征。夏原吉上奏说："兵不当出。"（军队不应当出征。）因为夏原吉做户部尚书，掌管钱粮，所以永乐帝很重视他的意见，专门召他问询。夏原吉说："这些年师出无功，而军马已经丧失了十之八九，天灾多次出现,您身体也不太好,需要调护,希望派将领出征,皇帝就不必亲征了。"夏原吉说得很含蓄,但是永乐帝听明白了,这是说财政困难,劝他不要去北征蒙古。而且夏原吉又提起三大殿着火的事情,碰到了皇帝的痛点。永乐帝生气了,把夏元吉抓到监狱,又抄了他的家。

  此后,永乐帝发动北征,因为粮草用尽而退兵。两年多之后,永乐帝在最后一次北征途中死在榆木川(今内蒙古多伦地方)。他在病危时想起了夏原吉,对左右大臣说:"夏原吉爱我。"这个消息秘传到北京,留守的太子朱高炽急忙到监狱,哭着告诉夏原吉,令夏原吉出狱,参与操办丧礼,并向他请教。夏原吉提出抓紧赈灾,减免赋役,停止制造下西洋宝船,停止在云南、交趾采办等。可见,朱棣在生命的最后时刻还是想明白了,夏原吉的建议虽然"刺耳",但是"忠言",是出于爱护之心,所以他当年选择把太子交给了夏原吉。

## 10

## 宦官使者
——郑和、亦失哈、侯显

宦官，也叫太监，就是被阉割以后在皇宫里为皇帝及皇室服务的人。在明代，永乐皇帝开始重用宦官，经常派遣宦官出巡、出使、出洋。当时出现了一个重大的文化现象，就是皇帝钦派使臣，从皇宫出发，去往东南西北，为文化交流，为版图巩固，也为重开海上和陆上"丝绸之路"，做出新的贡献。这些使臣许多都是宦官。本讲的郑和、亦失哈、侯显就是当年被永乐皇帝派遣的使臣，这几位都是对历史有贡献的人。

第一，派遣郑和七下西洋。郑和，回族，今云南晋宁人，小时候随父亲去过麦加，后来到宫里做了太监，受到永乐帝的信任，从永乐三年（1405年）开始先后七次下西洋。第一次，郑和带领将士、官员、学者等二万七千八百多人，乘宝船六十二艘。据记载，最大的宝船长四十四丈、广（宽度）十八丈，从今苏州太仓浏河镇出发，经过占城（今越南一带）、爪哇、苏门答腊、锡兰（今斯里兰卡），通使西洋。第二次为永乐七年（1409年），下西洋之前，郑和在南京用中文、泰米尔文和波斯文镌刻了石碑，即《布施锡兰山佛寺碑》，随船带到锡兰，这块石碑现在收藏在斯里兰卡科伦坡国家博物馆，成为中斯友谊的象征。宣德五年（1430年），郑和第七次下西洋。郑和七下西洋，前后二十八年，去到三十多个国家、地域、部落，最远到达地中海、非洲东岸。这比哥伦布和达·伽马的大航行要早半个多世纪。郑和七下西洋，不仅壮大了明朝国威，加强了文化交流，而且是人类航海史上空前的壮举。郑和下西洋是明代"海上丝绸之路"的一个高潮。

第二，派遣亦失哈八次到奴儿干都司。明朝在永乐七年（1409年）设立奴儿干都指挥使司（相当于省一级的地方军政机构），并设置官员，统领民众。奴儿干都指挥使司每年进贡海东青、毛皮、人参、鹿茸、珍珠等物品，也得到朝廷的赏赐。从奴儿干到北京，沿途设站赤——包括路站、水站、狗站等——传递。这个奴儿干都指挥使司在哪里呢？在东北黑龙江入海口处的奴儿干，就是特林（庙街，今尼古拉耶夫斯克），是明朝设在版图最东北处的地方行政机构。朝廷派太监亦失哈到奴儿干，永乐时五次，宣德时三次，共有八次。亦失哈的船队由今吉林市起航，顺松花江而下，到松花江和黑龙江汇流处，也就是今同江，再转到黑龙江，顺流而下，直至黑龙江入海口附近的特林，全程大约五千里。为了纪念这件事，朝廷在奴儿干竖立了两块石碑，碑文写道："永乐九年春，特遣内官亦失哈等，率官军一千余人、巨船二十五艘，复至其国，开设奴儿干都司。"奴儿干都司的设立以及亦失哈八次巡视奴儿干，宣示了明朝对这一地域的统治，实现了明朝对外兴安岭以南广大地域的管辖。永乐帝对于开拓东北版图，功勋非常之大。所以，亦失哈八到奴儿干的壮举，同郑和七下西洋的壮举，可以相互媲美，彼此辉映。

在东北，明朝经过洪武、建文、永乐、洪熙、宣德四代五朝的艰苦经营，还解决了高丽的问题。高丽李成桂在取得政权后要改国号，派遣使臣到达明朝，请求赐名。应高丽李氏政权的请求，明太祖朱元璋亲自赐给了"朝鲜"这个国名。从此，高丽不仅改国号为朝鲜，而且开启了朝鲜国王受明清皇帝册封的礼制。

第三，派遣侯显五次前往乌思藏（今西藏）。永乐元年（1403年）四月，侯显第一次奉旨出使乌思藏，行程数万里，到永乐四年（1406年）十二月，才偕同乌思藏的高僧哈立麻来到南京，后来在南京灵谷寺举行大法会，为明太祖高皇帝和高皇后祈福。永乐皇帝敕封哈立麻领导天下佛教，还颁给印信。侯显口才很好，敢于担当大任，当时乌思藏被称为"绝地"，就是说那里既远在天边，地处高原，又路途崎岖难行。特别是侯显第一次出使乌思藏，四年才返回，不知经历了多少艰难险阻。他先后五次受派遣前往西藏等地，为国家一统、文化交流做出了与郑和、亦失哈同样卓越的贡献。

刚才讲了明朝永乐帝派遣宦官分别去往西洋、东北和西藏，这里顺便讲一下派遣使臣出使西域的故事。在明朝洪武、永乐年间，朝廷多次派遣使臣通西域，但是派往西域的使臣，有太监，也有官员，并以朝廷官员为主。

洪武二十八年（1395年），朝廷派兵科给事中傅安出使哈烈（今阿富汗赫拉特），后来傅安留在撒马尔罕（在今乌兹别克斯坦）十三年。当地头目听说永乐皇帝即位，就派遣使臣和傅安一起回到南京，并进贡方物。此后，明朝派吏部员外郎陈诚等先后五次出使西域。陈诚一行，路途遥远，历经千辛万苦。譬如到达的哈烈一地，离嘉峪关11900里。据《明史·地理志》统计，北京距西安2650里，西安距甘州2645里，甘州距肃州510里，合计约5805里，再加上嘉峪关到哈烈的里程，总计从北京到哈烈约17705里，往返一次约35410里。陈诚回朝后，奉上所著《使西域记》，记载所历凡十七国，山川、风俗、物产等。此书流传至今。可以想见，陈诚五次出使西域，不远万里迢迢，经历千辛万苦，清廉俭素，品格高贵，做出了重大贡献。

明朝洪武、建文、永乐、洪熙、宣德时期，"海上丝绸之路"和"陆上丝绸之路"双开通，出现一个"万国来朝"的大局面。

## 11

## 乾清宫的哭声
——后宫第一代主人与残酷的宫妃殉葬制度

永乐皇帝是北京皇宫第一位主人,他的后宫有什么故事呢?先从徐皇后说起。

永乐皇帝的徐皇后是明朝开国元勋徐达的长女,自幼贞静,喜好读书,被称为女诸生,就是女知识分子。朱元璋听说这个女孩子贤慧淑静,就召她父亲徐达说:"朕与你是布衣之交。古代君臣和谐,就让儿女通婚,结为亲家。你有好女儿,与朕的儿子朱棣相配。"所以,徐皇后是朱元璋给朱棣选的妻子。

洪武九年(1376年),朱棣为燕王,徐氏也被册封为燕王妃。她受到婆婆马皇后的喜欢,跟随燕王到北平后,婆婆死,她守丧吃素三年,恪守礼节;婆婆的遗言,她都能背诵。

燕王朱棣发起"靖难之役",抢夺侄子建文帝的皇位。靖难之役开始时,朝廷派大军包围北平。这时燕王率部在外打仗,城里只有世子朱高炽居守,兵力薄弱。燕王妃徐氏鼓励将校和士民妻女,发给大家铠甲,登上城墙据守,最后朝廷军队撤走,北平城得以保全。

燕王即位后,徐氏被册封为皇后,她虽然深居后宫,但是关心朱棣治国理政，有时还帮助他。比如，徐皇后曾对朱棣说："这些年，南北每年都在打仗，兵民疲敝，应当给与休息。"又说："当世贤才都是你父亲高皇帝朱元璋遗留的，陛下不宜区分新臣旧臣。"这些建议，永乐帝都采纳了。一天，徐皇后问："陛下，谁帮您治国？"永乐帝回答："六卿理政务，翰林职论思。"就是说，六部官员料理政务，翰林院的翰林们负责思考治国方略。徐皇后便请召见他们的夫人，赐给夫人们冠服钞币，对她们说："妻子服侍丈夫，岂止饮食衣服，其他方面也要帮助。对朋友说的话，有听有不听，但是夫妻之间，妻子婉言劝说，丈夫更容易接受。我每天侍奉皇上，只以生民为念，望你们也这样。"徐皇后的工作，都做到官员家属那里了。

徐皇后的侄子徐增寿，"靖难之役"的时候在南京，曾经向燕王远程提供宫中情报，被建文帝杀了。永乐帝想追赠给他爵位，徐皇后力言不可。永乐帝觉得还是应该，就封了一个定国公，命徐增寿的儿子承袭这个爵位。徐皇后得知后还是说："这不是我的想法。"始终都没有作为徐家人向皇帝道谢。

徐皇后还编了一本书，书名是《劝善书》，颁行天下。

永乐五年（1407年）七月，徐后病危，她劝永乐帝应当爱惜百姓，广求贤才，要以恩礼对待宗室，不要娇惯外家，就是外戚之家。又告诫皇太子朱高炽："当年北平将校的妻子帮助我们，拿起武器守卫北平，不要忘记赏赐体恤。"徐皇后病死的时候是四十六岁，永乐帝很难过，从此不再立皇后。

永乐皇帝的后妃，《明史·后妃传》记载的只有三个人，实际上永乐帝却是妻妾成群，到底有多少，谁也说不清。他最喜爱的徐皇后、王贵妃和权妃，都先他而死。永乐帝有四个儿子、五个女儿，他们都出生在他夺取帝位之前，也就是说，他即位以后就再没有孩子出生。

永乐帝后宫里有不少从朝鲜选来的妃子。其中，最受宠爱的是权妃，她不仅长相好看，还善于吹箫。永乐帝第一次见到她，问她有什么特长。她拿出随身携带的玉箫吹奏起来，箫声飘渺，朱棣非常高兴。宫中有一位掌管储藏缎匹的女官王司彩，曾和权妃同坐一辆车，很熟悉权妃，为此写了一首宫词，说"赢得君王留步辇，玉箫嘹亮月明中"，意思是权妃用动听的玉箫吸引皇帝留下来。权妃不仅以玉箫和容颜吸引永乐帝，而且更善于伺候皇帝吃饭喝酒。永乐帝喜欢吃朝鲜出产的苏鱼、紫虾、文鱼，权妃就伺候他吃这些东西，所以永乐帝根本离不开权妃，连出征北边也带着权妃同行。但是好景不长。永乐十年（1412年），在永乐帝北征凯旋途中，权妃竟死于山东临城（今枣庄市辖地）。永乐帝非常难过，悲痛得说不出话来。

权妃为什么会突然死去？直到四年之后，这个旧账又被翻出来了。一天，权妃的宫女和同是朝鲜来的吕美人吵架，说吕美人争风吃醋，串通宦官，从银匠家里买了砒霜，放在权妃喝的茶里，把她毒死了。永乐帝得知后，顿时暴怒，把有关的宫女、宦官、银匠等都处死了，一共杀了数百人。对吕美人，则让人用烙铁烙她，折磨一个月后才把她杀死。对吕美人的母亲也不放过，命朝鲜送来，杀了。

其实，这是一件冤案。原来宫里有两位姓吕的美人。两位吕美人互相争风吃醋。权妃猝死，吕美人甲便乘机诬告吕美人乙毒死了权妃，铸成了这桩惨案。

这件宫案之后，朱棣的后宫又发生了一个案子。

吕美人甲和宫人鱼氏行为不检点，与宦官私通，后来知道事情暴露，竟然畏罪自缢。永乐帝把吕美人甲的宫女都拘来审讯。这些宫女经不住严刑拷问，便胡说八道，说是要谋杀永乐皇帝。于是，一场残杀大祸铺天盖地而来。宫内宫外，上上下下，彼此揭发，互相牵连，女子牵连娘家，亲戚牵连友人，被连坐杀者竟然达到两千八百人！永乐皇帝丧心病狂，成为一个虐待狂、杀人魔王。每次处死宫人时，他都要"亲临刷之"。

永乐皇帝活着的时候杀死后宫那么多人，死了以后又要妃嫔殉葬，上演了一场惨绝人寰的宫廷悲剧。

永乐皇帝死后，三十多位妃嫔、宫女集合在乾清门内庭院的案桌前，桌上摆着送行的宴席。而后，她们被带到停放大行皇帝棺椁的乾清宫里。这时，大堂里已安设许多小木床，妃嫔、宫女们分别站在木床上，放声大哭，哭声震荡殿堂。她们被迫把头伸进吊好的绳套里，站在旁边的宦官将床一撤，这些宫人便吊死了。永乐帝生前最宠爱的韩氏，临死前呼喊着自己的乳母说："娘，我去了！娘，我去了！"声音还没断，木床已经撤去。

明朝太祖、成祖、仁宗、宣宗四朝都有妃嫔殉葬。直到明英宗去世前颁布遗诏，宫妃殉葬的制度才被废除。

## 12

## 囚禁西华门
——永乐帝三个儿子一直在争什么

明太祖朱元璋规定,他儿子的名字都选木字偏旁的字;因木生火,孙子名字都从火,为火字旁;而火生土,曾孙一代名字从土,为土字旁;然后土生金,再下一代名字从金;金生水,后面一代名字从水。金木水火土用完一轮之后,再从头开始新的一轮,周而复始,代代相传。另外,朱元璋还给每个儿子的后代选了二十个字,比如燕王朱棣的后代用"高瞻祁见祐,厚载翊常由,慈和怡伯仲,简靖迪先猷",每代用一个字,如果用完了就再确定二十个字。按照这个规矩,朱棣的儿子起名,第一个字用"高",第二个字选火字偏旁。所以朱棣的长子叫朱高炽,次子叫朱高煦("灬"与"火"同音同义),三子叫朱高燧。实际上,朱棣子孙的二十个字,只使用了十个字,到崇祯帝朱由检的"由"字辈时,明朝就灭亡了。

刚才说到永乐帝朱棣的这三个儿子,都是徐皇后生的,三兄弟都相差两岁,老大比老二大两岁,老二又比老三大两岁,他们一起长大,又一起从燕王府搬到南京皇宫,再搬进北京皇宫。本是同胞兄弟,却上演了骨肉相残、鱼死网破的家国悲剧。他们都争什么呢?

先争世子之位。

长子朱高炽自小端重沉静,言动有序,长大以后练习射箭,每发必中,又好学问,深受爷爷朱元璋的喜爱。而次子朱高煦性格凶悍,举止轻佻,又不肯读书,为爷爷所厌恶。洪武二十八年(1395年),朱元璋册封朱高炽为燕王世子,这一年,朱高炽十七岁。

兄弟三人共同经历过一场生死炼狱。洪武三十一年(1398年),朱元璋去世。各地藩王们得知皇父驾崩,都赶往京师奔丧。燕王朱棣到达淮安时,受到朝廷使臣的阻拦,于是派三个儿子赶赴京师南京。直到约一年之后,作为人质的这三个儿子才回到燕王府。燕王这才下决心起兵,夺取皇位。

在"靖难之役"中,朱高炽奉命作为世子居守北平。而高煦和高燧都跟随父亲征战沙场,高煦还救过父亲的命。朱棣的感情在这场战争里发生了变化,更喜欢能征善战的老二高煦,高煦也自认为功劳超过哥哥世子,因此恃功骄傲,心怀异志。

朱棣当燕王时,他们争世子之位;朱棣登极后,他们又争太子之位。朱棣称帝以后,命皇长子朱高炽居守北京,但没有立太子。于是宫里太监和朝臣形成两股力量,一股支持朱高炽,一股支持朱高煦,煽风点火,互不相让。朱高炽是怎样应对两个弟弟及其党羽的阴谋的呢?有人问朱高炽:"你知道有人挑拨是非吗?"他回答:"不知道,我只知道尽我的职责而已。"朱高炽的法宝就是四个字:不为所动。他以"诚实和孝敬"获得了最后胜利。经过短暂的犹豫,朱棣于永乐二年(1404年)召长子朱高炽从北京到南京,立为皇太子。这一年,皇太子朱高炽二十六岁。朱棣同时封了二十四岁的老二高煦为汉王,二十二岁的老三高燧为赵王。从此,皇父朱棣六次北征,都留皇太子监国。四方水旱灾荒,太子处置得当,由此太子仁爱的名声传布到了四方。

但是，永乐帝听到的谗言多了，有时也有猜疑，况且朱高炽成年后，体态很胖，无法骑马射箭，让他不满意。而朱高煦长得一表人才，英武善战，又多次跟随父皇北征蒙古，因此，永乐帝心里的天平倾向于皇次子朱高煦。他找了个茬，把太子身边的老师解缙下狱。

但朱高煦却让永乐帝失望了。永乐帝本来安排高煦封藩到云南。高煦说："我有什么罪，把我赶到万里之外！"他请求暂住南京。后来，永乐帝又把他改封到山东青州。但是朱高煦还是不去，而且私选各卫健士，又募兵三千人，作为自己的军队，还僭用乘舆器物，殴打军官。永乐帝听说后，大怒。

十四年（1416年）永乐帝回到南京，把朱高煦囚禁在西华门内，准备把他废为庶人。在太子的劝说下，才把他封到山东乐安州（今东营市广饶县境内）。朱高煦到乐安后还是怨气十足，皇太子多次写信劝诫。

次子朱高煦刚消停，三子朱高燧又闹出大事。永乐二十一年（1423年）五月，永乐帝病重。护卫指挥孟贤等勾结钦天监官王射成及内侍杨庆的养子，制造假诏书，阴谋毒死永乐皇帝，然后拿出假诏书，废太子，立赵王朱高燧。总旗王瑜的姻亲叫高以正，参与谋划，谋划完成后把事情告诉了王瑜。王瑜立即报告永乐皇帝。永乐帝即命逮捕孟贤，得到那份假诏书。参与谋反的孟贤等人都被诛杀。永乐帝对高燧说："是你做的吗？"高燧吓得说不出话来。皇太子极力为他开脱，说这只是下人所为，高燧肯定不知道。自这开始，朱高燧才有所收敛。

但是，兄弟三人的皇位之争并没有停止。永乐帝死后，朱高炽继位，成为北京皇宫的第二位主人，年号洪熙。但洪熙帝朱高炽在位不到一年，就崩于皇宫钦安殿，年四十八。他的两位弟弟对皇位的觊觎并没有因此而结束。

朱高炽的儿子朱瞻基继承皇位，年号宣德。宣德元年（1426年）八月，汉王朱高煦反叛，在山东乐安练军队，命官员，发兵器，备战马，又派遣亲信潜入京师，约旧功臣作为内应。有人报告了年轻的宣德皇帝。宣德帝派人前往了解情况，果然皇叔汉王朱高煦是气势汹汹。

于是，宣德帝御驾亲征，直捣汉王朱高煦大本营乐安，围城劝降。朱高煦本来对他这个侄子就有些发憷，听说新帝亲征，非常害怕，于是秘密派人到皇帝行营，表示愿意当日晚上诀别妻子，明日出城归罪。皇帝同意。当天夜里，朱高煦焚毁兵器和文书，第二天，从小路出城，见到皇帝，说："臣罪万万死，听从陛下处置。"于是，宣德帝废朱高煦父子为庶人，在西安门内盖了房子，把他们关在里面。后来，朱高煦及他的儿子相继死去。事后，宣德帝杀了此案牵连的两千八百余人。

第二年，宣德帝派妹夫袁容将有关事项通知皇三叔赵王朱高燧。高燧大惧，四年之后就死了。

永乐帝的三个儿子争世子，争太子，争皇位，这对后世有什么启示呢？

第一，永乐帝立太子，又宠溺其余两子，教育不严，犹犹豫豫，患得患失，导致身后亲王叛乱，皇权动摇。

第二，"打铁还要自身硬"。洪熙帝朱高炽面临危境，孝敬父皇、母后，礼待两弟，善待大臣，仁爱施政，王妃诚笃，儿子优秀，博得上下好评。特别是培养了一位好儿子继位，就是后来的宣德帝。后来，也正是这个宣德帝结束了延续多年的皇子亲王相争的乱局。

## 13

## 国师李时勉
——洪熙皇帝被谁气死了？

永乐二十二年（1424年），永乐皇帝于七月十八日病死在北征回来途中的榆木川，秘不发丧，龙舆（装载大行皇帝棺材的车）日夜兼行，走了二十二天，于八月初十把大行皇帝遗体运到北京，安放在皇宫仁智殿，入殓盖棺。皇太子朱高炽继位，年四十七，改年号为洪熙，这就是洪熙皇帝。洪熙元年（1425年）五月，洪熙帝在位不到十个月，就病死在皇宫的钦安殿。这时，皇太子朱瞻基还在南京，急忙赶回北京，继承皇位，年号宣德，这就是二十八岁的宣德皇帝。不到一年的时间，皇宫的宝座竟然先后坐了祖、父、孙三代皇帝。

年轻的宣德皇帝刚登极不久，就在朝廷会议上要立斩御史李时勉。这是怎么回事呢？原来，洪熙帝病危的时候，跟户部尚书夏原吉说："时勉廷辱我。"（李时勉在朝廷上羞辱我。）说完，大怒，当晚就驾崩了。这又是怎么回事呢？先让我们了解一下李时勉这个人。

李时勉（1374—1450），今江西省安福县人，家境非常贫寒。他童年读书的时候，天气阴湿寒冷，就身上裹着被子，两脚放在热水桶里，坚持读书。永乐二年（1404年），李时勉考中进士，这一年他三十一岁，做了翰林侍读,后来又做御史。

李时勉作为御史,为人正直,敢说真话,又因言获罪,先后遭到四大磨难。

前面讲过,永乐十九年(1421年),北京皇宫三大殿刚刚启用就发生大火,三大殿全被烧毁。皇帝下诏,征求直言。这时,朝臣们知道永乐皇帝心情不好,大多不敢吭声。但李时勉上疏,列出十五件事,指陈弊端,谏议纠正。其中一条说,不该营建北京宫殿;另一条说,远方来进贡的人不应成群结伙居住在京师。这两条触碰了永乐皇帝的神经,他脸色阴沉,很不高兴,就把这份奏章扔在地上。过了一会儿,永乐帝冷静了些,让太监从地上捡起奏章,接着看,觉得有些说得对,也有道理,就采纳了几条。不久,李时勉因遭诬告被打入监狱,关了一年多才获释出狱,官复御史原职。这是李时勉遭到的第一大磨难。

洪熙元年(1425年),李时勉再次上疏提意见。洪熙帝看了之后,满脸涨红,暴怒,把李时勉招到一边,批评他,指责他,但李时勉不屈,并进行辩解,气得洪熙帝叫来武士,把李时勉摁倒在地,用兵器痛打李时勉,打断了他三根肋骨,然后把他拽出殿外。第二天,洪熙帝把李时勉贬作交趾道御史。谁知到第三天,李时勉又上了一封奏章,结果被关进锦衣卫监狱。大家都认为李时勉死定了,出不了监狱。但是,李时勉曾对锦衣千户某人有恩,这位千户恰好到监狱得知此事,就秘密找来医生,精心治疗,使李时勉得以不死。这是李时勉遭到的第二大磨难。

洪熙帝病危时,还是对李时勉耿耿于怀,跟户部尚书夏原吉说:"时勉廷辱我。"(李时勉在朝廷上羞辱我。)说完后,又大怒,当晚就驾崩了。

宣德帝听说先帝皇父的遗言,大为震怒,立即命令:"把李时勉捆绑带来，我要亲自审讯，必定杀了他！"命令下达后，使者出发，宣德帝还是不解气，又令锦衣卫王指挥立即去捆绑李时勉，直接押到西市（刑场）斩首，不必来见。

事情也巧。王指挥出的是端门的西旁门，而前使者已绑缚李时勉从端门东旁门入，两个人一个从西门出，一个从东门进，一进一出，没有碰见。这时，前使者押着李时勉走来。宣德帝迫不及待，高声骂道："你小子，胆敢触犯先帝，都说了些什么，快说给我听！"李时勉叩头说："臣言谅暗中不宜近妃嫔，皇太子不宜远左右。"就是劝先皇帝居丧期间不要过分亲近妃嫔，皇太子不应远离。宣德帝听到这些，气就消了些，对李时勉说："你还说什么了，全都告诉我。"李时勉回答说："我惊慌害怕记不全了。"宣德帝又问："草稿在哪里？"李时勉回答说："我给烧了！"宣德帝叹息，称赞李时勉忠心，命令赦免他，给他官复侍读原职。那位王指挥回来，看见李时勉已经冠带整齐地站在殿前，非常惊异。立斩国师的风波就这样过去了。这是李时勉遭到的第三大磨难。

有一次，宣德帝到史馆，撒金钱赏赐诸学士。学士们纷纷弯着腰在地上捡钱，唯独李时勉正立不屈。宣德帝便取出余下的钱赐给他。后来，李时勉参与修《明宣宗实录》，升内阁学士，兼经筵讲官。

宣德皇帝之后，明英宗登极，年号正统。正统六年（1441年），李时勉做国子监祭酒，国子监相当于当时国家唯一的大学，祭酒就是这所大学的校长。这个职务级别不算高（局级），品级也不高（五品），但社会地位、学术地位、政治影响都非同一般。正统帝九岁登极，他奶奶——老太皇太后——健在，对他管教严，他也听话。正统七年（1442年）太皇太后崩驾后，几位辅政大臣年老退休，大太监王振掌握大权，任意摆布十六岁的小皇帝。这时李时勉又倒霉了。

李时勉为官正直、清廉，从不向王振奉承、行贿。王振记恨在心，借机找茬，进行打击报复。有一件小事被王振利用，是什么事呢？原来，国子监彝伦堂前，松柏树枝下垂，妨碍师生走路，祭酒李时勉下令修剪树枝。一天，王振到国子监，知道此事，借题发挥，上纲上线，诬陷李时勉擅伐官树运回家。王振假借圣旨，派锦衣卫到国子监。当时，李时勉正在阅生员考卷，被押到院里，戴枷示众。时值酷暑，天气炎热，李时勉戴枷三日，备受折磨。千余生员跪在皇宫前请愿，呼声震彻殿庭。后来，有人设法禀告了太后，李时勉才被释放。这是李时勉遭到的第四大磨难。

通过李时勉的经历，我们可以看到他先后在四代皇帝身边做官，正直刚强，百折不挠。

李时勉退休的时候，朝臣和国子监师生三千人在都城门外为他送行。景泰元年（1450年），李时勉病故，年七十七。李时勉一生，蒙四难，历五朝，做祭酒六年，训励严格，学风醇正，督令读书，灯火达旦，吟诵声不绝。他教育学生：重诚正，就是重视忠诚正派；崇廉耻，就是要知清廉羞耻；抑奔竞，就是要抵制跑升官；辨忠奸，就是要分辨忠臣和奸臣。这样，培养出一批杰出人才。《明史》评价李时勉说："以直节重望，为士类所依归者，莫如时勉。"（以正直和气节获得很高威望，成为士人的楷模，没有比得上李时勉的。）

# 14

## 五全皇后
### ——从世子妃到太皇太后的传奇

在明清五百多年宫廷史上,作为一名宫中女子,从世子妃、太子妃、皇后、皇太后,一直做到太皇太后的,只有一个人,就是洪熙帝的张皇后。她是朱元璋的孙媳妇、朱棣的儿媳妇、洪熙帝朱高炽的皇后、宣德帝朱瞻基的生母、英宗朱祁镇的祖母。我给她起了个代称,叫作"五全皇后"。接下来就讲这位"五全皇后"的故事。

洪武二十八年(1395年),明太祖朱元璋封燕王长子朱高炽为燕世子,其妻张氏被封为世子妃。身为世子妃,张氏的最大贡献是生了三个儿子:长子朱瞻基(后来的宣德帝)、三子越王朱瞻墉、五子襄王朱瞻墡。连续几个孙子的出生,使燕王对世子和世子妃非常满意。特别是在长孙出生前夕,燕王朱棣梦见明太祖交给他一块大的宝玉,说:"传之子孙,永世其昌。"长孙刚满月,燕王见了小瞻基,说:"这孩子英气溢面,跟我梦见的一样。"在燕王起兵的战争岁月,世子妃张氏陪伴世子朱高炽、婆母徐妃等坚守北平,为公公夺得皇位做出重要贡献。这就是张氏作为燕世子妃的经历。

永乐二年(1404年),朱棣封长子朱高炽为皇太子、张氏为太子妃。

身为太子妃,张氏首先是贤惠守妇道,博得公婆喜欢。当时,她的丈夫多次被小叔子汉王朱高煦、赵王朱高燧所离间,他们扬言:"太子肥硕,不能骑射。"一天,朱棣与徐皇后在内苑宴叙,见到朱高炽,脸上就变了颜色,又唾又骂;又指着张氏说:"这个好儿媳,将来能担承我家,如果不是因为她,你早就被废掉了。"张氏连忙起身叩头谢恩。过了一会儿,只见张氏从厨房里端出亲手制作的饺子,呈奉给公婆。朱棣和徐皇后又欢喜又感动,就招呼儿子、儿媳同饮,尽欢而散。

既然太子因肥胖惹怒了皇父,张氏就精心帮助太子减肥:一是控制饮食,二是督促他骑马射箭。这就是民间常说的"管住嘴,走断腿"。朱高炽虽身历惊险,还是保住了太子之位。

张氏还精心养育儿子。永乐九年(1411年),长子朱瞻基刚成年,便被封为皇太孙。永乐十一年(1413年)端午,永乐帝率诸王大臣在东苑射柳,文武群臣、各国使臣、京城耆老都来观看。皇太孙朱瞻基连连射中,让朱棣感到脸上有光。据说他还故意当众给朱瞻基出了一道题:"万方玉帛风云会。"朱瞻基叩头对道:"一统山河日月明。"这更足以使永乐帝炫耀了。作为太子妃的张氏得到公婆的喜爱和丈夫的肯定。

可惜朱高炽继承皇位不到一年,便病死于皇宫钦安殿。所以张氏当皇后才不到一年。在不到一年的时间里,两任皇帝先后去世,朱高炽长子朱瞻基继承皇位,正当二十八岁年华。张氏成为皇太后。她留用了永宣时期的老臣,形成可靠的内阁,辅佐年轻的皇帝稳定政局。张太后把阁臣英国公张辅,吏部尚书蹇(jiǎn)义,户部尚书夏原吉,大学士杨士奇、杨荣、金幼孜、杨溥等,召到宫里会见,慰劳他们,说:"你们都是先朝旧臣,希望继续辅佐新皇帝。"还向儿子宣德帝一一介绍几位阁臣的优点和特点,表达对阁臣的信任。

这时,明朝自朱元璋奠定基业,已经有约六十年,海内安泰,国力充裕,政治稳定,史称"永宣之治",就是永乐到宣德三十多年的盛世。年轻英武的宣德帝,史称"太平天子",能文能武,对皇太后张氏非常孝顺,入奉起居,出奉游宴,四方贡献,必先太后。张太后游西苑,皇后、皇妃陪着,皇帝亲手掖扶轿子登万岁山。张太后拜谒长、献二陵,皇帝亲自鞚骑引导,遇到河桥,就下马扶辇。回来的路上,路过农家,张太后招来老农妇询问家里的生活情况,还赐给她一些钱。有人献上蔬菜和饭食,太后让皇帝尝尝,说这就是农家的味道。

　　鲜为人知的是,外表孝顺能干的宣宗朱瞻基,为人风流倜傥,爱好声色禽兽,纵情游猎杂戏,让张太后操碎了心。有书记载,说他喜好斗蟋蟀,派人从江南抓取,把价格抬得很高。其价腾贵至十多两银子一只。他还曾密诏苏州知府况钟进献一千只蟋蟀。

　　宣德帝在位十年,仅三十八岁就病逝了。张太后万分悲痛,她命人把宣德帝喜欢的蟋蟀罐全部砸碎,命景德镇御窑也把烧制好的蟋蟀罐全部砸碎掩埋,以致故宫旧藏很难看到宣德时完整的蟋蟀罐,而在景德镇御窑遗址发现了大量蟋蟀罐碎片。

　　张太后还特别重视对皇太孙的培养和教育。她命户部尚书夏原吉陪侍皇太孙朱祁镇。

　　宣德帝死,朱祁镇继承皇位,年方九岁,这就是明英宗正统帝。张氏也成了太皇太后。大臣请她垂帘听政,她拒绝了,说:"不要坏了祖宗的规矩。"她委任股肱(gǔ gōng)大臣,督促幼帝用功读书,虽太监王振受宠于帝,但张氏在世他不敢乱为。正统年间,为加强北京的防御能力,在宣德时期工程的基础上,朝廷接着开展了北京城池建设的工程。正统四年(1439年),修造京城九门的城楼、城壕、桥闸,各门之外都树立牌楼,京城四隅建筑角楼;又深挖城壕,两岸用石头砌筑;将九门原有木桥全部换成石桥,两桥之间,各设水闸。护城河水自西北流入,环城而过，穿流九桥九闸，从东南流入通惠河，经通州进入北运河，汇入渤海。京师城墙，原来只有外墙包砖，内墙仍为黄土，遇到下雨容易颓塌。这时期，将内墙全部包砖。特别是承天门（天安门），原来只是牌楼，这时高筑城台，上建重檐门楼，雄伟高大，壮丽辉煌。皇宫三大殿在焚毁之后，也是这个时期重建的。这些伟大工程是在张太皇太后临朝期间，君臣一心，万众协力，动用军夫、工匠数万人而完成的。

正统七年（1442年）十月，张太皇太后去世。

张氏出生于河南永城的一户普通人家，后嫁给燕王长子朱高炽。因为朱高炽为世子，她即被皇爷爷朱元璋封为燕王世子妃；朱高炽为太子，她即被皇父朱棣封为太子妃；朱高炽为皇帝，她即被册为皇后；长子朱瞻基又继位做了皇帝，她就被尊为皇太后；长孙朱祁镇继位做了皇帝，她又被尊为太皇太后。可以看出，张氏的"五全"，是依赖做皇帝的爷爷、公公、丈夫、儿子、孙子五代敕封而得来的。这样的福气，需要天合、地合、人合、己合——自身的修炼。就她个人而言，有什么值得借鉴的呢？她做到了对公婆尊敬孝顺，对小叔宽容大度，对丈夫体贴劝慰，对后宫统摄安宁，对儿子教育勉励，对孙子撑腰辅佐，对大臣信任鼓励，对娘家规矩严格，对百姓亲切体恤，对自己心地良善。这就是故宫历史上仅有的一位"五全皇后"。

## 15

## 福祸无常
## ——故宫里第一位被废掉的皇后

明朝北京皇宫的第三位主人,是宣德皇帝朱瞻基。他英武仁明,孝顺能干,但在后宫却纵情游猎,风流酒色。他曾经做了一件特别出格的事情,就是废掉了自己的皇后。这位皇后就是胡皇后。

明朝皇后留下名字的很少,这位胡皇后却留下了名字,叫胡善祥,山东济宁人。一个山东姑娘是怎么进到皇宫的呢?永乐十五年(1417年),她被选为皇太孙妃,也就是朱瞻基的妃子。后来朱瞻基做了皇太子,她就成为皇太子妃。宣德帝朱瞻基继位,她就顺理成章地被册为皇后。

这时,宣德帝身边有个孙贵妃,和胡皇后争宠。孙贵妃是山东邹平人,从小就有姿色,机敏聪慧。她的父亲在永城(今河南永城市)做主簿(正九品),和洪熙帝张皇后是老乡。经张皇后娘家人介绍,孙氏十几岁就入宫,由张皇后养育。后来,张皇后的儿子朱瞻基成婚,选胡氏为妃,孙氏为嫔。洪熙帝死,宣德帝朱瞻基继位,册胡氏为皇后,孙氏为贵妃。

胡皇后为人宽厚,但身体多病,没生儿子,这就给孙贵妃提供了机会。与胡皇后相比，孙贵妃工于心计，心眼很多，她接连施出五条计策。

第一计是求宠。孙贵妃利用自己的姿色和娇媚，博得宣德帝的宠爱。

第二计是求宝。金宝，就是金印。按照明朝制度，皇后既有金册，又有金宝；贵妃则只有金册，没有金宝。宣德元年（1426年）五月，孙贵妃怂恿宣德帝出面，向皇太后请求，赐给孙贵妃金印。张皇太后虽然觉得违反制度，但还是勉强答应了。明朝贵妃有金印，就是从孙贵妃开始的。

第三计是求子。孙贵妃没生儿子，经过长期精心的策划，她在心腹宦官、宫女参与下，暗里取了宫女生的儿子，做成是自己生的儿子，这就是后来的明英宗朱祁镇。因为有了儿子，孙贵妃就更加受到宣德帝的眷宠。

第四计是求封，就是求封太子。胡皇后见孙贵妃有了儿子，就主动表示早定朱祁镇为太子，自己让出皇后的位子。孙贵妃虽然心里暗喜，却假意谦辞说："皇后病好后自会有子，我的儿子怎敢排在皇后儿子的前面呢？"因为皇后生的儿子为嫡子，妃嫔生的儿子为庶子，嫡庶分明，不能违反。但在私底下，孙贵妃极力争取早立太子。结果皇子朱祁镇出生后才八十四天就被册封为皇太子。在明朝，皇子出生实际不足三个月就被立为皇太子的，这是仅有的一个。

第五计是求后，就是求封皇后。胡皇后没有儿子，孙贵妃有儿子，还被立为太子。宣德三年（1428年）三月，宣德帝命胡皇后上表辞去皇后，就是写辞职报告。于是，胡皇后被迫辞去皇后，从坤宁宫搬出，搬到长安宫居住。宣德帝安抚辞位的胡皇后，给她赐号静慈仙师，而册封孙贵妃为皇后。这一上一下，虽然诏书说是皇后力辞，贵妃谦让，最后贵妃迫不得已才就位皇后的,但宫内外许多人都知道,皇后辞位并非自愿,而是被迫的。史书记载:"后无过被废,天下闻而怜之。"(皇后没有过错却被废掉,天下人听说了都怜悯她。)甚至宣德帝自己后来也为年轻时做的这件事后悔,自我解嘲说:"这是朕少年时做的事。泼出去的水,已无法收回。"

在这里,顺便介绍一下胡皇后居住的长安宫。长安宫是皇宫东六宫的一座宫殿,东西六宫建成于明永乐十八年(1420年),是永乐皇帝命名的。后来,嘉靖皇帝为长安宫改名景仁宫。这个宫名一直沿用到今天。

景仁宫是一座独立的四合宫院,前有宫门,用围墙和建筑围合成前后两进的四合院。第一进,前院,正殿五间,东西配殿各为三间,整齐庄重;第二进,后院,后殿五间,两侧各有耳房,东西配殿也各三间。

景仁宫与其他宫院不同的是,在景仁门内竖立着一座石头材质的屏风,屏风的基座和边框都是汉白玉石雕,屏风主心为天然大理石,约有两厘米厚,两面图案却不同,一面雨雾缭绕,一面山川沟壑。这座石屏风格古朴,自然天成,相传为元代皇宫的遗物,极为珍贵。

胡皇后被废了以后,怏怏(yàng)不乐,但毫无办法。宣德帝母亲张太后怜悯她,经常召她到自己住的清宁宫来居住。在后宫宴会上,张太后也是安排胡"皇后"的位子在孙皇后之上。

宣德帝在位十年,于三十八岁就离开人世。他死了以后,殉葬的妃嫔有一个长长的名单,一共十位。其中有一位郭嫔,凤阳人,擅长文辞,入宫才二十天就被殉葬。她青春美丽,聪明伶俐,临死时泪流满面,泣不成声。传说她自知死期将至,写下一篇楚辞自哀,其中写道:"先吾亲而归兮,惭予之失孝也(在父母之前死去,我为不孝而惭愧);心凄凄而不能已兮,是则可悼也(心中悲痛不已,这是多么可悲的事情啊）！"

这胡皇后虽然倒霉，但也有幸运的时候。宣德帝去世后，她躲过了妃嫔殉葬这一劫。七年之后，保护她的张太后病死，她痛哭不已，第二年也因为哀伤生病而死，以嫔的礼仪葬在西山。

至于孙皇后，儿子朱祁镇登极，她做了太后，在经历了英宗即位、被俘，"南宫复辟"等大喜大悲之后，于天顺六年（1462年）病死，谥孝恭皇后，跟宣德皇帝合葬在景陵。

直到明英宗朱祁镇病危的时候，皇后钱氏哭着告诉他："皇上不是孙太后的儿子，其实是宫人的儿子，亲生母亲死于非命，这么久也没有封号。还有胡皇后，贤惠而无罪，却被废为仙姑，皇后之位一直没有恢复，请求皇上念着这几件事情。"于是，病重的英宗恢复了胡皇后的地位和封号，追谥她为恭让皇后。

在帝制时代，女人即使到了皇后的地位，看似无比尊贵，但是在皇权面前，也像水中浮萍，根本经不住风浪的摧残。

## 16

## 故宫宝物
——宣德炉、甜白釉、掐丝珐琅

明朝在永乐、宣德期间,社会稳定,经济恢复,版图一统,万国来朝,恢复唐宋礼法,再现文化繁荣,继汉朝"文景之治"、唐朝"贞观之治"后,出现了一个"永宣之治"的局面。这一时期的皇宫宝库,增加了宣德炉、甜白釉、掐丝珐琅等声名远播的名器宝物,而《永乐大典》则是这个时期的一个文化标志。

先讲宣德炉。宣德炉,顾名思义,就是宣德朝生产的铜香炉,以质量优、工艺精、造型美而流传于世,成为那个时代具有代表性的文化象征。宣德炉的出现不是偶然。明朝经过洪武到宣德五朝近七十年的开创和经营,出现"永宣之治",而且在文化上出现了一种崭新的气象。

一是"驱逐胡虏,恢复中华"。在文化上着重于唐宋文化传统的恢复与传承,带着创业的勃勃生机和宏大气象,这正是明朝"治隆唐宋""远迈汉唐"的文化表现。

二是四面睦邻,文化交流。从四域八方的国家或地区汲取多种文化营养,开拓了文化视野,也丰富了中华文化宝库。

三是朝廷重视,皇帝有才。这对国家文化建设产生了巨大推动力。

在明代帝王中，宣德帝是第一位兼具文武之才的君主。他是一位读经史、著诗文、善书法、长绘画、爱音乐、会抚琴的文化皇帝，从小长在宫中，身份高贵，有很高的修养，但不拘小节，喜爱大自然，又顽皮好斗。宣德帝除留用永乐时的宫廷画家外，更征召民间画家入宫供职，身边聚集了不少画家。当时有一位画家、书法家谢环，永嘉（今属浙江温州）人，善画山水，久负盛名，被征入画院，封赏授官。宣德宫中还有一位画师戴进，钱塘（今浙江杭州）人，早年为金银首饰工匠，后改工书画，被誉为"浙派绘画"开山鼻祖。有谢环、戴进这样的画家在身边，宣德帝经常作画、赏画、品画、论画。宣德帝的书法也很好，不仅经常挥毫，笔笔中锋，画画中正，而且鉴赏书法，造诣颇高。

所以，包括宣德炉在内的精粹文物，是那个时代的文化奇葩，我们可以从这些瑰宝中看出永宣时期的文化气势，领略永宣时期的文化精髓。

除了宣德炉，永宣时期其他宫廷制造也得到大的发展。朝廷派出庞大船队七下西洋，开通"海上丝绸之路"；又派使臣多次到达西域，"陆上丝绸之路"也已开通，这些都使宫廷制造勃发了新的生机。

明代设立御用监，专门为宫廷制作精美的家具、珐琅器、玉器、漆器等，不仅为当时宫廷所用，而且传承有序，成为今天故宫博物院的珍贵藏品。其中，最为大家所熟悉的恐怕就是瓷器。洪武二年（1369年），明朝在景德镇元朝浮梁磁局旧址上加以扩建，设立御器厂，为宫廷烧造瓷器。御窑烧造的瓷器全部属于宫廷，其他人和部门都不得拥有，更不能使用。每件瓷器都遵照皇帝旨意，由宫廷发放官样，御窑照样生产，产品严格验收，入选瓷器送至皇宫，落选瓷器打碎掩埋。总之，御窑的瓷器，从官样、制作、烧造、使用、保管到落选瓷器处理，都由皇宫严格掌控。

御器厂实行匠籍制，集中了全国优秀的陶瓷工匠，有朝廷特设的画局，负责设计式样纹饰，又垄断优质原料，几乎不计成本，生产出精美的御制瓷器。

永宣时期烧造了大量精美的瓷器。"宣窑"就是当时最精美瓷器的"代名词"。给人留下最深刻印象的，是"红、白、青"三个字：红是红釉为贵，白是甜白为美，青是青花浓艳。

首先讲红——红釉为贵。朱元璋以红为贵，以红为吉，如红巾、红塔。明朝的"明"，左为"日"，右为"月"，都属火，都尚红。明朝官服的颜色也是尚红，以红色为高贵。

所以，明朝宫廷用瓷也一度以红为贵。红釉瓷器非常难烧，非常稀少，有时一窑甚至数窑才能烧成一件。所以，明初宫廷红釉瓷器数量特少，极为罕见。

接下来讲白——甜白为美。永乐帝偏爱甜白釉瓷器。永乐时，景德镇御器厂创制一种白色瓷器，因釉色甜润而洁白，俗称甜白釉。这种甜白釉瓷器受到了永乐帝的青睐。

最后讲青——青花浓艳。永宣时期的青花瓷器，以青花浓艳为特色，在瓷器史上达到一个新的高峰。

明代永宣御窑进入高峰期，出产瓷器不仅精美，而且数量大得惊人。如宣德八年（1433年），尚膳监题准烧造各样瓷器，一次达443500件。而朝廷一次就赏赐朝鲜国王十套餐桌使用的瓷器。

除了宣德炉、御窑瓷器以外，明朝宣德时期还有一项文化瑰宝，就是掐丝珐琅。

掐丝珐琅通常是铜胎，用铜丝按照胎上绘好的纹饰，沿着边缘掐焊铜丝，然后点上不同的釉彩，再入炉窑，在约800摄氏度的火中烧造，出炉以后，打磨抛光。据传，一件珐琅器约需108道工序方能完成。珐琅这种技艺来自外域，元代传入中国，到了明永乐、宣德年间，达到一个高峰。珐琅器融合中华文化，经过艺师工匠之手，精彩夺目，巧夺天工，成为中国工艺品中一支绚丽的鲜花。因为景泰年间珐琅器多有年款，所以俗称景泰蓝，实际上从故宫收藏看，宣德时期生产了很多珐琅器的精品。

永宣文化，更有书画。永宣时期，朝廷致力于营造"以能纳其心于规矩之中"的政治情怀和文化氛围，最具有时代风格的书法形式就是"台阁体"，也就是严谨的楷书，书风端庄典雅，运笔自然流畅。22937卷、总字数约3.7亿的《永乐大典》，就是以"台阁体"誊写的。当时，永乐帝组织了一千三百多人参与誊写，抄完以后装订成书，存放在文渊阁里。这个文渊阁不是现在故宫里的那座文渊阁，北京故宫的文渊阁是清朝乾隆时期修建的，用来保存《四库全书》和《古今图书集成》。而存放《永乐大典》的明代文渊阁，现在已经看不到了。

无论是永宣青花、宣德宝炉，还是掐丝珐琅、书法绘画，在帝制时代，只有皇帝和家人等少数人可以享受，而如今，它们早已成为中华民族甚至是全人类的宝贵文化遗产。

## 17

## 文渊阁的传奇
—— 杨士奇为何能连做四朝老臣

明太祖朱元璋废除丞相,也就是废除了中国历史上延续了一千六百多年的宰相制度,把皇权提高到极致。永乐朝,朱棣设立内阁,协助皇帝处理朝政。之后,内阁的权力逐渐加大,内阁大臣成为不是宰相的宰相。明朝的内阁设在皇宫里的文渊阁。这个文渊阁现在已经看不到了,后来清朝在皇宫里又建造了一座文渊阁,专门用来存放《四库全书》。清朝的内阁就不在文渊阁了,有专门的内阁大堂,在文华殿的南侧。本讲要说的是明代内阁的传奇人物——四朝重臣杨士奇。

杨士奇(1366—1444),名寓,泰和(今江西省吉安市泰和县)人,很小就失去父亲,随母改嫁罗家。家里非常贫寒,但是他学习勤勉,很早就靠教书来养活自己。在建文初被召入翰林,参与纂修《明太祖实录》。永乐帝即位,杨士奇改为编修,不久又进入内阁。永乐二年(1404年),他被选中做了皇太子朱高炽的老师。杨士奇在永乐、洪熙、宣德、正统四朝,连续做了四十三年内阁大臣,其中做了二十一年的内阁宰相,这在明史中是唯一的一人。

那么,杨士奇怎么能做到上面说的这个"唯一"呢?他的为人之道、为官之道、为臣之道，又是什么呢？

首先讲杨士奇的为人之道。

杨士奇为人德善器广，也就是道德高尚，为人善良，心胸大器。有一次，广东布政使徐奇带着岭南土特产馈送给大臣们，有人举报这件事，把所谓受贿名单报给永乐皇帝。皇帝看名单上没有杨士奇的名字，就召他来问。杨士奇回答："徐奇去广东的时候，群臣作诗文给他送行，我正好生病了，就没有参加，所以土特产也就没给我。"这样如实汇报，就推翻了所谓行贿受贿的说法。杨士奇接着劝慰皇帝："徐奇送点土特产，答谢给他送行的人，应该没有其他意思，再说也没什么值钱的，一点土特产而已，况且是收了还是没收也并不一定。"于是，永乐帝就撕掉了那份名单，一场风波就这样平息了。

永宣内阁有著名的"三杨"，就是杨士奇、杨荣和杨溥。杨荣在永乐朝曾经做过内阁首辅，性格坚毅，遇事敢为。他多次随从永乐帝北征，是皇帝的得力助手。但是杨荣曾私自接受边将馈送的良马。皇帝知道后，问杨士奇怎么处理。杨士奇说："杨荣晓畅边务，臣等不及，不宜太介意他小的过错。"皇帝笑着说："杨荣曾经说你的坏话，你不报复他？"杨士奇说："愿陛下像宽容我一样宽容杨荣。"后来，杨荣觉得过去愧对杨士奇，于是两人相处融洽。

从上面这两个例子可以看出，杨士奇在皇帝身边，如果不是善良大器，随便一句话，就可能置人于死地。但是他奉行做事先做人的原则，无论官位多高，皇帝多信任，都是与人为善，出于公心。

接下来讲杨士奇的为官之道。

杨士奇为官尽职尽责。洪熙帝即位，杨士奇升为礼部侍郎兼华盖殿大学士。有一天，洪熙帝来到便殿，看见杨士奇来了，就说："新华盖学士来，必有很好的意见。"杨士奇直言道："皇帝恩诏岁供减半，诏令刚下两天,惜薪司就传旨,征收红枣八十万斤,违背了皇帝恩诏。"皇帝立刻命令惜薪司减去一半。

明朝废除元朝的行省,除了南直隶和北直隶之外,定为十三个布政使司,俗称"两京十三省"。洪熙时,尚书李庆建议,把军队剩余的马匹发给这些布政使司,也就是发给各省,让各省按年缴纳马驹。杨士奇直言:"朝廷选贤授官,是有更高期许的,如果派他们去牧马,是贵畜而贱士也,怎么向天下后世交代!"洪熙帝没有回应。杨士奇再次提出自己的意见。洪熙帝还是没有回应。过了一段时间,洪熙帝在思善门召杨士奇说:"朕怎么能忘了你的谏言呢!我耳闻李庆这些人不喜欢你,朕想着你已经被孤立,怕你妨碍了一些人的利益而受到伤害,所以不便因你的谏言取消那个养马的建议,现在有借辞了。"说完,洪熙帝拿出陕西按察使陈智上报的养马不便疏,然后命人起草谕旨,立即执行。从这件事可以看出,杨士奇尽职尽责,洪熙帝也极力维护他,君臣有良好的关系。

以上说了杨士奇的为人之道和为官之道,那么,他长期辅佐皇帝,有什么为臣之道呢?接着来讲杨士奇的为臣之道。

杨士奇为臣忠诚勤慎。永乐皇帝为立太子一事犹豫反复。永乐九年(1411年),皇帝回到南京,问杨士奇太子监国的情况。杨士奇说:"太子又诚实又孝顺,而且有过必知,知而必改,存心爱人。"永乐帝听了,踏实多了。第二年,永乐帝北征突然回来,太子迎驾迟缓,皇帝不高兴,当即把太子身边的官员黄淮等人下了监狱。永乐帝又召杨士奇问太子的情况,杨士奇说:"太子孝敬如初。迎驾迟了,都是我们的罪过。"

永乐十四年(1416年),永乐帝回到京师,听说汉王朱高煦密谋夺嫡不轨,就问太子身边的大臣吏部尚书蹇义。蹇义回避了,不回答。皇帝又问户部尚书杨士奇。杨士奇坦然说道:"我和蹇义都在东宫,外人没有敢跟我们两人说汉王事的。但是汉王两次被派往藩国，都不肯去，现在知道陛下将要迁都，又请求留守南京。"言外之意，留守南京应该是太子的事，汉王这样做，他的野心昭然若揭。永乐帝听了不说话，便回宫了。

在这场夺嫡风波中，才华横溢的解缙丢了性命，而沉着老成的杨士奇却拥立太子成功。他的为臣之道，是忠诚而谨慎。

宣德元年（1426年），汉王朱高煦反叛，宣德帝亲征，平息叛乱。有人建议，赵王和汉王是一条心，干脆乘势去擒拿赵王。内阁大臣杨荣极力赞成。杨士奇说："要有事实根据才能行动。"杨荣大声说："你要阻挠大计！现在叛逆的人说赵王和他共谋，怎么就说没有事实根据？"杨士奇说："太宗皇帝（永乐帝）有三个儿子，皇上只有这两个叔父。有罪者不可赦，但无罪者应当宽厚待之，如果可疑，就加以防范，何必加兵，伤皇祖在天之意呢？"直到返回皇宫，宣德帝还在思考杨士奇的话，对杨士奇说："现在大家都在议论赵王的事，应该怎么办？"杨士奇说："赵王最亲，陛下应当保全之。"皇帝说："我打算把群臣的奏章拿给赵王，让他自己处理，给他个警告，怎么样？"杨士奇说："好主意，如果赵王再得到您的一封信，就更幸运了。"于是，宣德帝派使臣拿着皇帝的诏书到了赵王府。赵王得书大喜，哭泣着说："我可以活了！"这个永乐、洪熙两朝都没有解决的赵王的问题，终于得到和平解决。

宣德帝崩，九岁的英宗即位。张太皇太后推心任用杨士奇、杨荣、杨溥三人，有事就派太监到内阁商量，然后裁决。正统之初，朝政清明，"三杨"立了大功。后来，杨荣死了，太皇太后死了，杨士奇也病死了。"三杨"退出政坛，标志着明朝结束了"永宣之治"的局面。

杨士奇身历五朝，辅佐四位皇帝，长期在宫中值守，还能善终，寿至八十，其为人德善器广、为官尽职尽责、为臣忠诚勤慎的三个法宝，值得后人借鉴。

## 18

## 定都北京
——七岁的孩子怎么做皇帝

宣德十年（1435年）正月初三，还在过年期间，乾清宫传来噩耗，三十八岁的宣德皇帝驾崩了。继承皇位的是明英宗朱祁镇，实足年龄只有七岁。明英宗朱祁镇创下了明朝宫廷史上的三个"第一"：第一，他是明代年龄最小的皇太子，当太子时他出生才两个多月；第二，他是明朝历史上第一位孩童皇帝，只有九岁；第三，他还是第一位出生在北京皇宫里的皇帝。朱祁镇出生时适逢"永宣之治"，这位小太子可以说是在安乐窝里长大的。

宣德帝对这位太子非常喜爱，期待很高。有一次，他把朱祁镇抱在膝上问："将来做了天子，能让天下太平吗？"刚会说话的太子答："能！"宣德帝又问："如果有犯上作乱的，敢亲率大军去讨伐吗？"太子答："敢！"这个稚嫩的回答，让宣德帝非常欣慰。这个九岁的孩童做了皇帝，幸福短暂的孩童皇子生涯就结束了。

人们不禁要问，这么一个小孩子，怎么做皇帝呢？年幼的英宗皇帝有三个依靠：依靠太皇太后，依靠四朝老臣，依靠大太监王振。下面先说依靠太皇太后。

这位太皇太后就是前面讲过的"五全皇后"张氏。张太皇太后是朱祁镇的祖母，她从燕世子妃、太子妃、皇后、太后一直做到如今的太皇太后，成为幼小皇帝的主心骨和大靠山。因为朱祁镇年龄太小，曾经有人建议召年纪大的长沙襄王进京继位，于是奶奶张太皇太后宣召大臣们到乾清宫，手指着朱祁镇，流着泪说："这位就是新天子！"由此确定由朱祁镇继位。朱祁镇登极后，奶奶给朝政制定了三条原则：停止一切不急需的事务，减少开支；加强对幼年皇帝的教育培养；倚靠前朝老臣处理国事。

在年幼皇帝继位的风雨飘摇中，奶奶给朱祁镇撑腰，帮助他登上帝位，为他主政。

在明英宗继位前期，有一件大事得到了解决，就是明朝定都的问题。朱元璋开国，定都南京；朱棣决计迁都北平，改名北京。永乐十八年（1420年），皇宫建成。转年正月初一，明朝正式迁都北京。不料，不到百日，三大殿遭雷电焚毁。洪熙帝继位，仍以南京为都，北京为行在。宣德帝仍称北京为行在，但实际上以北京为都。明朝初年，在定都的问题上，朝廷一直在南京、北京之间摇摆不定。

正统二年（1437年）正月，朝廷开始兴修北京城门楼、城壕、角楼、桥闸，用砖包砌北京城内墙。同时，重建三大殿和乾清宫、坤宁宫。到正统六年（1441年）十一月竣工。明英宗宣布定都北京。这样，长期悬而未决的定都这件大事，终于落定。

正统七年（1442年）五月十九日，由张太皇太后做主，十六岁的明英宗举行大婚典礼。朱祁镇又创造了明朝宫廷史上的第四个"第一"：第一位在皇宫奉天、华盖、谨身三殿和乾清、坤宁二宫举行大婚典礼的皇帝。而他的皇后钱氏则成为明朝第一位从大明门中门被抬进皇宫的皇后。

除了依靠太皇太后，明英宗还依靠四朝老臣。著名的老臣杨士奇、杨荣、杨溥，时称"三杨"，在太皇太后的支持下，继续为官内阁。当时，朱祁镇连启蒙教育都没有接受过，"三杨"等大臣们针对他的情况，建立起严格规范的经筵制度。什么是经筵？经筵就是儒臣给皇帝上课，讲授儒家经典、治国之道等，也就是皇帝学习的制度。给皇帝讲课的官员叫作经筵讲官。通过经筵，君臣之间学习经典，相互研讨，结合朝政实际，阐发儒家思想。经筵之外，还有日讲，日讲不求礼仪繁琐，但求皇帝反复诵读规定的功课。这样，年幼的朱祁镇便开始在皇宫文华殿接受正规系统的儒家传统教育。

朱祁镇长大一些后，常用各种理由取消经筵日讲，一会儿说身体不好，一会儿说天气太冷或太热。而他感兴趣的是什么呢？

原来，明英宗的精神依赖来自大太监王振。明朝宦官之害非常严重，是从永乐帝重用宦官开始的。宣德帝朱瞻基在大内设内书堂，培养宦官学文化，司礼监居于太监二十四衙门之首，秉笔太监可以代替皇帝批答奏章，宦官的权力就更大了。在明英宗身边的大太监，叫王振。

王振，河北蔚州人，少年选入内书堂。朱祁镇做太子的时候，王振就是东宫的宦官，服侍在朱祁镇身边。明英宗非常喜欢他、信任他，常称王振为"先生"，让他执掌司礼监。明英宗曾经对王振说："这近二十年来，你昼夜在我身边，保护赞辅，克尽乃心，正言忠告，让我受益很多。"孩童皇帝生活起居上完全依赖王振，对他的情感也是真挚的，这使王振的权力愈来愈重，势力愈来愈大。怕事的官员，争附王振免死；贪婪的官员，攀附王振求升。朝廷内外逐渐形成一个以王振为首的阉宦集团。

早期太皇太后贤能，阁臣"三杨"都是四朝元老，王振有所忌惮，不敢乱来。

到正统七年（1442年），太皇太后崩，"三杨"逐渐退出，王振跋扈，就不再受到节制了。

王振在北京东城建造豪宅，又建智化寺，大兴土木，卖官鬻（yù）爵。侍讲刘球上奏，其中有一些内容刺痛了王振。王振把刘球下狱，又派锦衣卫指挥使马顺把刘球残忍地肢解了。大理寺少卿薛瑄、国子监祭酒李时勉素来不给王振送礼，王振就找茬诬陷薛瑄，还把李时勉扣押在国子监。内侍张环、顾忠和锦衣卫卒王永心里不平，写匿名书揭发王振罪状，结果被王振寸磔（zhé）于市，而且王振不奏报给皇帝。

大太监王振如此狂悖，气焰如此嚣张，不仅最终自己吃下苦果，还埋下了明英宗在土木堡兵败被俘的祸根。

## 19

## 皇帝俘虏
——正统帝怎么成了阶下囚？

明正统十四年（1449年）是多灾多难多人祸的一年：一是火灾，南京谨身殿遭到大火焚毁；二是水灾，黄河改道，淹没田地，大运河被梗阻；三是人祸，正统帝被瓦剌军俘虏。

明朝正统年间，蒙古瓦剌部崛起，首领也先雄杰一时，骑兵所向，横扫大漠。

正统十四年（1449年）七月，也先率领大军入犯，来势凶猛，进到今河北宣化一带。怎么办？大太监王振怂恿正统帝朱祁镇亲征。正统帝自幼不爱诗书，喜欢骑马游猎，特别好大喜功。他想建立奇功，决定亲征。大臣叩头劝谏，请他不要去，他不听；大臣又劝他，如果去，必须先做好准备，他也不听；大臣又请他选前线带兵的将领，他还是不听；还有人请他决定作战的方略，他更是不听。正统帝没有充分准备，没有周密计划，没有作战方略，没有作战兵器，没有前敌侦察，也没有后勤保障，却率五十万大军亲征，还命令文武大臣随军陪同。这就为后面的失败埋下了伏笔。

八月初二，皇帝率军进驻大同。镇守太监郭敬报告敌情。王振害怕了，紧急命令班师。王振让大军走紫荆关，邀请皇帝到他蔚州的老家，借此光宗耀祖，彰显权势。但走了一阵子，又想到大部队经过会踩坏庄稼，于是又改变路线。八月十四日，明军到达今河北省怀来县的土木堡，安营扎寨。

第二天，八月十五日，明军连遭五个不利：一是找不到水，人渴马饥；二是官兵断粮，军心恐慌；三是连日风雨，未备雨具，官兵全身湿透；四是兵无斗志，秩序混乱；五是三军无帅，听一个全然不懂军事更没打过仗的太监王振瞎指挥。

瓦剌兵早已提前设伏，以逸待劳。他们突然攻击明军驻地，明军大乱，自相践踏。大学士张辅等五十多名高官命丧疆场（yì），王振也为乱兵所杀，明朝仅一战就损失骡马二十余万头匹，官兵死者数十万。神奇的是，在混战中，明正统帝居然毫发无损，席地而坐，于是做了瓦剌军的俘虏。这场震惊朝野的事变，因发生在土木堡，史称"土木之变"。

这一年，正统帝二十三岁，已经做了十四年皇帝。被俘后，他开始了长达一年的战俘生活。堂堂大明皇帝，沦为瓦剌俘虏，朱祁镇又创造了一个明史上的"第一"。

被俘之后，正统帝被带到也先的弟弟赛罕王面前，他主动问："您是也先吗？还是伯颜帖木儿呢？赛罕王呢？大同王呢？"这种不卑不亢而又咄咄逼人的气势，令赛罕王惊异。也先赶紧派出使过明廷的人前来辨认，确定是大明正统皇帝。也先又惊又喜，决定以这位被俘的皇帝做筹码，和明朝讨价还价。

第二天，也先就挟持正统帝来到宣府城下，后来又到大同城下，索要金银彩缎。两城守将都拒不开门，但也先拿到了大同守将送的大量金银彩缎。正统帝的母亲孙太后和皇后钱氏也从北京送来八匹马驮的金银财宝，也先便挟持正统帝回到大漠深处的老营。一个月后，也先再次挟持正统帝到大同，城门不开，就率军直抵北京城下。

十月十三日，瓦剌军进攻北京。在兵部尚书于谦统领下，明军据城坚守。两天后，也先放弃攻城，挟持着正统帝返回蒙古大营。

回到大漠深处的瓦剌老营，也先给正统帝身边安排了三个人：锦衣卫校尉袁彬、翻译哈铭和卫士沙狐狸。得蒙这三个人的悉心照料，正统帝焦躁的心情逐渐平静。他们四个人住在蒙古包里，挤在一起，席地而眠。大漠天气，冬天极冷，袁彬用身体给正统帝焐脚，哈铭睡熟了会把手臂搭在正统帝身上。也先命人给正统帝每两天送一只羊，七天送一头牛，牛奶、羊奶每天都送，逢五、七、十还摆筵席，众人聚在一起，吹拉弹唱，歌舞摔跤。在这个过程中，也先觉得正统帝已经不是什么黄金筹码，而成了他的累赘，于是，几次向明朝提出，送英宗回宫。

但在这时候，明朝尴尬了，因为明朝已经有了新皇帝。明正统帝被俘，朝廷不能没有君主。在国难、家难的危急关头，当年九月初六，正统帝同父异母的弟弟郕（chéng）王朱祁钰被推上帝位，改年号为景泰，这就是景泰帝，他尊被俘的皇兄——正统帝——为太上皇。

景泰帝本来没有做皇帝之心，但做了以后，感觉不错，便贪恋皇帝宝座，因此当也先几次表示要送回正统帝的时候，他都没有表态。直到兵部尚书于谦表示"大位已定，谁敢有其他意见？不妨以议和缓和边患"，景泰帝这才放心，派使臣前往瓦剌议和。明朝使臣在也先送行的宴会上提出迎回正统帝的事。也先说："大明皇帝敕书内，只说来讲和，没说来迎驾。太上皇帝留在这里，又做不得我们皇帝，是一个闲人。我还给你们，千载之后，只图一个好名儿。你们回去奏知，一定要差太监一二人、老臣三五人来接，我就差人送回去。"

明正统帝被俘已经十一个月，这次景泰帝派来使者，并没有给皇兄带来信函或衣物，让正统帝感到不安。经过几个月的磨炼和思考，正统帝更加成熟了。他请使者向景泰帝转达，回去后愿意去守祖陵，或者去做百姓，无意复位。

使臣还没回到北京，之前派去回访的右都御史杨善等也到了也先大营。这次杨善带来的敕书仍然只言议和，没提迎回正统帝。但杨善真心要迎回正统帝，他典卖了自己的家产，又向宦官借贷，购买了一批礼物带给也先。能言善辩的杨善说动了也先，不等宫里派太监和老臣来迎，亲自送正统帝南归北京。

景泰元年（1450年）八月初二，做了一年俘虏的正统帝终于踏上回家的路。也先率众首领送了半天的路程，在分别时，也先下马叩头，并送良马、貂皮，解所带弓箭、撒袋、战裙送给正统帝，恸哭而去。负责看守正统帝的大将伯颜帖木儿，送了两天，洒泪而别。正统帝英宗非常感动。经过土木堡时，他祭奠了战死在这里的将士亡灵。

回到宫里，等待太上皇朱祁镇的是怎样的命运呢？

在迎接太上皇回来的态度和礼仪问题上，朝廷存在两种鲜明的态度：是积极还是消极，是隆重还是俭素？景泰帝最终采取了消极态度。

八月十五日，太上皇由北京安定门入城，进入皇城东安门，景泰帝在门内迎接。一番礼仪后，正统帝被送入他父亲宣德帝做皇太孙时修建的南宫。从此，太上皇朱祁镇开始了长达七年的南宫囚禁生涯。

## 20

## 兵临城下
——杀掉于谦就是自毁长城

之前讲到,正统十四年(1449年)八月十五日,明朝五十万大军在土木堡全军覆没,正统皇帝被俘。当天夜里,败报传到宫里,皇宫震动,后妃大哭。孙太后和钱皇后打算先封锁消息,筹集金银彩缎,把皇帝赎回来。但是,消息很快传开,朝野大震,官民惊恐。

在危难的关头,稳定乱局,关键人物,首推于谦。这个于谦,何许人也?

于谦(1398—1457),浙江钱塘(今杭州)人,自幼聪颖好学,后考中进士,在正统年间任山西、河南巡抚。当时官场贿赂成风,大太监王振公然索贿。于谦坚持不和贪官同流合污,被王振捏造罪名,定为"论死",就算是死缓吧。山西、河南的上千民众请愿,颂扬于谦的功德。王振被迫释放于谦。不久,于谦调到北京任兵部侍郎。

土木堡之战明军惨败,正统帝被俘。八月十八日,孙太后下懿旨,在午门召集百官,宣布败报,命郕王朱祁钰监国,代理皇帝的事务。孙太后和郕王让朝臣们商议对策。在一片大哭声中,翰林院侍讲徐珵(chéng,后改名有贞)说,只有尽快南迁,才能避开劫难。兵部侍郎于谦大声说:"建议南迁的人应该斩首!京师是天下根本,根本一动,大势去矣,大家都想想宋朝南迁的教训吧!"于是,孙太后和郕王朱祁钰就把战守重任交给于谦,后升于谦为兵部尚书。

八月二十日,孙太后立正统帝两岁的儿子朱见深为皇太子。这是孙太后为自己打的小算盘。她是因为有了英宗这个儿子,才取代胡皇后而成为皇后、太后的,万一正统帝回不来,郕王的母亲岂不是成为太后了?所以她立自己的亲孙子为皇太子,以保住自己皇太后的地位。

八月二十四日,郕王朱祁钰在午门处理朝政,大臣们弹劾太监王振,认为是王振误国。郕王说:"你们说的对,朝廷自有处置。"话刚说完,百官们下跪,恸哭不起,高声说:"圣驾被留,都是王振所致,殿下如不速断,怎么安慰人心!"有个叫马顺的锦衣卫指挥使是王振党羽,不断地呵斥大臣们,惹恼了大家。官员王竑(hóng)揪住马顺的头发喝道:"你们奸党,本来就罪该当诛,今天还敢如此放肆!"他越骂越气,揪住马顺就"啮其面"(咬他的脸)。其他官员也一拥而上,有的脱下马顺的靴子,捶击殴打,一直追到奉天门庭院东侧的左顺门附近,把马顺活活打死了。朝班大乱,群臣聚哭,号啕之声,震动殿堂。郕王被这阵势吓住,起身想走。王竑率领群臣紧跟着郕王不放,说:"太监毛贵、王长随,也是王振一党,请求将他们法办!"于是从门缝间揪出二人,又把这两个人打死了。王振的侄子、锦衣卫千户王山也很快被抓来。人们把他绑赴刑场,凌迟处死。史书记载这个场面说"血渍廷陛"(台阶上都是血迹)。

在这场乱局中,王振家族全部被斩。朝廷籍没王振家产,得金银六十余库,玉上百盘,高六七尺大珊瑚二十余株,其他珍玩不计其数。

九月初一,群臣联合上奏孙太后,请立郕王朱祁钰为皇帝,孙太后无奈下懿旨批准。朱祁钰躲到郕王府,再三推辞。于谦正色说:"臣等确实是为国家担忧，不是为个人考虑。"这时，都指挥使岳谦出使瓦剌回来，得到英宗口信，说可由郕王继承帝位。

九月初六，朱祁钰正式即皇帝位，遥尊正统帝为太上皇，改明年为景泰元年。这样，明朝终于度过了正统帝突然被俘带来的严重政治危机。

这时，瓦剌首领也先正挟持太上皇骚扰宣府、大同，随时可能攻打京师。于谦作为兵部尚书，主持京师防守大计，做好战守准备。

十月，也先率军，挟持英宗，兵临北京城下。于谦身穿甲胄，身先士卒，抱着以死殉国的决心，流着眼泪鼓动将士们的士气。官兵受到感奋，勇气百倍，决心捐躯效死，以报国恩。明军在德胜门、西直门、彰义门（今广安门）先后击败瓦剌军。也先又移军京师北土城，附近居民都登上屋顶，用砖瓦投向敌人。军民合力，奋勇打拼，激战数日数夜，击退瓦剌骑兵，终于取得保卫京师的胜利。

明朝处于危难关头时，于谦以忠诚和胆魄，指挥军民取得胜利，立下大功。后来，于谦又指挥明军在万全打败瓦剌军，并加强了居庸、大同、宣府的御守。也先兵攻城不下，利用奸细也没成功，才有送还正统帝之意。

可是这时，景泰帝对迎回太上皇始终不吭气。他在文华殿召见大臣们商议，礼部尚书王直说，太上皇蒙尘，应当迎回来，请求遣派使臣去接回，免得后悔。景泰帝听了非常不高兴。于谦看懂了景泰帝的心思，说："皇帝大位已定，谁敢有其他意见？不妨以议和缓和边患。"景泰帝于是放下心来，说："听你的，听你的！"史书评价，太上皇归来，于谦出了大力。但是这些细节，恐怕太上皇并不了解。

七年以后，太上皇正统帝进行"南宫复辟"，重新夺回皇位，并杀了于谦等。于谦成了朱祁镇和朱祁钰兄弟争夺皇位的替罪羊。于谦后来得到平反,谥号忠肃,有《于忠肃公集》传世。后来,他的儿子于冕做了应天府知府。

于谦的同乡后学孙高亮在章回体小说《于少保萃忠全传》即《于谦全传》的第五回写道,于谦参观石灰窑以后,口占七绝《石灰吟》:

> 千锤万击出深山,
> 烈火焚烧若等闲。
> 粉骨碎身全不惜,
> 要留清白在人间。

《石灰吟》形象地映现出于谦生命历程的四种境界,即千锤百炼、视死如归、舍身社稷、清清白白的四种人生境界。于谦成为古代士人的榜样。

## 21

## 南宫复辟
—— 兄弟俩的皇位之争

上一讲提到,太上皇朱祁镇从瓦剌大营回来后,就被关进南宫。七年以后,他发动"南宫复辟",又夺回了皇位。那么,"南宫复辟"是怎么回事呢?接下来就讲由南宫发起的朱祁镇和朱祁钰兄弟俩的皇位之争。

明朝北京皇宫之外,在皇朝里还有三组皇家宫院,就是南宫、西宫和豹房。西宫和豹房都在紫禁城以西,南宫在紫禁城的东南。这三组皇家宫院都曾发生过以皇帝为主角的惊心动魄的故事,会在本书逐一讲述,下面重点讲发生在南宫的故事。

南宫在什么地方?南宫在今北京南池子以东、南河沿大街以西的地带,因位于皇宫东侧偏南,所以称为南宫。南宫是一个独立的宫廷院落,有前殿、后殿,外有高墙环绕。这座南宫,明朝曾软禁过太上皇朱祁镇;清朝初年,多尔衮曾把这里作为睿亲王王府,但他身后遭顺治帝焚尸扬灰,所以此地被认为很不吉利,谁也不愿意去住。后来,南宫改为庙宇,名为普度寺。今天还有殿宇遗存,附近为菖蒲河公园。

太上皇朱祁镇发动"南宫复辟",既有深层原因,也有直接原因。

深层原因是当时有两个"太阳"：一个是景泰帝朱祁钰，另一个是太上皇朱祁镇。他们兄弟俩年龄相差不到一岁，矛盾的焦点是皇位。景泰帝将太上皇软禁在南宫，派兵驻守，正旦、生日不许人朝贺。太上皇形同囚犯，起码的生活得不到保障——饭食从窗户送进，他经常没有饭吃；人身安全也受到威胁——南宫的城墙加高，伐去城边大树，宫门紧锁，还灌了铅，即使有钥匙也开不了门。

朝廷有两个所谓的"太阳"——太上皇帝朱祁镇和当今皇上朱祁钰，大臣便分成两派势力。景泰帝不予重用的，原忠于太上皇帝的，或者有野心的大臣，便站在太上皇一边，同气相投，秘密谋划，寻找机会，发动政变，太上皇复了位，自己也能跟着升官。

"南宫复辟"的直接原因是什么呢？就是废立皇太子一事。太上皇的长子朱见深在"土木之变"后被立为皇太子。景泰三年（1452年）五月，景泰帝废皇太子朱见深为沂王，令他出京就藩，也就是离开北京去外地当藩王。景泰帝只有一个儿子朱见济，他要立见济为皇太子。但是，立了新太子朱见济之后，新太子在第二年就死了。那么，再立谁呢？有人主张再立原来被废的皇太子沂王朱见深。可是，提出这种意见的大臣被景泰帝下到诏狱，残酷折磨。立太子之事悬而未决，景泰帝自己又患病，不能上朝，这就为太上皇"南宫复辟"提供了时机和条件。

景泰八年（1457年）正月十四日夜，司礼监太监曹吉祥、文臣副都御史徐有贞、武官都督张𫐐（yuè）和武将石亨等，会聚在徐有贞家，秘密谋划迎接太上皇复位。徐有贞说："必须让太上皇知道我们的意思。"石亨、张𫐐说："一天前已经秘密奏达。"他们又让太监曹吉祥入宫，把计划告诉了太上皇朱祁镇的母亲——孙太后。孙太后出于私心，极力支持，因为如果太上皇复辟，她的孙子就可以成为皇太子，自己将来就可能做太皇太后。

十五日，景泰帝朱祁钰生病，免去文武百官朝贺。他实际上已经病了三天，不上朝了。

十六日夜，几个人又在徐有贞家聚会。徐有贞登上屋顶观看天象，说："机会就在今天晚上，不可失去这个机会！"这时恰好边防吃紧，以此为名，兵入大内，谁敢阻拦！于是，几人决定当天夜里行动。徐有贞焚香祝天，与家人诀别，说："事成，社稷之利；不成，门户之祸。"又说："归，人；不归，鬼矣！"（我回来，就是人；不回来，就成鬼了！）

石亨掌管宫门锁钥，凌晨两点左右，他打开长安门，进兵千人。兵士入门后，他立即关门。另一股兵则赶到南宫。南宫大门紧锁，叩门不应。徐有贞命数十人举起大木头撞门，又令勇士翻墙进入，里应外合，打开南宫大门。石亨、张𫐄等进入南宫。太上皇掌灯出来，问是怎么回事。徐有贞等俯身跪倒，请登大位，喊着请太上皇登上轿子。兵士又害怕又紧张，轿子都抬不起来。众人把太上皇推上轿子，出了南宫。到了东华门，守门不让进。太上皇说："朕太上皇帝也！"于是开门进入，直接到了奉天门（太和门）。这时，皇帝宝座还在大殿一角，众人搬到正中，让太上皇坐上宝座，然后鸣钟击鼓，打开大门。

十七日早晨，百官进宫，等待景泰帝视朝。徐有贞出列，跟众官说："太上皇帝复位了！"接着就三跪九叩，高呼"万岁"。其他官员也都跟着跪拜。就这样，太上皇朱祁镇夺回了皇位，改年号天顺，改景泰八年为天顺元年，废景泰帝为郕王。七天后，被废的郕王朱祁钰死去，葬于西山。

徐有贞因拥立有功，当天就进入内阁，第二天加兵部尚书，后来又兼华盖殿大学士。兵部尚书于谦、大学士王文在官员行列中被抓下狱。什么理由呢？徐有贞向天顺帝奏道："不杀于谦，今日之事无名。"罪名是于谦打算迎藩王进京,继承景泰帝朱祁钰的皇位。王文不服,争辩。于谦笑着说:"辩什么?他们不讲事实有无,就是要我们死罢了!"新复辟的天顺帝命将于谦和王文等斩首,妻子戍边。

"南宫复辟"是一场争夺皇位的宫廷斗争,给后人什么启示呢?

天顺帝的错误在于杀害保卫江山社稷、生民百姓的大功臣——于谦和王文。

而景泰帝的错误在于举措失度,其主要原因是一个"贪"字。景泰帝虽在危难关头对稳定明朝统治做出贡献,但贪恋皇位,以致在对待太上皇和皇太子的问题上出现错误。

对待太上皇,应当只有两条:留,则敬之以礼;否,则祭之以鬼。既不敬,又不祭,自招祸,天难救。

对待太子废立的大事,废侄子朱见深,立儿子朱见济,这属于情有可原。但儿子死了,自己重病在身,又没有其他儿子,还迟迟不让原太子复立,造成人心涣散,逼太上皇孤注一掷。这就是景泰帝犹豫不决的重大失误了。

重新夺得皇位的天顺帝朱祁镇毕竟遭过大灾难,见过大世面,受过大辱,吃过大苦,是经过严酷磨炼的人。他在最后七年间做了几件有功德之事。

第一,恢复他父亲宣德帝废后胡氏的皇后名位,并上尊谥。

第二,建文帝次子朱文圭在朱棣攻占南京时只有两岁,在凤阳高墙中被幽禁竟达五十五年。明英宗下令释放朱文圭,在凤阳建造房屋,安排侍者,让他自由居住。

第三,临终时废除妃嫔殉葬制度。明朝皇帝死后妃嫔殉葬,从太祖朱元璋开始,经永乐、洪熙、宣德共四朝,终于废止。

第四,景泰帝废原来的太子朱见深的时候,他的皇后汪氏极力阻拦，因而被废。景泰帝死后，朱祁镇允许其废后汪氏母女迁回郕王旧府，并可携带她们在宫中的所有财物。

然而，朱祁镇虽然重登皇位，并没有彻底反思"土木之变"的根本原因，没有做过自我批评，没有发表《罪己诏》，却为太监王振招魂以葬，祀之智化寺，赐祠曰"精忠"。可见，国君之认错、改过，难矣，难啊！

## 22

## 英宗皇后
——被阻挠的合葬

前几讲讲了明英宗朱祁镇的故事。他少年执政,后来做了蒙古瓦剌的俘虏,失去皇位,被软禁七年,又通过复辟夺回皇位。可以说,他的命运大起大落,甚至颇为传奇。那么,朱祁镇的皇后钱氏又是怎样的命运呢?

明英宗皇后钱氏(?—1468),江苏海州(今江苏省连云港市)人,正统七年(1442年)被立为皇后。钱皇后有件事情被《明史》称赞。中国帝制时代,皇后娘家被称为"外戚"。女儿一旦为皇后,娘家人便鸡犬升天。明英宗考虑钱皇后娘家单微,要封给侯爵——公、侯、伯、子、男五等爵位的第二等"侯",还不是第一等的"公"。即便如此,钱皇后还是几次推辞,始终没受封。《明史·后妃传》说:"故后家独无封。"在整个明朝历史上,皇后娘家没有封爵的,只有钱皇后一家。这么谦虚自敛的钱皇后,享受过别人没有享受的荣华富贵,也经历了别人没有遭受过的苦难。

正统帝被俘期间,钱皇后日夜哭泣,水米不进,哭瞎一只眼;她又长时间坐在冰凉的地上哭,造成一侧股骨头坏死。

为了赎回夫君正统帝，钱皇后把自己的嫁妆、首饰、珠宝和私房钱等统统拿出来，让官员送给了瓦剌首领也先，想尽快将正统皇帝赎回来。

被放归后，明正统帝被软禁在南宫，钱皇后也身同囚徒，陪住在这里。被囚禁的太上皇夫君郁闷烦躁，常发脾气，她耐心劝慰，细心开导。因为太上皇没有钱花，有时她还做针线活换钱，用来补贴生活。

最可悲的是，明英宗虽然重新坐上皇帝宝座，但是三十八岁就病故了，钱皇后年轻守寡。不仅如此，她还受到周太后的挤兑和欺负。

这是怎么回事呢？

周太后是北京昌平人，跟英宗生下儿子朱见深，儿子被立为太子，母以子贵，周氏也就被封为贵妃。英宗去世，她的儿子朱见深继承皇位，尊她为皇太后。这位周太后处处跟钱太后争高下，比地位，争身份，讲待遇。钱太后几番折腾，才获得"皇太后"的徽号，坎坎坷坷，极不顺利。

钱皇后守寡不久就去世了。本来英宗临死前留遗嘱让钱皇后"与朕同葬"。但钱太后死后，周太后不同意将她和英宗同葬。她的儿子成化帝觉得事情难办，就把"球"踢给大臣们讨论，自然有拍周太后马屁的，有坚持朱明家法的，上下反复，意见不一。事情越闹越大，也越来越复杂。吏部尚书李秉、礼部尚书姚夔（kuí）召集廷臣九十九人举行会议，都支持钱太后，甚至百官跪在文华门外大哭。成化帝请示周太后，周太后还是不同意。皇上不答应，群臣就跪在地上不起，僵持了七八个小时，周太后才勉强同意，让钱太后同葬裕陵。但事情还留个尾巴，什么尾巴呢？

按照原计划，明英宗的棺椁两侧，左侧安放钱皇后的棺椁，右侧预留给周贵妃，就是周太后。这位周太后坚持要把钱太后的棺椁跟英宗的棺椁隔开很远，而且两口棺椁之间不能有孔洞相通；而给她自己预留的位置，自己的棺椁要和英宗的棺椁相近相通。真是活着争宠，死了还要争宠。

周太后还有过分的，在奉先殿安排祭祀的牌位时，不给钱太后设牌位。这就是说，钱太后死后在祖宗庙里没有位置。

钱氏虽然是明朝第一位从大明门坐花轿进坤宁宫的正宫皇后，却遭受了如此多的不幸！其实最大的不幸，是她没有生儿育女，特别是没有生下皇帝的嫡子。周贵妃为什么后来处处压着钱皇后？还不是因为周贵妃的儿子做了皇太子，又做了皇帝吗？

这位周太后的确比钱太后有福，她的儿子就是成化皇帝，对她非常孝顺。后来，她的孙子明孝宗弘治帝朱祐樘（chēng）继位，又尊她为太皇太后，也是非常孝敬她。

但是，从周氏对待钱皇后的做法可以看出，她争强好胜、心胸狭窄。钱皇后不让皇帝给自己娘家封爵，而周氏的娘家却占尽便宜。她的父亲周能做锦衣卫千户（正五品）。死后，周能的长子周寿承袭这个职位。后来，周寿升为左府都督同知（从一品），又晋伯爵。外戚周家，从天顺到成化、弘治、正德、嘉靖，历经五朝，在七八十年间，依仗周氏，受爵升职，侵夺民利，为害一方，既损害皇家的根本利益，更侵夺百姓的重大利益，在历史上留下了恶名。

## 23

## 正派家风
——从皇宫走出的一门三代国子监祭酒

讲正派家风,先从科举考试说起。明朝科举考试,要经过乡试、会试和殿试三级考试。其中,殿试的考场在皇宫奉天殿,也就是今天的太和殿前丹墀的两侧,如果遇到下雨,就在奉天殿的东西两庑进行。而殿试放榜,也就是公布成绩的仪式,也是在奉天殿举行。皇帝不仅亲自确定前三名的名单,而且亲自参加这个公布殿试成绩的典礼。所以,来自四面八方的读书人得以踏入皇宫,受到皇帝的礼遇,感受到金榜题名的无上荣耀,这对读书人而言,的确有巨大的鼓舞和激励作用。

从明成化到万历年间,福州有林姓一家人,一家四代之中,先后有多人来到皇宫,参加殿试,结果出了七位进士。在这七位进士中,又先后出了三位国子监祭酒、五位六部尚书。国子监祭酒相当于国家唯一的最高学府的校长,而六部尚书是正二品的国家重要高级官员。一门四代出了七位进士、三位国子监祭酒、五位六部尚书,这在明朝历史上是绝无仅有的。

林家是怎么做到的?林氏的家风、家教有什么经验值得借鉴呢?

林家是福建闽县(今福州一带)人。《明史》记载,林家第一代考中进士的，叫林元美，永乐十九年（1421年）第三甲第一百〇五名进士。他做过江西抚州府知府，算个厅局级官员。林元美在对儿子的培养和教育上花了很多精力。

林家第二代进士是林瀚，自幼用功，勤奋读书，明成化二年（1466年）考中二甲第三名进士，为翰林院庶吉士，就是研究生，毕业后任翰林院编修（正七品）。他在成化帝死后参与编修《明宪宗实录》，任经筵讲官，给弘治皇帝讲课，成为皇帝的近臣。林瀚表现出色，改任国子监祭酒，后来升礼部侍郎，仍然管国子监。林瀚主管国子监十年，有一件事，青史永垂。

什么事呢？国子监生员原来没有宿舍。家庭贫寒的子弟在外面租房子住，是一项沉重的经济负担。林瀚在主管国子监的十年期间，节省饮食等费用，一年有数百两银子，在官库储存，收取利息，再用这笔钱逐渐营建宿舍，从此国子监师生不用再租房居住。明朝这件善举是从林瀚开始的，后来一直影响到清朝国子监的制度。

林瀚官升到吏部右侍郎、左侍郎，再官拜南京吏部尚书。他为人谦虚厚道，坦然自守，人品端正，勤恳敬业，特别是刚毅方正，得罪了大太监刘瑾。刘瑾借茬修理林瀚，贬谪他到外地做官，他被迫退休。后来刘瑾被杀，林瀚官复原职，不久就退休了，八十六岁病死。

林瀚有九个儿子，其中林庭㭿、林庭机最有出息，这是林家第三代。

林庭㭿考中进士后，传承家风，正直做人，勤慎做事，在湖广任布政使，相当于副省长。他政绩卓异，升右副都御史，回京任工部侍郎。当时嘉靖皇帝大兴坛庙工程，又兴西苑宫殿、北京沙河行宫，他屡次上疏，建议以俭约先天下；又因水旱灾害，乞请停止采伐大树，罢除御窑烧造。林庭㭿政绩突出，为人正派，由工部侍郎升为工部尚书，加太子太保衔，这是一个荣誉性的官衔，相当于从一品。可以看出，嘉靖皇帝是非常看重和信任他的。

林庭㭿的弟弟林庭机在嘉靖十四年（1535年）考中进士，后来升为南京国子监祭酒，再升工部尚书，到万历九年（1581年）死去，享年七十六，也是赠太子太保衔。

林家第四代最有出息的有三个人——林燫、林烃（tīng）和林炫，都是考中进士，进入官场。林燫做了国子监祭酒，隆庆年间升为礼部右侍郎，在皇帝身边做日讲官，后来调到南京吏部，代理礼部的事情，万历元年（1573年）升为工部尚书，又转任礼部尚书，死后赠太子少保衔。林烃最后做到南京工部尚书，退休。林炫做了礼部主事，相当于礼部的处长。

总结一下，林家一门，四代出了七位进士、三位国子监祭酒、五位六部尚书。

先介绍明朝的国子监。明朝先后有三个国子监：北京国子监、南京国子监、中都国子监（后撤销）。

国子监是"天下贤关，礼义所由出，人才所由兴"。也就是说，国子监是当时培养全国高级人才的地方，礼义之士由国子监教育，栋梁之材由国子监培养。所以，国子监的负责人，也就是国子监祭酒，选拔"夙学耆德"的人，就是人品正派、学问一流的官员来担任。所以国子监祭酒是为学林所敬重、社会所敬仰的人。据查，明代做过国子监祭酒的人，确实绝大多数都做人端正、做官清勤，当然也有极个别的奸佞之人，如大家知道的严嵩。而林家一门，自祖父林瀚、儿子林庭机，到孙子林燫，连续三代都有人做国子监祭酒，这成为学坛的一段佳话，也是这个家族的荣耀。这祖孙三代祭酒，死后的谥号都有一个"文"字，更说明他们深厚的学问修养得到肯定。这是偶然巧合，还是必然之果？可以说，既是巧合，也是必然。这在明朝，只有林氏一家而已。

除了三代三位国子监祭酒，林家还出了三代五位尚书：林瀚——南京兵部尚书，林庭㭿——工部尚书，林庭机——工部尚书，林燫——工部尚书转礼部尚书，林烃——南京工部尚书。有意思的是，其中有四位做的是工部尚书。

林家还有一段佳话。祖父林瀚退休在家，次子林庭㭿任苏州府知府，是一个清官、好官。他后以父亲年老，请假归乡。这时，庭㭿之子林炫已经考中进士，官礼部主事，请假探亲。这样，祖父、儿子、孙子，一家三代进士，聚集一堂。史载："三世一堂，乡人称盛事。"

明代福州林氏一门，处人处事，为官为民，奉行一条祖训家规：养正心，崇正道，务正学，亲正人。（修养正直之心，崇尚正派之道，研究正路学问，亲近正人君子。）所以子孙兴旺，留下史坛佳话。

## 24

## 两次大婚
——成化皇帝为何独宠万贵妃？

明朝皇宫有三大名妃，永乐帝的权妃、成化帝的万贵妃和万历帝的郑贵妃。权妃前面已经讲过，郑贵妃以后要讲，这里讲的是万贵妃——成化帝为什么独宠万贵妃？

成化皇帝朱见深是明朝第七位皇帝，十八岁继位，在位二十三年，死时四十一岁。他幼年时期，皇父英宗亲征、被俘、被囚、复辟，大起大落，自己也经历了作为皇太子被立—被废—再被立的反复折腾。这种奇特的人生经历，使得成化皇帝演绎出不少奇特的故事，万贵妃就是其中的一个故事。

朱见深三岁时，皇父在"土木之变"中被俘。他的奶奶孙太后把他立为皇太子，并把他放在身边养育。孙太后有一位宫女，姓万，小名贞儿（1430—1487），山东诸城万家庄人。父亲万贵是县吏，就是县里的一个小官吏，被贬谪到顺天府霸州（今河北省霸州市）。她四岁就被选进宫，聪明伶俐，善解人意，在孙太后宫里做宫女。她比朱见深大十七岁，这时已经二十岁了，悉心照料三岁的见深。朱见深小时候很难见到父亲和母亲，是奶奶孙太后和宫女万氏给予他温暖的呵护和耐心的教育,特别是万氏,既当他的奴仆,也扮演母亲和姐姐的角色,等他长大了又成了他的妃子。两人每天形影不离,万氏成为他的感情寄托。

朱见深十五岁时,孙太后去世,他与万氏的亲密关系很快升温。但因出身和年龄的反差太大,皇父英宗和钱皇后、周贵妃绝不可能让万氏成为见深的正妻。皇父英宗亲自为见深选太子妃,选了三位女子,分别是吴氏、王氏和柏氏。但是没来得及册立,皇父就去世了,临终前遗命见深百日后完婚。

成化帝于天顺八年(1464年)七月二十一日册吴氏为皇后,并举行了隆重的婚礼。吴皇后,顺天(今北京)人,父亲吴俊为羽林前卫指挥使。吴皇后知书达理,雅好音律,自当主持六宫,母仪天下。但吴皇后很快就与万氏发生冲突,于是令太监用棍棒痛打万氏,打得她身上青一块紫一块。万氏向皇帝哭诉。八月二十二日,刚刚册立一个月的吴皇后就被成化帝废了。废后吴氏搬出坤宁宫,到西内别馆居住。两个月后,成化帝举行第二次大婚礼,皇后为王氏。

四个月的时间里,皇帝两次举行大婚,这在紫禁城的历史上是唯一的。原因虽然很多,但万氏的力量不可忽视。

新皇后王氏聪明贤惠,很有智慧。王皇后一辈子受到成化帝宠幸不到十次,但她对丈夫恪尽妻道,毫无怨言。面对万贵妃的专宠,她处之淡然。其结果呢?史书说她"母仪两朝,寿过八十",被誉为明史中"最尊且寿"的皇后。王皇后先后做了二十三年皇后、十八年皇太后、十三年太皇太后,共计五十四年。王皇后居上不骄,居下不忌,心地善良,言行知礼,看得淡,想得开,心胸宽,气量大,这是王皇后人生幸福、健康长寿的一个秘诀。

成化帝的后妃,《明史·后妃传》记载为五人。第一任皇后吴氏被废掉,幽居西宫。第二任皇后是王氏。另一位邵妃生下兴献王朱祐杬,后来成为嘉靖帝的祖母,也得善终。还有一位是纪妃,后面再详细讲。只有万贵妃在五位后妃中受到专宠,始终不衰。

万氏在成化二年(1466年)正月生下皇长子,成化帝大喜,封万氏为贵妃。但是,这位皇子当年就夭折了。这年万贵妃三十七岁,此后不再怀有身孕。

在这以后两三年,成化帝一直没有儿子,朝廷内外甚为担忧。

成化四年(1468年)九月初三夜,出现一个奇怪的天象:天空出现彗星,向东北移动,五天之后,便形成一条三丈多长的巨大尾巴,直指西南。从这天开始,彗星凌晨出现在东方,黄昏则出现在西方,直到十一月十四日才逐渐消失,历时七十天。这是明朝建立百年以来,在天际运行时间最长、范围最大的一颗彗星,引起朝野恐慌。

朝臣们将这一现象和成化皇帝没有皇子以及专宠万贵妃联系起来。但成化帝嘴硬说:"内廷的事,朕自己做主。"于是对万贵妃更加娇宠。但是,万贵妃一手难以遮天,百密必有一疏。成化五年(1469年)四月,贤妃柏氏生下一位皇子朱祐极。这一次,成化帝并不急着册立太子,直到成化七年(1471年)十一月,才册立儿子朱祐极为皇太子。谁知刚过去两个月,皇太子突然生病,一天后竟然死了。于是人们纷纷猜测,一定是万贵妃下的毒手。

成化二十三年(1487年),万贵妃死了。她是怎么死的?有两说:一说是万贵妃下令鞭挞一个宫女,气得一口气没上来,憋死了;另一说是她被身边的人勒死了。成化帝惊闻万贵妃噩耗,说不出话来,过了很久,长叹一口气说:"万侍长去了,我也将去了!"果然当年就死去了。

人们要问:万贵妃比成化帝大十七岁,终身专宠,直到五十八岁去世,她是用什么迷魂药把成化帝迷住了呢?

一是美,美丽的美,"丰艳有肌",即丰满艳丽,肌体健壮。但也有说她貌雄声巨,像男子,并不柔美。俗话说,"情人眼里出西施",在成化帝眼里,她一定是美的。

二是媚,谄媚的媚,万贵妃善于迎合皇帝,这是个特殊的本领。

三是智,机智的智,运用手腕,掌控皇帝,后宫妃嫔,难得侍幸。其他妃嫔有孕,她就派人用药,进行堕胎。身边太监一旦违背她的意愿,就会立即被斥责或赶走。万贵妃编织了一张控制整个后宫的严密的网。

四是缘,缘分的缘,众人都不能理解为什么万贵妃受到成化帝的终生宠爱,只能说,萝卜白菜,各有所爱,这就是缘。

成化帝独宠万贵妃,带来的直接后果就是对子嗣的伤害。

## 25

## 生在冷宫
—— 六岁才见到皇父的弘治皇帝

前面讲了成化帝独宠万贵妃，使得自己缺少子嗣。但他没有想到，在宫里偶然邂逅广西土司的女儿纪氏，竟然是靠她延续了明朝皇家血脉。下面就讲纪妃在冷宫里生下皇子的故事：生在冷宫——六岁才见到皇父的弘治皇帝。

纪妃，广西贺县（今贺州市）人。她是广西一位土司的女儿。成化年间，明军出征，她被俘入宫，成为宫女。纪氏非常聪明，做事勤敏，通晓书文，负责管理内府的珍藏宝物。这时，万贵妃特别受宠，嫉妒其他妃嫔，后宫如怀有身孕的，她就设法使其秘密堕胎。有的妃子生下儿子，儿子却被害死。柏贤妃生悼恭太子，也被万贵妃所害。所以成化帝一直没有儿子。

一天，成化帝偶然到内府珍藏文物的地方，见到了管理书画器物的纪氏，顺口询问，对答满意。成化帝很高兴，就幸了纪氏，纪氏就怀了身孕。万贵妃知道后，又嫉妒又仇恨，令宫女给纪氏钩下胎儿。宫女谎报纪氏是长了瘤子，不是怀孕，于是纪氏就被贬谪到安乐堂居住。安乐堂在金鳌玉蝀（dōng）桥（今北海大桥）西头，凡宫人病老或有罪，就先发到这里，时间久了再发到浣衣局。

纪氏十月怀胎，生下一个男孩，就是朱祐樘（chēng），也就是后来的明孝宗弘治皇帝。万贵妃听说后，命守门太监张敏（福建同安人）把这个小孩扔在水里溺死。张敏惊讶地想：皇上还没有儿子，为什么要扔掉呢？又为什么要溺死呢？于是，他偷偷用粉汤蜂蜜哺育小孩，怕被发现，藏在一个秘密的地方。万贵妃派人到处寻找，也没有找到。待小男孩长到五六岁时，一直没有剪掉胎发，头发竟然都披到地上了。之前提到，成化帝把原来的皇后吴氏废掉了。这时，废后吴氏谪居西内（今中南海一带），这里靠近安乐堂，她密知这件事，也亲自往来哺养这个小皇子。所有这些，成化帝并不知道。

成化十一年（1475年）五月，已经二十九岁的成化帝召太监张敏梳头，照着镜子叹气说："我都快老了，还没儿子！"张敏立刻跪在地上奏道："死罪，万岁已有儿子了！"皇帝很惊讶，问在哪儿。张敏回答："我说出来就会死，万岁当为皇子做主。"太监怀恩在旁边说："张敏的话句句属实，皇子悄悄养在西内，如今已六岁了，藏着不敢让人知道。"

成化帝得知自己已经有皇子了，非常高兴，立即想见皇子。

于是，成化帝当天就去了西内，派遣太监前去迎接皇子。太监来到纪氏居住的冷宫，纪氏知道儿子从未见过皇父，并不认识。因为皇宫里的男人，只有皇帝一个人穿黄袍、有胡须，于是纪氏抱着皇子，边哭泣边教导说："孩子你去了，我就活不了了。儿见穿黄袍、有胡须的人，就是你的父亲啊！"于是，给皇子穿上绯色小袍，乘坐小轿，拥至阶下。小皇子头发披地，见了皇父，跑过去扑到成化帝的怀里。成化帝把儿子抱在膝上，抚摸着，端详着，又悲又喜，流着泪说："是我的儿子，像我！"然后派太监怀恩去内阁，传告事情原委。群臣听说后，皆大欢喜。第二天，群臣入贺，起名祐樘，颁诏天下。当年十一月，皇子朱祐樘被立为皇太子。

朱祐樘被立为皇太子后，得到成化帝母亲周太后的保护。周太后住在仁寿宫，跟皇帝说："把孩子交给我。"一天，万贵妃召小太子朱祐樘吃饭，周太后跟太子说："孩子去，不要吃东西。"太子去了之后，万贵妃赐给小皇子吃食，太子说："已经饱了。"万贵妃又赐他羹喝，太子说："怀疑有毒。"万贵妃生气地说："这孩子这么小就这样，将来还不以我为鱼肉吗?!"

纪氏交出皇子后，自己被封为淑妃。她由西内安乐堂移居到西六宫的永寿宫。成化帝也数次召见纪妃，一起饮酒，很是欢快。万贵妃听说后，日夜哭泣，埋怨并叹息道："这群小子，欺骗了我！"

万贵妃知道自己受骗了，会甘心而不报复吗？

同年六月，纪妃暴死。纪妃的死因，有说是万贵妃密设毒酒害死的，也有说是上吊自杀的。没有史料可查，就算一桩疑案。太监张敏因怕万贵妃报复，也吞金自杀。

而万贵妃这时已经怀孕无望，就放松了对其他嫔妃的监督，成化帝接连得了十一位皇子。后来，万贵妃和太监梁芳劝成化帝易储，换个太子。正在这时，泰山地震，占卜结果说应在东宫。成化帝害怕，换皇太子这件事就不了了之了。

成化帝死，朱祐樘继位，就是弘治皇帝。弘治帝想念母亲，追谥母亲淑妃为孝穆慈慧恭恪庄僖崇天承圣纯皇后，迁葬茂陵，还派太监蔡用前往广西了解太后娘家人情况，但没有找到，于是，就封纪后的父亲为庆元伯、母亲为伯夫人，在广西桂林府立庙，每年按时祭祀。

纪妃在冷宫里生下皇子，而且这位皇子后来继承皇位成为皇帝，这听起来真像是传奇小说。但是，这么荒唐的事情的确发生在成化皇帝的身边。一个皇帝连自己的妻儿都不能保护，又怎能让人相信他可以保护国家的子民呢?!

## 保和殿的荣耀

——明朝唯一连中三元的学霸

大家都知道,科举考试中,最高级别的考试就是在皇宫里的殿试。明朝二百七十六年,能够进入皇宫参加殿试的佼佼者不多,考到状元的就更少了,有明一代,殿试八十九科,也就是先后考出了八十九位状元。但是,在乡试、会试、殿试中,都获得第一名,也就是把解(jiè)元、会元、状元集于一身的,只有一个人,这个人,名叫商辂(lù)。

先介绍一下科举考试。

明清的科举考试,继承隋唐以来的科举考试传统,但略有变通。在童试考秀才之后,主要分为三级:第一级为乡试,在省城举行,由学政(教育局局长)主持,朝廷派乡试主考官,中试者为举人,第一名称解元;第二级由礼部主持,在京师贡院考试,朝廷派会试主考官,中试者为会士,第一名称会元;第三级为殿试,由皇帝主持,在皇宫举行考试,中试者为进士,第一名称状元。新科状元走出皇宫,是从奉天门、端门、午门、承天门(天安门)、大明门的中门走出;免试入选翰林院庶吉士,相当于保送读研究生;直接授修撰(从六品)等。所以,连中三元,非常难得,也是非常荣耀的。

那么，商辂是个怎样的人呢？

商辂（1414—1486），今浙江省杭州市淳安县人。他不仅学问超群、为人正直，而且丰姿瑰伟、仪表堂堂。因此，明英宗在殿试的时候钦点商辂为状元，并让他做展书官，就是在皇帝经筵的时候陪侍的官员。从此，商辂就在皇帝身边做文学侍从，以备顾问。

风光太短，好景不长。正统十四年（1449年）八月，"土木之变"，英宗被俘，郕王朱祁钰替代英宗，改年号为景泰。当时，蒙古瓦剌大兵压城，国都北京危在旦夕，朝廷面临两大难题：一是要不要迁都南京；二是要不要保卫北京。

面临上述两大政治难题，在朝大臣无法回避，不能含糊，必须回答——一方面，以徐有贞为首，主张迁都，其连带的问题是，不必保卫北京；另一方面，以于谦等为首，反对南迁，必须坚守北京，其连带的问题是，誓死保卫北京。

商辂在这个临大事、决大策的关头，坚决反对迁都，主张积极抗敌。当时于谦为兵部尚书，他为兵部左侍郎。这个搭档说明，他的志趣和品性，与于谦何等相似！

英宗"南宫复辟"后，于谦被杀，商辂被革职，斥为民。英宗经常回忆说："商辂是朕所取之士，曾经和姚夔一起辅佐东宫，所以颇为不舍。"但他还是没有再任用商辂。

明英宗驾崩后，成化帝继位，商辂重新得到重用。所以，商辂身历正统、景泰、天顺、成化四朝，他的事功主要在成化朝。

成化朝的内阁有个特点——清一色的学问官，如陈文，正统元年（1436年）殿试榜眼；刘定之，正统元年（1436年）会试第一名、殿试探花；彭时，正统十三年（1448年）殿试状元；而商辂，则是连中三元。

成化三年（1467年）二月，商辂被召回北京，受命以原官入内阁。

商辂推辞，成化帝说："先帝已经知道你冤枉，你不要推辞。"

在成化时期，商辂先后担任兵部、户部、吏部的尚书，在内阁竟达十年。商辂为官正直，不容邪恶，对皇帝宠信的大太监汪直，敢于建言，维护正义；对于皇帝宠爱的万贵妃，也敢拒绝所请，不给面子。

先说第一件，弹劾大太监汪直。明朝先后设立锦衣卫、东厂、西厂、内行厂等具有特务性的机构，侦缉四出，任意抓人，屡兴大狱，酷刑逼供，卖官鬻爵，无法无天。其中，西厂设于成化十三年（1477年），由太监汪直总管，气焰嚣张。

有一天，成化帝收到一份奏疏，写了太监汪直十一大罪，最后写道："圣上您偏听偏信汪直，而汪直又让一群小太监做耳目。他们都说是秉承您的密旨，专事刑杀，擅作威福，戕害善良，无恶不作。自从汪直用事，官员不安其职，商贾不安于途，庶民不安于业，若不立即除去，那么，天下安危，就不知道是不是可以保住了！"

成化帝看了奏章，非常生气，说："用一个太监，怎么会危害天下，谁支持写的这份奏章？"

商辂正色回奏说："朝臣无大小，有罪都要请旨逮问，汪直擅自抄没三品以上京官。大同、宣府，是边城要害，守备片刻也不可缺，但汪直一天就抓走多人。南京，是祖宗根本之地，这里的大臣是朝廷留守大臣，汪直却擅自收捕。诸近侍在皇帝左右，汪直自行更易变换。汪直不去，天下怎么能没有危险？"

大学士万安、刘珝（xǔ）、刘吉也支持商辂的意见。商辂说："各位先生皆为国如此，我还有什么可忧虑的。"于是，成化帝撤销西厂。商辂等官员奏罢西厂，是明史以正压邪的一件大事。

再说第二件，敢于冒犯万贵妃。万贵妃看重商辂的名望，就拿出她父亲的画像，让商辂在上面题赞，还要给金银绸缎作为润笔费。商辂不给面子，极力推辞，说："不是皇上的钦命，不敢应承。"万贵妃不高兴，商辂也不在乎。

商辂后来升兵部尚书，又兼文渊阁大学士，进入内阁。成化十三年（1477年），商辂又晋为谨身殿大学士。前面讲过，明代内阁在文渊阁上班，一般为七位大学士，一位是首辅大学士，另外六位分别以皇宫的宫殿命名官职，比如华盖殿大学士、谨身殿大学士、文华殿大学士、武英殿大学士、文渊阁大学士和东阁大学士等。

商辂退休后，华盖殿大学士刘吉见他子孙林立，感叹道："我与您同事多年，未曾见您笔下妄杀一人，所以老天报答您。"商辂回答："我是不敢使朝廷妄杀一人罢了。"商辂居家十年卒，年七十三，谥文毅，有《商文毅疏稿略》《商文毅公集》《寰宇通志》（与修）等著作存世。

商辂为人，平易简单，宽厚有容，临大事、决大议，一旦决定了就毅然坚持。历史对商辂的评价是一个字：正。人的一生，得一个"正"字，足矣！

## 27

## 故宫宝物
——成化斗彩鸡缸杯、三秋杯

明代成化以后，皇帝相对比较轻松，这和明代的票拟制度有关。宣德帝为保障他年幼的儿子继位制定了内阁票拟制度，凡事由各衙门提出方案，内阁大学士为皇帝草拟处理意见，司礼监代表皇帝朱笔批示。皇权运作，皇帝用了两手——权力交内阁，票拟交内监，二者相制约，皇帝操君权。所以，到成化时，皇帝基本上不用操心朝廷的日常事务，由内阁和司礼监维持国家机器的正常运转。

在这种情况下，成化帝在宫里都做些什么呢？

成化帝喜欢读书、绘画、写字、听戏，有较高的艺术造诣。他还特别喜欢收集珍宝和古玩，他宠爱的万贵妃也有同样的雅好，于是派出宦官到全国各地采办，比如陕西、辽东的药材，东北、朝鲜的海东青、白鹊、文鱼，辽东、山西、陕西的皮货，江南的花木，四川的生漆，江西、浙江的瓷器，广东、广西的珍珠，湖广的鱼鲜；通过广州、泉州、宁波等市舶司搜罗异域的宝石、珊瑚、珍珠、香料、珍禽等，甚至曾经打算仿效永乐皇帝，派人出洋收集；还派宦官往浙、闽、川、滇、陕开采银矿，往辽东、湖广等处淘金、采金，往江南督办织造，往江西景德镇烧造瓷器，忙得不亦乐乎。

成化时有一种瓷器名扬天下，就是成化斗彩。什么是成化斗彩？这是成化朝时景德镇御器厂烧制的一种瓷器新品种。这种新瓷器，在一件瓷器上，釉下青花和釉上彩画，争相斗艳，色彩鲜丽，所以得名斗彩。烧制工艺比较复杂，先在瓷胎上画青花，上釉，入窑经1300摄氏度高温烧制；再在釉上绘红、黄、蓝、绿各种色彩的图画和纹饰，二次入窑，经600~800摄氏度低温烧制完成。

先说斗彩鸡缸杯。杯的外壁绘两组相同的鸡群，都是一只公鸡、一只母鸡、三只小雏鸡。母鸡和公鸡沉稳，雏鸡顽皮，活灵活现，跃然瓷上。鸡群周围，洞石清秀，幽兰碧青，牡丹吐艳，一派春意盎然的景象。

鸡缸杯形体娟秀，胎薄如纸，构图自然，色彩淡雅，形象生动，情趣怡然。这种杯子是御用酒杯。说起饮酒，文献记载，金章宗曾偕宠妃月下游幸琼华岛（今北京北海公园琼岛）。二人对坐，饮酒和诗。皇帝出上句："二人土上坐。"爱妃对下句："一月日边明。"明朝宫廷已经开始有了喝白酒的习惯。酒味浓烈，故用小杯。相传，成化帝与万贵妃明宫月夜，碰杯戏饮。2014年4月8日，一件明成化斗彩鸡缸杯在香港中国瓷器及工艺品拍卖会上以2.8124亿港元的天价成交，这从一个侧面反映了成化时期御窑瓷器的价值和水平。

早在明朝万历时期，成化斗彩瓷器就已经价值连城，深受万历皇帝喜爱。当时成化窑的酒杯每对贵到白银百两。成化窑鸡缸杯是酒杯当中最贵的。清初大收藏家高士奇专门写了一首《成窑鸡缸歌注》，说："成窑酒杯，各式不一，皆描画精工，点色深浅，莹洁而质坚。鸡缸上画牡丹，下画子母鸡，跃跃欲动。"到了清朝中期，成化窑鸡缸杯价值一百两银子。清乾隆皇帝也写下诗句"鸡缸最为冠"，说鸡缸杯是瓷器当中的冠军，给予赞誉。

再说斗彩三秋杯。相传此杯是成化帝专为万贵妃烧制的，一共烧制了五对，选出一对最好的，成为传世精品、孤品、神品。为什么叫三秋杯？因为画面描绘的是秋天景色，而秋季指农历七、八、九三个月，称为"三秋"，所以有"三秋杯"之称。

说到这三秋杯，必说孙瀛洲（1893—1966）。孙瀛洲先生原是河北冀县农民，后为北京敦华斋古玩店老板。他学勤业精，20世纪40年代曾以四十根金条从当铺买到清宫流散出的一对斗彩三秋杯，拿回家里珍藏，一人关在屋里欣赏，妻子三番五次催促吃饭，都浑然不动。1956年，他把这对珍贵的三秋杯捐献给故宫博物院。

成化瓷器之所以精美，原因之一是有清官在景德镇御窑督陶。

成化时有一位贤能清廉的督陶官何瓛（huán）被派往景德镇。何瓛，华亭（今上海松江）人，自幼聪颖，非常隽秀，作文赋诗，众人惊讶。但是，他参加科考，六次落第，非常郁闷。一位张公惜才，建议他去做官。他就到吏部竞聘任职。吏部让他做饶州别驾。别驾，就是副职。他心里不乐，去找张公。张公说，饶州的副职，虽官府在府城鄱阳，却有廨署在景德镇，所职掌事务，只有御器厂一件，没有杂务，劝他就职。于是，何瓛携带家眷到景德镇上任。

当时，成化帝要求御窑照着宣德窑的范本烧造御用龙凤瓷器，何瓛日思夜想，战战兢兢，会同工匠，共同密商。于是，他们选取精细材料，绘制最佳图样，每次烧窑，放置上百成千的瓷胎。然后，何瓛整肃衣冠，与同事一起，默默祝祷，烧窑完全成功。瓷器运到宫里，受到皇帝喜欢。

就这样，何瓛三年任满，又任三年，考核满意，再留任三年，在景德镇连任九年。何瓛居官，清廉勤慎，体恤民情。如发生窑变的瓷器，虽然精彩，但是他从不上缴皇宫，因为窑变太偶然，不可重复，如果皇帝喜欢，让再烧一件，怎么办呢？于是，何璃将这些窑变极品瓷器储藏在仓库里，加以封存。景德镇人感激何璃为民造福。

何璃不攀富贵。宁王看中他的孙子，要结为姻亲，他毅然谦辞。后来，宁王败落，何璃之高明得以显现。

到他离职的时候，浮梁县官民，景德镇工匠、市民，有的背着慈母，有的搭起帐篷，夹道相送，盛况空前。何璃退休后，家居优闲，读书著述，二十年后卒，寿八十五。正如《论语》里说的"仁者寿"，一个人，有一颗仁慈、善良的心，往往心胸比较开阔，心态比较平和，这些都有益于健康长寿。何璃当时能够有八十五岁的高寿，也许这就是他的秘诀之一。

## 张后擅宠

——弘治帝为什么只有皇后没有妃嫔

弘治帝朱祐樘是明朝第九位皇帝,也是北京皇宫第七位主人。前面讲过,他秘密出生在西宫安乐堂,直到六岁才第一次见到皇父成化帝,当年被立为皇太子,九岁正式开始读书。他的后宫也很特殊,他十八岁结婚,娶张氏为太子妃,当年继位,立妃为后。从此,独宠张后,没有妃嫔。这在明朝是唯一的。这位张皇后好厉害,居然能做到让皇上不仅专宠,而且没有妃嫔,这里面有什么奥秘呢?

张皇后,兴济(今属河北省沧州市)人,父亲张峦曾经在国子监念书,母亲金氏据说梦月入怀而生张后。成化二十三年(1487年),张氏被选为太子妃。同年,十八岁的朱祐樘即皇帝位,年号弘治。张氏被册为皇后。

张皇后非常得宠。有一次,张皇后想制作一件珍珠袍,就跟弘治帝说,必须差太监王礼去广东的珠池采取,这样才整齐好看。弘治帝觉得内库有很多好珍珠,何必要去广东,去了以后难免惹是生非,扰乱百姓。但是他没有责备张皇后,而是叫王礼到内库去拣选。宫里储存的珍珠是从永乐皇帝那时候积攒下来的,王礼挑选光泽晶莹、粒粒匀称的,给皇后制作了珍珠袍。

张氏虽然得宠,但有一个致命的问题,就是一直没有生出皇子。于是,不断有大臣提出弘治帝选妃子的事情,但都没有落实。

周太皇太后着急了,亲自选了两个美人,一个是郑氏,一个是赵氏,在宫里服侍朱祐樘。后来郑美人生下一个儿子。周太皇太后向弘治帝致贺,皇帝虽然高兴,但是感到很为难,因为不知怎么跟张皇后说。周太皇太后说:"这事好办,孩子就算是张皇后生的,然后诏告天下,立为皇太子。"于是张皇后也就有了一个皇子。这个孩子就是朱厚照,后来的明武宗正德皇帝。

俗话说,一人得道,鸡犬升天。张皇后之父张峦父以女贵,由一介书生一跃而为都督同知,再封寿宁伯,进寿宁侯,死后赠昌国公,既无政绩,也无武功,却公、侯、伯占全了。张峦有两个儿子——张鹤龄和张延龄,都封了侯爵。他们仰仗张皇后,为非作歹,大发横财,延续弘治、正德两朝,直到嘉靖朝才被遏制。整个明代,外戚之被宠,没有超过张家的。

张氏兄弟强占民田,目无法纪,在北方占地还不满足,又跑到南方泰州(今江苏泰州)搜刮民田。百姓惊骇,大祸来临。有大臣急切疏奏,请求把已被侵占的土地还给百姓,戒谕张鹤龄遵守法度。这种为民请命的正义之声根本没有得到皇帝的回应。

弘治帝的暧昧态度助长了张氏兄弟的气焰,他们又染指商业。弘治六年(1493年),皇帝同意张氏家族开设店铺,从京城内外街市,到通州张家湾以及河西务等处,所有民利民产,全部被他们侵夺。弘治九年(1496年),为争夺利益,张皇后的张氏兄弟和周太皇太后的弟弟周彧两家纷争,成群结伙,聚众斗殴,轰动京城。有大臣为此上疏说:"皇上听说此事后,难道能够无动于衷吗?"勋戚之家开设店铺,引起老百姓的怨恨，戚属之间也容易结仇，怨恨愈积愈重，结仇愈多愈深。弘治帝朱祐樘怎么办？周家手心是肉，张家手背也是肉，只是张榜禁谕，问题不了了之。

张氏兄弟不仅对财富贪得无厌，还到皇宫去胡作非为。他们以皇帝亲戚的关系，任意出入禁中，太监何文鼎对此十分反感。有一天，"二张"去宫中观灯，弘治帝陪他们喝酒，因为要上厕所，就把皇冠摘下来。"二张"竟然开玩笑戴上了皇冠。还有一次，张延龄在宫里喝醉了酒，还奸污了宫女。太监何文鼎怒不可遏，手持武器铁锤，在他们喝酒的幕帐外等候，准备击杀"二张"。因为太监李广给"二张"走漏了风声，他们才逃脱了。第二天，何文鼎上疏劝谏，弘治帝不仅不听，反而十分生气，把何文鼎交给锦衣卫拷走，还追究主使者。何文鼎说："有二人主使，但拿他不得。"弘治帝问是何人。何文鼎回答："孔子、孟子。"在张皇后的授意下，何文鼎被杖死在南海子。太监里也有像何文鼎这样刚直不屈的硬汉子！

明弘治帝去世以后，正德皇帝继位，张皇后成了慈寿皇太后，而张氏兄弟则是武宗的舅父。所以在正德时期，张氏家族仍然势焰熏灼。有人奏诉张延龄阴谋叛乱，正德帝朱厚照下令多官会审。张氏兄弟十分惶惧，送了大量贿赂。张太后出面斡旋，马马虎虎，敷衍搪塞，才让事态平息。

正德帝死后，因为没有儿子，他的堂弟朱厚熜入继大统，年号嘉靖。嘉靖帝以生母为太后，以张太后为皇伯母。这样，张氏的地位就下降了。按说张氏兄弟在政治上失去了强有力的庇护，应当大大收敛，然而他们继续作恶，这就不可避免地受到恶报。

嘉靖初年，张延龄的女佣偷了点钱去布施一个和尚，张延龄为此杀了这个女佣与和尚。另外，有个叫司聪的指挥，历来为张延龄放债，欠了他五百两银子。张延龄索债很急，用乱棒将司聪打死，还招来他的儿子司升，命令他把父亲的尸体焚毁，可以免去欠债。于是司升告发了张延龄。嘉靖皇帝下令把张延龄关进刑部监狱。张鹤龄也被告，在从南京押往北京的途中死去。张太后穿上破旧的短衣，坐在禾秆编成的草席上，表示自己有罪，以为张延龄请命，但嘉靖帝仍然不肯饶恕。嘉靖二十年（1541年）八月，张太后去世，张延龄彻底失去了后台，后来被斩于西市。张氏外戚肆虐半个世纪，历经弘治、正德、嘉靖三朝，终于恶有恶报。

有明一代，由于皇帝和宠妃的纵容，像张氏这样的外戚飞扬跋扈、横征暴敛，成为危害社会的一大毒瘤。

## 29

## 宗室之害

——那些当不了皇帝的老朱家人

明朝自始至终存在三大毒瘤：宦官、外戚和宗室。宦官，前面讲了王振；外戚，讲了周家和张家；宗室，是什么意思？明朝，以明太祖朱元璋为共同祖宗，他的子孙，除了继承皇位的，其他都分封到各地做藩王，藩王的家室，就称作宗室。宗室子弟，有好的也有坏的，好的很好，坏的极坏。

明朝第九位皇帝朱祐樘继位时，明朝已经运行一百二十余年，户口繁多，经济发展，边事稍定，天下太平。从英宗开始，明朝已经连续出现了正统帝、成化帝两位不到二十岁即位的皇帝，弘治皇帝朱祐樘又是一位十八岁的年轻皇帝，接下来是十五岁的正德皇帝和十五岁的嘉靖皇帝。明朝已经失去了开创时期的勃勃生机，表现出颓废的趋势。宗室中有人借助特权，作恶多端，为害一方，成为公害。

朱元璋孙子洪熙帝的玄孙荆王朱见潚（sù），已经是第六代皇胤，跟成化皇帝朱见深是平辈。朱见潚有兄弟三人。荆靖王妃魏氏生了儿子朱见潚、朱见溥，夫人王氏生了朱见溹。魏氏喜欢老二朱见溥，金帛珍宝，加倍给他。这引起了长子朱见潚的不满。待老荆靖王死去，长子朱见潚承袭爵位,他大权在手,就狂行报复。都是一家人,他怎么报复呢?

他把亲生母亲魏氏关起来,活活饿死,然后骗胞弟朱见溥来王府射箭。朱见溥一到,就被人捆绑起来。朱见潚亲自用铁尺打他,见弟弟哀号求饶,朱见潚就把他的嘴塞住,用铜锤把他打死,怕他没真死,又用铁棍捅进他的肛门。事后,朱见潚谎报弟弟骑马摔死。

他的弟媳何氏到王府朝见太妃,朱见潚将其强奸,并拘留不放。

朱见潚想私通堂弟朱见潭的妃子茆(máo)氏,朱见潭的母亲马氏发现后,加紧提防。朱见潚大怒,把马氏抓进王府,揪住头发,痛抽一百多鞭子,还把堂弟见潭抓进府里,和马氏捆在一起,把装满土的袋子压在他们脸上,使母子俩窒息而死,接着又把茆氏抓到王府,把她强奸。

朱见潚还无缘无故地把堂弟镇国将军朱见滏(fǔ)、朱见淲(hǔ 或 biāo)拘禁起来,活活饿死。

他的同父异母弟弟朱见濍秘密上疏,告发其罪。朝廷把朱见潚押到北京。本应处以极刑,弘治帝说:"见潚罪大恶极,法当处死;但念亲亲,不忍加刑,从轻曲宥,削夺王爵,降为庶人,并禁锢起来。"而对王府辅导官,则通通罢黜,说朱见潚犯罪是他们阿谀逢迎的结果。朱见溥之妃何氏本是受害者,弘治帝却命她自尽。三弟朱见濍没有及早奏报,被减掉三分之一俸禄。这是一个满纸荒唐的裁决。几个月后,朱见濍则再次揭发朱见潚图谋不轨。经查,朝廷发现朱见潚购置弓弩,操练船马,收藏兵器,图谋不轨。弘治帝最后令朱见潚自尽。这个畜类,终遭恶报。

弘治皇帝的弟弟寿王朱祐榰(zhī)也是贪得无厌,无法无天。寿王要去封国四川保宁府(今阆中一带),按照规定,给船七百艘,车四百辆,军校四个人一辆车。寿王嫌少,要求给船九百多艘,军校二人用车

| 宗室之害 |

一辆。兵部反对，说现在亲王赴国，所用车船，比宣德、成化时增加了几倍。于是，寿王一行沿途勒索。王府的宦官朱祥等，所过之处，捆绑并拷掠官吏，要他们奉献茶果钱。州县官吏不胜其扰，只好向富户借钱，以满足他们的贪欲。到了山东临清，州吏探听到德州贿赂银子约三百两，就报告给兵备按察司副使陈璧，暗示陈璧也照这个数目行贿，但陈璧拒绝送贿。朱祥怀恨在心，指挥王府太监借故殴打陈璧。陈璧不屈，被打得血流满面。同时，各船军校也手执木棒登岸，捣毁民舍，抢掠货物，引发临清商民游行罢市。最后，朝廷糊涂了事，并没有严惩祸首。

前面讲到，皇朝宗室的祸害非常严重，那么，宗室这个群体是怎么来的呢？明初，朱元璋把二十多个儿子分藩到全国，镇守要地，巩固根本，以后代代繁衍。明朝诸藩，"分封而不锡土，列爵而不临民，食禄而不治事"，就是说，朝廷分封藩王而不赐给土地，给爵位而不让他们管理百姓，他们吃俸禄而不做事情。藩王有俸禄供养，衣食无忧，不工、不农、不军、不学、不商，无所事事，游手好闲，闲久生祸。而且他们虽然享受特权，但也有很多约束，比如出城扫墓，要经过请示，获许后才可以；生育子女，取名字也要经过批准；他们不能干预地方行政，不能参加科举，不能当官，不能经商。所以，百年以后，宗室人口倍增，国库不堪重负，一部分宗室陷入贫困。不法宗室，为害一方，藩王之变，社会震荡。

到弘治朝，宗室人数十倍于初。宗室知道自己的地位特殊，除了不准谋反朝廷，其余的杀人越货、生活腐化算不得什么，大不了送到凤阳高墙去，所以有恃无恐。此外，他们是"寄生虫"，不需要读书习艺，因此干起坏事来往往超出常人想象。当然，皇帝也总是以亲亲之谊对他们包庇、纵容。所有这些，构成了诸王、宗室为非作歹的主客观条件。宗室之害成为明朝后期的一大社会毒瘤。

## 30

## 被冷落的乾清宫
——荒唐的正德帝和他的豹房

　　正德皇帝是明朝继洪武、建文、永乐、洪熙、宣德、正统、景泰、成化、弘治之后的第十任皇帝，十五岁继位，在位十六年，活了三十一岁。他天性聪颖，厌恶读书，好骑射，喜巡游，是明朝最荒唐的皇帝。什么是豹房呢？正德二年（1507年），朝廷在宫外（今北海公园西一带）盖起豹房。豹房开始是以养豹而得名。这可不是今天动物园里的那种豹房。豹房是一片宫廷建筑，有几百间房屋，里面结构复杂，暗室连通，还有园林亭台，俨然宫外之宫、园外之园。本来皇帝的寝宫是皇宫里的乾清宫，但是正德皇帝在位十六年，至少一半时间住在豹房，甚至有专家研究说，从建豹房起，他就一直住在豹房。他把豹房称为"新宅""家里"。那么，很多人都好奇，正德皇帝在豹房做些什么呢？

　　总结起来，正德皇帝每天在豹房大约就做五件事。

　　第一是乐舞。正德帝每天召来教坊司的乐人（相当于歌舞团、杂技团）到豹房演戏，有时还在夜间悄悄到教坊司观看乐舞演奏。正德皇帝身边有个奸佞之臣，叫钱宁，是个太监，专门引导皇帝荒淫无度，讨皇帝的喜欢和恩宠。佞臣进献能歌善舞的回女十二人进入豹房，演出歌舞，通宵达旦。

第二是养兽。正德年间，养兽二万九百三十多只，有虎、豹、狮子、象、长颈鹿等，这些动物各有级别，有俸禄。正德帝玩虎、赏豹，有一次，"帝狎虎被伤，不视朝"（皇帝玩虎受伤，不能临朝）。

第三是酗酒。正德帝酗酒，经常随行带着酒杯、酒勺、酒瓮，走到哪儿，喝到哪儿，醉到哪儿，睡到哪儿。有书记载，正德帝动不动就喝醉，醒来再喝，日以为常。正德帝在豹房，经常喝醉后把头枕在钱宁的身上，酣睡不醒。百官上早朝，等到傍晚，皇帝还没起床，只好退朝回家。一次，正德帝到宣府，大臣们搭起彩色帐殿，杀羊备酒，在郊外欢迎。正德帝在临时搭起的帐殿接受朝拜。这座帐殿是一座用毡子搭起的帐篷，毡子上有花色图案，一共一百六十二间，相当于一座离宫，正德皇帝出行，都住在里面。正德帝常常醉卧帐篷里，鼾睡不醒。

第四是迷色。正德帝在豹房设浣衣局，"浣"就是洗衣服，浣衣局就是管理洗衣事务的机构。在这里，浣衣局以招女人洗衣服为名，成为正德帝的淫乐窝，豢养女宠，蓄集乐工、美女、太监等。后来，正德帝经常微服出宫，甚至到外地巡幸，阅选美女，充到浣衣局，具体有多少人无法统计，但是每年使用柴炭就高达十六万斤。皇帝车驾所至，近侍掠夺民女，多达几十车。各地妇女听说皇帝要来游幸，纷纷急忙结婚，有的抢光棍强作婚配。正德皇帝游幸的时候，备大车数十辆，里面坐着和尚和妇女，车盖上吊着球，车跑起来，球和和尚的光头相碰，和尚和妇女相拥，荒唐的正德皇帝大笑，以此取乐。还有佞臣江彬，带着皇帝多次夜入民家，强索妇女，纵酒淫乐，夜宿民宅。

有一位将官马昂把妹妹献给正德皇帝。这位马美女善骑射，长乐舞，尤其擅长西域乐舞，还会民族语言，受到正德皇帝喜欢。但是马美女已经结婚，还怀着身孕，正德皇帝也不介意。这下子马氏一门鸡犬升天，无论大小，都获赐蟒衣，还获赐北京西城太平仓府第。正德皇帝曾经带身边人到马美人住处宴会喝酒。有一位言官叫吕经，上奏疏说："如今马姬受到专宠，马昂等在外擅权，怎么能不引来祸患呢？"正德皇帝不理。还有御史以历史为例，说夏朝亡于妹（mò）喜，商朝亡于妲己，西周亡于褒姒，并且冒死进谏说："现在是积夏、商、周、汉、晋、唐之患于一时啊！"正德皇帝还是不理。

第五是玩武。正德皇帝把守边将领江彬留在豹房，又建立了所谓内教场，选佞幸之人，赐国姓朱，还称为义子，就是干儿子。其中，正德七年（1512年）九月一次就赐义子一百二十七人国姓朱。正德帝还设了什么"四镇兵""外四家兵"，以佞臣江彬为总管，又亲自带领善于骑射的太监组成一支队伍，叫作中军，早晚操练，火炮之声连京城九门都听得见。这些太监军人都穿着黄罩甲，就是黄色的绸缎罩在铠甲外面。正德皇帝亲自检阅，认为队伍像锦缎飘过一样，称"过锦"，非常得意。他们还在遮阳帽上披戴染成蓝色的天鹅毛，以示尊贵，分为三根、两根、一根等三个级别。正德皇帝巡游所经之地，侍郎、巡抚、御史等也如此穿戴，叩见正德帝。这真是一场滑稽闹剧！正德皇帝与江彬并肩骑马，身上穿着同样的铠甲，在豹房一同卧起，简直君臣难辨，不成体统。

乐舞、养兽、酗酒、迷色、玩武，正德皇帝每天还忙得不亦乐乎。他身在豹房，却也不时临朝，发出的谕旨，批示的奏章，让太监刘瑾等代笔。

有一位御史叫陆崑，浙江归安（今属湖州市）人，带领十三道御史上疏抨击正德皇帝宠幸太监，每日宴游，说："住宽广的宫殿，怎知百姓栖身茅屋的疾苦；穿绫罗吃美食，怎知百姓身处饥饿的困苦；骑马打猎享乐，怎知百姓伸冤无门的痛苦。"这份奏疏触怒了正德皇帝，他发下谕旨：全部下狱，各杖三十，除名为民。于是，十三道御史一起被捕入狱，各杖三十，免除官职。其中有三名御史在南京，正德皇帝也不放过，在南京阙下廷杖。

正德皇帝的父亲弘治皇帝一生没有册立嫔妃，专宠张皇后。而正德皇帝又是明代唯一的嫡长子皇帝。皇父弥留之际，对这位顽童太子很不放心，拉着大学士刘健的手，嘱咐他要把厚照辅导成为正德有为之君，所以年号"正德"。但是，弘治帝根本想不到，他的独子即位后，既不正，也缺德，胡乱作为，荒唐顽劣，无以复加。这时，明朝的太平盛世已然过去，大明的基业开始动摇，内有太监刘瑾专权，外有两次藩王之乱，流民起义更是此起彼伏，再加上蒙古鞑靼兴起，不断南下骚扰。正德皇帝的荒唐，既毁了自己——三十一岁就一命呜呼；也毁了大明——加剧了朝政的腐败和社会的危机。

## 31

## 邪不压正
——大太监刘瑾的下场

明武宗正德帝时太监刘瑾专权乱政,忠诚正直的大臣挺身而出,皇宫最壮美的奉天门庭院成为忠奸相搏的战场和舞台。

刘瑾(？—1510),陕西兴平人,在正德皇帝做皇子的时候,他就在东宫服侍。正德皇帝即位以后,他做了司礼监太监,成为太监的大头目。

正德二年(1507年)三月二十八日,刘瑾召集大臣们到奉天门(太和门)广场内金水桥前,命全都跪着,听他宣示所谓的"奸党",包括大学士刘健、谢迁二人,尚书韩文等五人,还有侍郎、御史以及王守仁(阳明)等,一共五十多人,敕令吏部让这些人都退休,把朝臣里的反对派扫荡殆尽。对一些不肯依附和微露不满的人,他滥发淫威,打击陷害。右都御史杨一清因为不攀附刘瑾,就被扣上"滥用军费"的罪名,逮进锦衣卫监狱,后来经大学士李东阳救援,才被放出来,但还是被罚六百石米。钦天监杨源因天象变化,上言人祸引起天灾,被刘瑾廷杖六十,谪戍肃州,死在途中。

有一位御史叫蒋钦,江苏常熟人,进士,接连三次被廷杖。第一次是参加十三道御史上奏,批评皇帝,被逮下诏狱,廷杖为民。第二次是三天之后,他又单独上疏,痛斥奸臣,结果被再杖三十,下狱。连续两次被廷杖的蒋钦决心递上第三封奏疏。据《明史》记载,这天夜晚,他正在起草上疏,在灯下听到有鬼叫的声音。蒋钦心想:我这份奏疏上去之后,会身罹大祸,这是先祖显灵,要我不写这个奏疏吗?于是,他整理衣冠,站起来说:"如果是我的先祖,就大声告诉我!"刚说完,鬼叫的声音从墙壁里发出,更加凄惨。蒋钦叹了一口气,说:"既然已经做了御史,就得义而忘私,如果我缄默不语,辜负了国家,也为先人丢脸。"于是,他继续写奏疏,说:"死就死,这份奏疏不可更改!"这时,鬼叫的声音竟然停止了。三天以后,奏疏递上,还是痛斥奸臣,他写道:"臣昨天再次上疏被廷杖,血肉淋漓,伏枕狱中。望正德皇帝将大太监刘瑾的头割下,悬挂在午门!"又说:"如果我被杀,那就使我同古代忠贤之人龙逄(páng)、比干一起在地下游玩!"关龙逄是夏朝的名相,敢于为民请命,直言劝谏,因为进谏忠言而被夏桀杀害。蒋钦以关龙逄和比干为榜样,要做坚持正义的忠正之臣。结果,蒋钦第三次被廷杖三十,杖后三日,死于狱中,只有四十九岁。

  正德三年(1508年)六月二十五日,正德皇帝御奉天门(太和门)早朝听政。早朝结束,大臣刚要退朝,忽然在御道上发现一封匿名信。信的内容是揭露司礼监太监刘瑾的不法罪行。御史当场把这封匿名信呈给正德皇帝阅览。刘瑾当场大发淫威,他宣布文武百官不许退朝,都要跪在奉天门前,然后他站在奉天门台基上,大声斥责辱骂,逼着大臣们举报写这封匿名信的人。当时正值伏天,烈日当空,地面烘烤,奉天门前没有荫凉,大臣们口干舌燥,汗流浃背,饥肠辘辘,痛苦难言。从上午跪到午后,昏倒十多人,中暑死了三人。刘瑾无动于衷,命内监将昏倒者拖出去。

傍晚，百官在将近一天的罚跪后，并没有供出写匿名书的人。刘瑾气怒之下，把这文武官员三百多人全部逮捕下狱。消息传出，震动京城，官民愤怒。这时，有一个人挺身而出，他就是大学士李东阳。

李东阳（1447—1516），湖南茶陵人。东阳小时候就很聪明，四岁时就能写一尺见方的大字。景泰帝听说后，心里很喜欢，把他抱在膝盖上，还给他糖果吃。李东阳十八岁中进士，入翰林院，后授编修。他做过侍讲学士，是东宫太子的老师，官一直做到礼部尚书、文渊阁大学士。他在朝五十年，入阁十五年，历景泰、天顺、成化、弘治、正德五朝，享年七十岁。

大学士李东阳为三百多位官员被关在监狱一事，紧急上疏正德皇帝。他说："匿名文字，出于一人之手，而各官朝拜的时候，仓猝而起，哪里能看见？结果那个写信的人没抓到，其他官员都成了罪人。他们戴上枷锁，互相猜疑，而且天气炎热，监狱热气熏蒸，如果继续拘禁，数日之后，人将不自保矣！特望皇上，发下谕旨，把官员们先行释放，而后再秘密寻访，查出写匿名信的人，再对那个人置之典刑。"正德皇帝看到李东阳的这份奏章，才下令将三百余官员从狱中放出。

正德四年（1509 年）八月，刘瑾派人到边疆清理屯田，大理寺少卿周东为了取悦刘瑾，在宁夏伪造增加屯田数百顷，而且都让群众交租，引起民怨沸腾。安化王朱寘鐇（zhì fán）以诛刘瑾为名，发动叛乱，关中大震。消息传到北京，正德皇帝慌了手脚，连忙颁示谕旨，减轻刑罚，赦免罪人，免征租粮，赈恤流民，又起用前右都御史杨一清为提督，宦官张永总督军务，率兵讨伐朱寘鐇，平息了叛乱。太监张永在正德皇帝面前揭发刘瑾罪恶，于是刘瑾被贬到凤阳。后来，朝廷在抄刘瑾家的时候，发现了大量金银财宝，更搜得皇帝穿的衮袍、伪造的玉玺、盔甲、弓弩、穿宫牙牌等物。正德帝大吃一惊，发怒说："刘瑾果然反了！"

正德五年（1510年）八月二十五日，花甲之年的刘瑾被凌迟三天而死。这种刑律规定，要剐三千三百五十七刀，先十刀一歇一喝，头一日该先剐三百五十七刀，如大指甲片。这位当年不可一世的大太监，最后得到"磔于市，枭（xiāo）其首"的下场。

这些历史事件，现在听起来都是闹剧。过去常把罪责都算在宦官刘瑾头上。不错，刘瑾是有重要责任，但主要责任人应当是正德皇帝。上梁不正下梁歪，有正德皇帝的荒唐乱法，才有太监刘瑾的胡作非为。刘瑾大太监做尽坏事，自己也得了个身败名裂的下场。

蒋钦、李东阳和太监刘瑾从正面和反面说明，做人做官，重在四正——养正心，崇正道，务正学，亲正人。这四正，前面讲过，在这里再重复一下，就是修养正直之心，崇尚正派之道，研究正路学问，亲近正人君子。

## 32

## 天子御驾
——令正德皇帝元气大伤的西征和南巡

正德皇帝最后的四年,几乎就没有在皇宫住过,主要是在所谓西巡和南征中度过的,最后也是为此丧了性命。下面讲天子御驾——令正德皇帝元气大伤的西征和南巡。先说西巡。

正德九年(1514年),正德皇帝开始出游。这年元宵节,乾清宫着了大火。正德皇帝一点也不着急,也不心痛,还带着欣赏的口气说:"好一棚大烟火也!"这一下正好,就更不用住在乾清宫了。他还没忘了,以重建乾清宫为理由,加天下赋税一百万两。从这之后,正德皇帝开始西行。他的身边,有一位叫江彬的武将陪伴。

江彬原来是蔚州卫的指挥佥事,正德六年(1511年),随总兵张俊入调中原,后来在淮上作战的时候,身中三箭,其中一箭射中面颊,穿出耳后,他拔出箭头,继续战斗。江彬贿赂太监钱宁,得到正德皇帝召见。皇帝看了他的箭伤,大为赞叹,就把他留在身边,出入豹房,形影不离,还升为都指挥佥事。一天,正德帝跟老虎耍斗,结果老虎突然逼近皇帝,在这危险时刻,江彬及时猛扑过来,皇帝得救。从此,江彬得到正德皇帝的宠信,被赐以国姓朱,并被正德帝认作干儿子。

江彬多次向正德皇帝夸耀，宣府乐工里的妇女美丽多姿，劝他亲赴宣府，驰马疆场，游历边塞，这样江彬自己也可以衣锦还乡。正德皇帝很想外出远行，而且宣府、大同又接近蒙古草原地区，可以炫耀武功。

正德十二年（1517年），正德皇帝换了便服，悄悄出了德胜门，刚到沙河，就被闻讯追来的大学士梁储等赶上。他不听劝阻，继续前进。到居庸关，巡关御史张钦拒绝放行，正德皇帝无奈，只好返回。不久，正德皇帝又秘密出德胜门，直奔居庸关。御史张钦正好出关巡视，皇帝得以顺利出关，到了宣府。

这时，蒙古鞑靼小王子率领五万兵马，分道南下朔州，与明军总兵官王勋所部在应州（今山西应县）激战。正德皇帝亲率江彬等人增援应州。正德皇帝亲冒矢雨，临阵督战，斩敌首一级。这次战果：斩敌首十六级，官军死五十二人，重伤五百六十三人。正德皇帝兴奋不已，为应州木塔题匾：天下奇观。

这次西巡以后，正德皇帝在京城就再也住不下去了，频繁去到宣府、大同和太原等地，驱驰数千里，沿途都被骚扰。给事中石天柱写血书进谏，劝皇帝停止这样的行动，内阁也提出警告说："如此不亲政事，往昔宗藩之乱又会发生。"但正德皇帝一概置之不理。

西巡之外，还有南征。

正德十四年（1519年），正德皇帝提出要南征，舒芬等一百〇七人上疏谏止正德皇帝外出巡游。于是发生了一场君臣之间的激烈冲突。

正德帝震怒，命舒芬等一百〇七名大臣跪在午门前五天，期满后再每人廷杖三十。

舒芬，江西进贤（今属南昌市）人，正德十二年（1517年）考中状元，任翰林院修撰。他神态端庄，一脸正气，每天都端端正正的，没有倦容。他是翰林院的文官，并不是御史，但他有骨气，敢建言。如舒芬等一百〇七名大臣被罚跪在午门前,连续五天,堂堂朝廷,成何体统!

官员张英见皇帝不理不睬,便"自刃以谏",就是以自杀的方式,促使皇帝接受大臣建议。幸亏在场的卫士发现,上前夺下他手中的刀。五天过去了,舒芬等一百〇七名官员在午门前遭到廷杖。后来又增加了关押在锦衣卫监狱的官员黄巩等三十九人。这样,一共有一百四十六人遭到廷杖,十一人当场被杖死。那位张英虽然自杀未遂,这次却被杖杀了。舒芬被廷杖之后,伤势严重,被抬到翰林院的院里。翰林院掌院学士怕得罪上司,"命摽(biào)出之",就是要把他架出去。舒芬说:"吾官此,即死此耳!"(我在翰林院做官,就死在翰林院!)后来,他被贬官至福建,带着创伤,离京上路。

舒芬在廷杖中捡了一条命,熬到正德皇帝死。嘉靖皇帝即位后,给他官复原职。回到北京的舒芬不改诤臣气节,他会同杨慎等为"大礼议"谏言,跪伏在皇宫左顺门,哭谏,结果又遭到嘉靖皇帝的廷杖,还被罚俸三个月。不久,舒芬的母亲病死,他回到老家治丧,不幸病死在家里,年四十四岁,世称"忠孝状元"。《明史·舒芬传》赞曰,舒芬的谏言惊人恳切,而且他清廉律己,行为没有瑕疵,就像诸子先贤那样,足以矫正文人官吏的浮夸之风。以舒芬为代表的明朝士大夫有高尚的精神,高扬的正气,宁死不屈,坚持正义!

正德帝廷杖大臣这场风波后不久,宁王朱宸濠以入朝监国为名,举兵叛乱。战报传京,正德皇帝决定亲征,借此机会去南方转转。部队刚到良乡,就得到王阳明的捷报:宁王抓住了,叛乱平息了。正德帝不肯班师,继续前进,一路上游山玩水,勒索地方,十二月到扬州,渡长江,到南京。这时,淮扬地区闹大饥荒,竟然出现了人吃人的现象。到正德十五年(1520年)七月,经过随行大学士梁储、蒋冕等苦苦相劝,正德皇帝才开始考虑回京。闰八月,献俘礼仪在南京举行。献俘是古代的一种仪式，把俘虏献给宗庙，显示战功。正德帝身着戎装，统帅将士，命将朱宸濠等解开捆绑，让其乱跑，再指挥士兵擂鼓鸣金将其抓获。正德帝觉得还不过瘾，又要把朱宸濠放到湖上，再亲自去抓获，经大臣劝解，才算作罢。

献俘之后，正德皇帝从南京回北京。九月，途经淮安的清江浦，皇帝游兴大发，独自泛舟捕鱼，结果船翻了，皇帝掉进湖里。左右急忙救起皇帝，侍卫们高呼："万岁，龙也！龙玩水呢！"这位真龙天子在惊吓中受了风寒。十二月，车驾到达通州，皇帝赐朱宸濠自尽，焚尸扬灰，其亲属十人被斩首。进京之后，在正阳门前举行了盛大的凯旋仪式。俘虏及其家属都列队，活着的插上标牌，写上姓名，死了的把头颅挂在木杆上，都挂上白色的飘带，远远望去，白色弥漫。正德皇帝一身戎装，立马于正阳门下，看了很久，非常得意。但是人们普遍认为，这是不祥之兆。

四天后，正德皇帝大祀南郊，只拜了一拜，就口吐鲜血，趴在地上，从此卧病不起。正德十六年（1521年）三月十四日，正德皇帝死于豹房，才三十一岁，死时只有两个太监在身旁。

正德帝死后，他没有留下皇子，皇位传给谁呢？

## 33

## 王阳明
——从午门廷杖到此心光明

近些年来，王阳明和他的学说引起很多人的关注，甚至成为人们热议的话题。王阳明跟故宫有什么关系？至少有"一甜一苦"的亲密接触——"一甜"就是弘治十二年（1499年）王阳明来到皇宫参加殿试，金榜题名，考中进士；"一苦"就是在午门东庑遭到廷杖。

明清时期，无论哪位皇帝入主皇宫，都推崇中国传统文化核心的儒家学说。而儒学自春秋战国之后，历经两千多年发展，有过三次高峰：第一次在西汉，董仲舒将儒学推衍成为经学；第二次在宋代，朱熹建立了理学体系；第三次在明朝弘治、正德年间，形成王阳明的心学。接下来讲王阳明——从午门廷杖到此心光明。

王阳明（1472—1529），原名王守仁，字伯安，浙江余姚人，母亲怀孕十四个月才生下他，他到五岁还不会说话。这位王守仁后来在绍兴的阳明洞旁盖房子居住，所以被称为王阳明。王阳明九岁的时候，他的父亲王华考中状元，后来做了弘治帝的老师。他十一岁时，父亲接他和祖父住到北京。路过镇江金山寺，祖父带他和朋友们饮酒吟诗。王阳明当众吟了一首诗：

| 王阳明 |

山近月远觉月小，便道此山大于月。
（山离得近，月亮离得远，有人就说山比月亮大。）
若人有眼大如天，还见山小月更阔。
（如果有人眼光开阔长远，就会看到山小，月更阔广。）

他不仅出口成诗，而且诗意高远，内含哲理。

对王阳明幼年影响更多的是他的祖父王天叙。祖父为人心胸豁达，吟歌自得。阳明的父亲身在官场，见他豪迈不羁，常常担忧，而他的祖父却对他充满信心。王阳明逐渐懂得，人生第一等事是读书，学做圣贤。这颗理想的种子种在少年王阳明的心田上。

十三岁时，他的母亲郑氏去世，这是阳明人生中第一个大挫折。他回老家居丧尽礼三年，又回到北京。进京前，他先去了长城居庸关一带。当时蒙古边患一直威胁明朝，王阳明要出关去看个究竟。他在那里骑马射箭，磨炼意志。

十七岁时，他按照父亲的安排，去江西洪都（今南昌）结婚。岳父是他的远房亲戚，当时做江西布政司参议。他在岳父家住了一年半，从早到晚练习书法，把衙门里积攒的纸全部写完，悟出写字的道理。他说："我起初学字，对着古帖临摹，只学得字的外观，后来我先凝思静虑，把精神会聚在一起，字体默运在心，然后下笔，如此好久，才通得字法。"

十九岁时，祖父去世，父亲回乡守孝，召集阳明及从弟、妹夫等一起学习经义。王阳明白天随众课业，晚上便搜取经典诵读。随着读书修养的长进，王阳明在举止上也端容慎言。

二十一岁，王阳明考中举人；二十八岁，考中弘治十二年（1499年）

进士；二十九岁被授为刑部主事（处级）。至此，王阳明结束了第一阶段人生。

王阳明入仕后，便受到大太监刘瑾的残害，人生蒙受大挫折。做礼部侍郎的父亲受他牵连，也被罢官，不久就故去了。

正德元年（1506年），刘瑾逮捕御史戴铣（xiǎn）等二十多人。王阳明上疏营救，遭廷杖四十，被打得断了气，很久才苏醒，关在监狱半年之后，被贬到贵州龙场驿。

龙场在今贵州省贵阳市修文县。这里万山高耸，偏僻荒凉，多为苗民。善良的苗民见王阳明无处落脚，睡在草树之中，就帮他搬到一个山洞居住。洞口直上直下，山洞很低，也很窄小，没有家具铺盖，王阳明住在洞里，以草为被褥。这个山洞后来被当地人称为"玩易窝"。后来，王阳明又找到一个大些的洞穴，人在里面可以直起身来，就搬到这个大的洞穴居住，现在当地人把它叫作"阳明洞"。这两个山洞我都去考察过，而且都去过两次。

王阳明把中原儒家文明和教育带到了这个偏僻的地方，教百姓盖房子，烧窑制砖，把房屋布置起来，分成不同的功能区，把带来的图书整齐摆放，屋外还种上松、竹、芍药等。王阳明还带着驿卒放火烧荒，翻土耕种，得以温饱。

王阳明身处龙场驿这个偏僻艰苦而又安静优美的环境，很少与人交往，又没书读，只有苦思冥想。他夜以继日，回忆过去，琢磨学问，回顾好骑射、好侠义、好咬文嚼字、好神仙、好佛氏以及为学、为官的种种体验，整天思考"格物"之说。这"格物"二字出自《大学》，说修养身心有一个顺序：格物、致知、诚意、正心、修身、齐家、治国、平天下。其中，"修身"是基础。

这样，"格物"就成为这个链条的起点。什么是"格物"？格，是探索、研究；物，是事物、万物。"格物"就是探索研究万物的规律。怎么探究呢？经过日夜苦思冥想，王阳明终于顿悟，高兴得在睡梦里大呼大叫。后来，经过不断讲学、论证、贯通、著书，他的学说得到众多学者认同，于是，世间就有了"阳明学"。

王阳明的学说，最经典的就是两句话。

第一，格物致知，致良知。意思是，探索万物规律，要透过表面，用心思考，用心总结，探求规律，还要通过启发、教育、力行，唤起良知，使人性之良善得到发扬，透出光明。

第二，知行合一，重笃行。意思是，知中有行，行中有知，不是先知后行，也不是先行后知，而是知行合一，重视行，坚持行，更加强调行。

王阳明学说简称"阳明学"，丰富了中华儒学的宝库。王阳明弟子众多，世称姚江学派，有《王文成公全书》等著作传世。

嘉靖七年（1528年）十一月，五十七岁的王阳明在广西平乱过程中旧病复发，他一面上疏请求退休，一面乘船返回家乡。船行到江西南安，他的门生周积在那里做推官，赶来拜见。王阳明咳喘不止，半晌，才慢慢问道："你近来学习有什么进步？"周积回答："被政务牵累。"周积问："您身体怎样？"王阳明说："病势危亟，只存些元气罢了。"二十九日早晨，王阳明叫来周积，周积站立好久，才见他慢慢睁开眼睛，看着周积说："我去了！"周积泪如泉涌，问他："先生可有遗命？"王阳明微微地笑了一笑，说："此心光明。"阳明先生，瞑目而逝。

当我读到这段史料时，不禁心潮澎湃。王阳明一生只有五十七年，三十岁之前过得悠游自在，受到良好的教育和关爱。但他走上仕途后，却处处艰难，做学问难，传播学问难，做君子难，做事业更难。他蒙受廷杖之辱、牢狱之灾，遭到奸臣陷害、文人嫉恨，被发配龙场，烟瘴之地，草树穴居，后来又带兵征战，患上肺炎痢疾，长期忧病，缠绵不愈。所以，他这一生，受到的苦大大多于尝到的甜。但阳明先生在临终时说的最后一句话，竟是"此心光明"。

就王阳明个人而言，在五百年前，他达到了《左传》提出的"立德、立功、立言"这"三不朽"的境界。

## 34

## 皇位空置
——首辅杨廷和的三十八天

正德十六年（1521年）三月十四日，明正德帝病死于豹房。这位三十一岁的荒唐天子竟然没有留下一个儿子。从正德皇帝死到嘉靖皇帝即位，皇位空了三十八天。这三十八天，由内阁首辅杨廷和总理朝政。这种情况非常罕见，故宫六百年间，仅此一回。那么，杨廷和是何许人也？在这三十八天里，杨廷和做了哪些事情呢？

杨廷和（1459—1529），四川新都（今四川省成都市新都区）人，出身读书人家，性格沉静，风姿秀美，聪明过人，十二岁就考中举人，十九岁考中进士，比他父亲还早。弘治时，杨廷和做日讲官和皇太子老师；正德时，晋升为文渊阁大学士，参与机务，后来官至吏部尚书、武英殿大学士。正德皇帝突然死在豹房的时候，杨廷和是当朝内阁首辅。

身处皇宫文渊阁的内阁首辅杨廷和，在总理朝政的三十八天里，主要做了三件大事。

第一，特殊时刻，奏定皇位。按照明朝的家法，"父死子继、兄终弟及"，就是父亲死了，儿子继承；没有儿子的话，兄弟继承。既然正德皇帝没有皇子，又没有亲兄弟，就只好看看堂兄弟里有没有合适的人选。正德皇帝的父亲弘治皇帝倒是有几位兄弟，最大的弟弟是朱祐杬。

朱祐杬出生在未央宫（更名为启祥宫），后被封为兴王，藩国在湖广安陆州（今湖北钟祥），他已经在正德十四年（1519年）去世，王位由他的世子朱厚熜继承。所以，朱厚熜是和正德皇帝同一个爷爷的堂弟。于是，杨廷和把目光聚焦于这位十五岁的兴王朱厚熜。

在皇帝突然死去的紧急时刻，杨廷和举着《皇明祖训》提出，按照"兄终弟及"的规矩，宪宗（成化皇帝）的孙子、孝宗（弘治皇帝）的侄子、大行皇帝（正德皇帝）的堂弟、兴献王长子——朱厚熜，应当立为皇帝。其他几位大学士都同意。于是，杨廷和请太监禀报皇太后，然后在皇宫的左顺门等候回复。一会儿，太监带来正德帝遗诏和皇太后的懿旨，向大臣们宣布，结果和杨廷和的意见相同，这样，皇位继承人就敲定了。杨廷和在危难之时立了安邦定国的大功。

此时，兴王朱厚熜正在安陆州过着他悠闲的王爷生活。安陆州城是一座历史悠久的古城，山林茂密，汉水蜿流。朱厚熜五岁时，父亲亲自教他读书写字，待朱厚熜年龄稍大后，又设置书馆，命讲官按时给他讲书。当时湖广提学副使张邦奇督察学校有方，府学生员，竞相努力读书。朱祐杬特令朱厚熜去应试。张邦奇安排两个书案，自己用北面的一张，让朱厚熜用南面的一张。考试及格，朱厚熜就入府学读书。他天资聪敏，对所学诗书读几遍就可以背诵，虽然是个十多岁的孩子，但举止"凝重周旋中礼，俨然有人君之度"。（《明世宗实录》卷一）

但是，朱厚熜作为兴王的独生子，备受宠爱，逐渐养成了任性、虚荣、高傲、懒散的性格。而且当地盛行道教，朱祐杬崇信道教，跟道士往来密切。这对朱厚熜的影响是很深刻的。

正德十四年（1519年）夏天炎热，兴王中暑，半月后死去，年仅四十四岁。父亲早逝，使十三岁的朱厚熜懂事了许多。按照明朝制度，亲王去世,他的世子要守孝三年,其间不得袭封王位。朱厚熜便以王世子的身份代为管理王府的事,经受了锻炼,增长了才干。正德十六年(1521年),他的母亲蒋氏上奏朝廷,请求朱厚熜提前袭封王位,正德帝颁诏允准。于是朱厚熜正式袭封兴王。这样,他作为藩王,就具备了继承皇位的基本条件。

在帝制时代,皇位继承是头等大事,而正德皇帝留下的既无子又无弟的难题,明朝首次遇到。多亏了杨廷和及时破解难题,提出解决方案,对稳定政局起到关键性的作用。

第二,革除弊政,纾解民困。杨廷和在没有皇帝的三十八天里总理朝政,革除弊政,纾解民困,让国家在特殊时期政局平稳,社会安定。

在主持朝政的三十八天里,杨廷和一方面派人加强守卫皇城四门、京城九门及南北要地,保障京师安全。另一方面,利用正德帝的遗命,宣布革除弊政:比如,撤除正规编制之外的军队,让他们回到各自卫所;遣散豹房僧人、乐人等;遣散四方进献女子,斥去中贵、义子等佞幸官员,裁汰锦衣卫、内监局匠役等共十四万八千七百多人;停止京师工程;把宣府行宫金宝收归内库;减漕粮一百五十三万二千余石等。这些举措引起一群失去既得利益者的不满,他们趁杨廷和入朝,暗带凶器,准备行刺。杨廷和上下朝时,有百名兵士护卫。

第三,铲除江彬,去除隐患。杨廷和做的第三件事就是铲除佞臣江彬,去除了朝廷中的一大隐患。考虑到江彬有家丁数千名,和宫内有着千丝万缕的联系,杨廷和请示皇太后之后,就设了一计。当时坤宁宫正要安装屋脊上的兽吻,也就是屋脊两端的装饰物,就命江彬和工部尚书李燧(suì)进宫祭祀。江彬穿着礼服来到皇宫。仪式结束后,太监张勇留江彬和李燧吃饭,太后突然下诏,抓捕江彬。江彬察觉不妙,急忙往外跑,到西安门,门关着,又跑到北安门。看门的兵将说:"有圣旨命提督留下。"江彬说:"今天哪来圣旨?"于是守门兵将立刻逮捕江彬。接着,抄江彬家,得黄金七十柜,白金两千二百柜,其他珍宝,不可计数。史书记载,当时出现了天人感应的现象,江彬刚被杀,久旱的京师就下起大雨,皇宫内外相庆。

在皇位空缺的特殊时期,杨廷和依靠张太后,与朝臣同心协力,诛大奸,决大策,扶危定倾,功在社稷,时人赞其为"救时宰相"。

惊心动魄的三十八天平安度过,朱厚熜继承皇位,年号嘉靖,是为嘉靖皇帝。作为首辅大学士,杨廷和又辅佐嘉靖帝两年,彰显士人风骨。

嘉靖帝朱厚熜登位后,非常感谢杨廷和,多次召杨廷和喝茶谈话,并先后四次要封赏他,杨廷和都谢绝了。后来,嘉靖皇帝沉溺于道教,杨廷和劝阻,皇帝不听;又派太监督催织造,杨廷和再劝阻,皇帝仍不听。杨廷和甚至说:"我们和举朝大臣、言官的话您都不听,只听二三个邪佞之人的话,陛下能只和这二三个邪佞共治祖宗天下吗?"皇帝更是不听。杨廷和屡次劝谏都没有用,没有办法,请求退休,于嘉靖三年(1524年)正月获准辞官回家。

## 35

## 有权就任性
——朱厚熜继承了谁的皇位？

前面讲到，在正德皇帝突然死去的紧急时刻，杨廷和提出，按照"兄终弟及"的规矩，正德皇帝的堂弟、兴王朱厚熜，应当立为皇帝。这个提议得到张太后的懿准。古代帝王传位的血统顺序叫帝系。明朝帝系曾经改变过一次：因为燕王朱棣发动"靖难之役"，从侄子建文帝手里夺取皇位，帝系就从懿文太子朱标—建文皇帝的帝系，转为永乐皇帝朱棣的帝系。经过永乐、洪熙、宣德、正统、景泰、天顺、成化、弘治、正德，传了七代九朝。到朱厚熜即位，原来的帝系是继续往下传，还是开始新的帝系呢？这就发生了激烈的所谓"大礼议"之争。

按照皇太后和内阁的设计，选朱厚熜继位，是把他过继给弘治皇帝，成为刚刚去世的正德皇帝的弟弟，然后以皇太子的身份继承皇位，继承原来的帝系。但是这个设计很快就被十五岁的朱厚熜打破了。

朱厚熜从安陆（今湖北钟祥）到北京，应该从哪个城门进入皇城？朱厚熜是过继给弘治帝做儿子，是以未来皇太子的身份进宫，于是礼部按太子即位礼仪，请朱厚熜从东安门进皇城。朱厚熜却说："皇兄遗诏里说，让我即位当皇帝，礼部这么说算是怎么回事！"礼部回复说："您现在还没继承皇位呢。"于是朱厚熜的车驾就是不进城。双方僵持不下，礼部没有办法，只好同意他走天子的专用路线，从大明门的中门进入皇城，然后通过承天门（天安门）、端门、午门的中门进入皇宫。

很快，朱厚熜的母亲蒋氏也从湖北安陆州来到北京，她应该从哪个城门进入皇宫？礼部奏请："圣母到京，宜由东安门入。"朱厚熜母子认为，蒋氏是以太后身份进宫的，要从大明门的中门进城。礼部退一步说，那就从大明门左侧的门进城。朱厚熜母子还是不同意。正僵持着，蒋氏生气了，闹起脾气，干脆不进城了。朱厚熜听说后，就痛哭起来，说不当皇帝了，要"奉母归"——母子都回湖北老家去。这可把大臣们吓坏了，如果他们母子都回老家，空缺的皇位怎么办？最后只好妥协。蒋氏这才从通州起程，由大明门的中门进入皇城，依次走各门的中门，进入皇宫，和儿子朱厚熜团聚。

这两次风波透露出，朱厚熜并没有给弘治皇帝做太子的想法，而是要直接做皇帝，这和朝廷原来的设计是完全冲突的，预示着更大的宫廷礼仪——"大礼议"——的风暴即将到来。

正德十六年（1521年）四月二十二日，朱厚熜在皇极殿（太和殿）登极，年号嘉靖，就是嘉靖皇帝。

嘉靖皇帝坐上宝座后，就要给大行皇帝和自己的亲生父亲上尊号。首辅杨廷和等人主张，尊孝宗弘治皇帝为皇考（古人称死去的父亲为考），而尊兴献王朱祐杬为皇叔父。嘉靖皇帝不同意。这时，刚考中进士的张孚敬（后改名张璁）和桂萼，揣摩并迎合皇帝的意思，提出尊其亲生父亲朱祐杬为皇考，孝宗弘治皇帝为皇伯父。这就意味着，嘉靖皇帝不是继承永乐到正德一脉相承的帝系，而是要开始新的帝系，即从成化皇帝往后是自己的亲生父亲，再到自己，撇开了弘治帝和正德帝。这就是所谓的"大礼议"。

嘉靖帝为了达到目的，首先拉拢首辅杨廷和，先后用加爵位、增俸禄、赏珠宝、赐喝茶等方式，做杨廷和的工作。但是杨廷和不肯顺从，先后四次谢绝了皇帝的封赏，还写了将近三十份奏疏，阐明自己的意见。于是，嘉靖皇帝让杨廷和辞职回家。

嘉靖三年（1524年），杨慎、丰熙等大臣二百余人，为"大礼议"跪在皇宫左顺门外力谏，高呼："高皇帝！孝宗皇帝！"嘉靖皇帝派太监让他们退下，从早到午，他们硬是不退。皇帝下令抓八人震慑一下。其他大臣非但不退，反而大哭，声震阙庭（声音大得震动了宫殿）。嘉靖帝大怒，命太监把这些官员的名字全部记下来，一百九十三人被下诏狱（诏狱是皇帝直接管控的监狱，关的一般都是高官），四品以上官员被剥夺俸禄，五品以下官员一百八十余人被廷杖，致杖死十七人。

最终，嘉靖帝尊弘治皇帝为皇伯考，张太后为皇伯母，他的亲生父亲为皇考、亲生母亲为圣母，并昭示天下。嘉靖皇帝以廷杖、关押、谪戍、免职、减俸、杀头等措施，压制反对意见，使自己的意志得以实现。

接下来是太庙之争。太庙是皇帝的宗庙，供奉皇帝的祖宗。嘉靖帝觉得他的父亲也应该有庙号，牌位也该供入太庙，但这显然不符合明朝朱氏祖宗家法。只有生前是皇帝的人，牌位才能入太庙，而兴献王虽然被儿子嘉靖帝追尊为皇考，但毕竟没有真的当过皇帝，所以根本不够资格。大臣和嘉靖帝相持不下，只好采取折衷办法，在太庙旁边建一座献皇帝庙。嘉靖十七年（1538年）九月，嘉靖帝还是尊他的父亲为献皇帝睿宗，不仅将其牌位入了太庙，而且位子在正德皇帝之上。

南京太庙就更热闹了。嘉靖十三年（1534年），南京太庙被大火烧毁，借这个机会，嘉靖帝下令改变太庙的规制。太庙原来是同庙异室制，就是把先皇帝的牌位都供在太庙大殿里，但是给每位皇帝的牌位隔出单独的隔间。嘉靖帝要改成多庙制，就是给每一位先皇帝都建一座庙，共九座庙，同时在九座庙旁边给自己的父亲建世庙，这样十座庙排在一起，就看不出哪个是太庙，哪个是世庙了。结果，嘉靖二十年（1541年），这些庙全部被烧毁。嘉靖帝认为是上天惩戒，很害怕，于是恢复了原来的太庙，但还是趁机把兴献王的牌位也奉入太庙。

至此，长达二十年的"大礼议"之争才告结束。

所谓"大礼议"，争论的基本内容是封建礼制。礼乐制兴度和祭祀典礼，在封建时代是国家第一等大政。"国之大事，在祀与戎。"（国家最重要的大事有两件：一是祭祀，二是军事。）"大礼议"之争，争论的问题在今人看来似乎是小题大做，但在皇朝时代，这是关乎国家命运和皇室兴衰的大事，直接涉及皇权的强化和削弱。朱厚熜利用手中的皇权，以倔犟性格和执拗偏颇，压制了大多数朝臣的反对意见，取得了胜利。通过"大礼议"，嘉靖帝坐稳了皇位，掌握了皇权。

## 36

## 大江东去
——被贬戍的状元杨慎

前面讲到内阁首辅杨廷和，主持朝政三十八天。杨廷和有一位状元儿子，就是写下千古名篇《临江仙·滚滚长江东逝水》的杨慎。

杨慎（1488—1559），四川成都人，正德朝内阁首辅杨廷和的儿子。杨慎从小聪明，十一岁能写诗，十二岁仿写古文，让年长者惊异。大学士李东阳很赞赏他，收作门下学生。正德六年（1511年），杨慎得了殿试第一，就是中了状元，才二十四岁。杨慎崇拜有学问的人。有一次他路过镇江，专门到丹徒拜见告老还乡的原内阁首辅杨一清，阅览他家的藏书。杨慎提出的问题，杨一清都对答如流，有些原文还能背诵。杨慎既惊讶，又敬佩，于是更加勤奋，博览群书。杨慎常对人说："天资聪明靠不住，德业进步，要从学问中取得。"

杨慎虽然学习考试一帆风顺，但是步入仕途以后，处处坎坷，步步艰难。他继承父亲杨廷和那种忠耿执着的家风，不做佞臣，而做忠臣，却赶上皇帝荒唐固执。

正德十二年（1517年）八月，正德皇帝微服出游，刚出居庸关，杨慎就得到信息，立即上奏，恳切提出意见，劝阻皇帝，因而得罪了皇帝。

正德皇帝病死，嘉靖皇帝即位，杨慎担任给新皇帝上课的经筵讲官，但很快就又得罪了嘉靖皇帝。

嘉靖三年（1524年），杨慎的父亲杨廷和刚辞官回乡，有人推荐杨慎做翰林学士，皇帝采纳。当时嘉靖皇帝重用大学士桂萼等人，他们专门溜须拍马，根本不讲原则。于是，杨慎联同三十六人上了一封奏疏，说："我们和大学士桂萼等人根本就是不一样的人，不能和他们同朝做官，请皇上恩赐，罢斥我们。"嘉靖帝看到奏疏后，勃然大怒，对杨慎加以严厉的斥责，罚俸两个月。

一个月后，杨慎等人为"大礼议"上疏建言，并偕同朝廷大臣跪在皇宫左顺门外力谏，撼门大哭，声彻殿庭。有人奏告皇帝，为首的是杨慎。嘉靖帝气急败坏，命在朝廷上廷杖杨慎等七人。之后，杨慎被谪戍云南永昌卫（今云南保山境）。因为杨廷和在三十八天里借助皇帝遗命，斥逐锦衣卫冒滥官员，这些人企图在路上谋害杨慎，实行报复。杨慎险遭杀害，沿途防范，抱病跋涉万里，到达戍所就卧床不起。嘉靖皇帝每次问起杨慎状况，阁臣都说他又老又病，极力保护杨慎。杨慎听说皇帝对他还不依不饶，情绪更加低落，放纵饮酒。时间久了，杨慎恢复了读书的习惯。在长期遣戍的日子里，他以书为伴，读书不停，写书不停。在明朝文人中，磨难之苦，读书之多，著作之富，文采之丽，骨头之硬，士节之正，推杨慎为第一。

嘉靖八年（1529年），杨慎老父杨廷和病故，杨慎获准回家治理丧事，他办理完丧事后又回到戍所。杨慎七十岁那年曾私自回成都，巡抚派官兵把他抓捕而回。两年后，杨慎患病而死，七十二岁。

杨慎和解缙、徐渭被誉为明代三大才子。解缙前面已讲过，徐渭是一名书画家，开创中国泼墨大写意画派。而杨慎一生，影响最大的作品是《临江仙·滚滚长江东逝水》。

我国古典名著《三国演义》，以杨慎《临江仙·滚滚长江东逝水》开篇；历史电视剧《三国演义》又以杨慎的这首词作为主题歌歌词，这首词因而流传很广，几乎妇孺皆知。杨慎在词中悲怆地唱道：

滚滚长江东逝水，浪花淘尽英雄。是非成败转头空：青山依旧在，几度夕阳红。

白发渔樵江渚（zhǔ）上，惯看秋月春风。一壶浊酒喜相逢：古今多少事，都付笑谈中。

词的上片，开首两句，令人想到杜甫的"无边落木萧萧下，不尽长江滚滚来"和苏轼的"大江东去，浪淘尽，千古风流人物"。"是非成败转头空"是对上两句历史现象的总结，从中可以看出杨慎阅尽人间沧桑，胸怀旷达，情意超脱。"青山依旧在"是在讲地，讲空，讲不变；"几度夕阳红"是在讲天，讲时，讲变化。在时与空、虚与实、人与事、喜与悲的变幻中，杨慎感悟道："滚滚长江东逝水，浪花淘尽英雄。"这一切如日升月落，草木荣枯。

词的下片，展现了一个白发渔翁的形象，独钓江雪，任凭惊涛骇浪，不管是非成败，清酒一壶，友朋夜逢，纵论古今，谈笑而已。大半辈子寂寞悲苦的杨慎，仰观日月运行，俯视江河穿流，沐浴春秋风月，笑看草木荣枯。历史的兴替，人物的悲欢，都只不过是酒中的谈资，助兴的话柄。

杨慎的这首《临江仙·滚滚长江东逝水》，慷慨激昂，悲壮恢宏，亦虚亦实，浑然大气，是《临江仙》中的翘楚之作，时过近五百年，依然震撼人心。为什么呢？因为杨慎有惊世的才华，非凡的阅历，悲喜的家庭，跌宕的人生。杨慎这个人，相门之子，大明俊彦，二十四岁高中状元，前程锦绣。但是，因触犯"龙颜"，遭廷杖，被遣戍，蒙羞辱，离家乡，死戍所，达三十五年。天赋的才华，地画的监牢，奇特的人生，坎坷的经历，使杨慎的心灵拥有更加深刻的人生感悟，使杨慎的词章展现更加淡定的纯净意境，既有大英雄功成名就之后对前景的坦然和豪情，又有大名士落魄孤独之后对名利的淡泊与轻蔑。杨慎一首《临江仙·滚滚长江东逝水》成为千古绝唱，前人所无，后人难再。

杨家一门四代出了"一宰相一状元六进士"："一宰相"是杨廷和；"一状元"是他的儿子杨慎；"六进士"是杨廷和、其父杨春、其弟杨廷仪、其子杨慎和杨惇、其孙杨有仁。在杨廷和的家族中，当代最为人知的、影响最大的就是杨慎。

坚持理想，与命运搏斗，虽可以被摧毁，但不能被征服，这是人们敬仰的风骨。

## 37

## 嘉靖后宫
—— 竟然遭到宫女谋杀

嘉靖皇帝在前朝"大礼议"节节得意之际,后宫接连出现了凶信,皇帝竟然遭到宫女谋杀。

嘉靖帝是明朝后妃最多的皇帝,光是有封号的后妃就有六十多位。但是,嘉靖帝的前两位皇后都是被他吓死的,没有得到善终。

第一位是陈皇后。嘉靖元年(1522年),由张太后做主,她成为嘉靖帝的第一任皇后。嘉靖帝厌恶张太后,所以也就讨厌陈皇后。嘉靖七年(1528年)九月,陈皇后怀着身孕,和皇帝聊天,有两位妃子过来进茶,皇帝拉住妃子的手抚摸,陈皇后就站起来要离开。嘉靖帝立即大怒,吓得陈皇后流产,没过几天便死去了。

当年十一月,嘉靖帝又立张顺妃为第二任皇后。嘉靖十三年(1534年)新年,张皇后伺候嘉靖帝吃饭,提起张太后为弟弟求情,嘉靖帝又是震怒,立即命人剥去皇后的冠服,用鞭子抽打,大声斥骂,张皇后受到惊吓,不久就死去了。

嘉靖帝接连死了两位皇后,没几年,他的母亲又去世了。他们母子感情很深。在嘉靖帝亲生父亲兴献王突然去世的艰难日子里,在刚刚进宫的风波里，母子二人相依为命，蒋太后成为嘉靖帝青少年时期的精神依托和情感支柱。嘉靖十七年（1538年）十二月初四，蒋氏去世，嘉靖帝悲痛不已，精心筹划蒋太后的葬地。

当初，兴献王死后葬在其封地湖北安陆州境内的松林山。"大礼议"后，兴献王被尊为献皇帝，陵墓升格为显陵，松林山获封纯德山，安陆州改为承天府。考虑到承天离北京太远，嘉靖帝有意将显陵北迁，与蒋太后合葬在北京天寿山长陵之西的大峪山。然而，嘉靖帝从大峪山视察返京后，变了主意，打算把蒋太后梓宫南祔（fù）显陵，就是把他母亲的棺材送回南方老家显陵合葬。但是，显陵的情况如何呢？嘉靖帝决定亲自去一趟看看，于是就有了所谓的"嘉靖南巡"。

为了让母亲遗体归葬故里，嘉靖十八年（1539年）二月十六日，嘉靖帝启程南巡，考察兴献王的显陵。扈从的官员有大学士夏言、礼部尚书严嵩等重要大臣，一百二十名锦衣卫官校和八千名旗校前呼后拥。二十八日，队伍抵达河南卫辉境内，忽然有股旋风绕着皇帝不散。嘉靖帝很惊恐，慌忙问随行的道士陶仲文："这个兆头主凶还是主吉？"陶仲文说主凶，要发生火灾。皇帝令陶仲文作法事禳除火灾。但陶仲文说："火灾不可免，可以谨慎保护皇上罢了！"当天夜里四鼓时分，行宫突然起火。火借风势，越烧越旺。慌乱中，侍卫们竟然找不到嘉靖帝在哪里。幸亏锦衣卫指挥使陆炳镇静不乱，把被火海包围的皇帝背到安全地带，嘉靖帝侥幸脱险。

经过二十六天长途跋涉，嘉靖帝回到阔别十八年的故居。三月二十四日，嘉靖帝离开承天府，踏上归途。同年闰七月，蒋太后梓宫跋山涉水，运抵承天府，与兴献王合葬于显陵。

嘉靖帝为了长生不老，长期吃丹药，性情格外暴躁，残酷虐待宫女，无端打骂折磨，使她们身心受到严重摧残，处于极其悲惨的境地，导致嘉靖二十一年（1542年）十月二十一日夜里，发生了一次宫变，嘉靖帝差点丢掉了性命。

明朝皇帝的寝宫在乾清宫，这天夜里，嘉靖帝已经熟睡，杨金英等十几个宫女便溜进他的寝宫，准备将他勒死。她们用丝绳拴好绳套，套在嘉靖帝的脖子上，然后有的用黄绫抹布蒙住皇帝的脸，有的掐脖子，有的压前胸，有的按住胳膊、腿，还有三位宫女使劲拉紧绳套。但是，因为太慌张了，绳套打成死结，宫女拉了好久也没把皇帝勒死。有个宫女见事不成，发生动摇，跑去报告当时的皇后——方皇后。

方皇后闻讯赶来，见皇上气息已绝，急忙派太监去找值班的御医许绅。许绅进来，见皇帝已经断气，就死马当活马医，急忙调猛药灌下去。过了六个小时，嘉靖帝才口吐紫血，多达数升，苏醒过来。不久，许绅就病了，说："因为宫变的事，我自知不能救活必遭杀身，受到惊吓，不是药石所能治的。"不多久，果然死去。许绅，北京人，曾经为太医院领院事，并因救活了嘉靖帝而晋为工部尚书。明朝医官显赫至尚书的，只有许绅一人。

嘉靖帝虽被抢救过来，但因惊吓过度，器官受到损伤，身体病弱，不能理事，对"谋逆"宫女的处置，由方皇后主持。

方皇后把参与这件事的十六名宫女凌迟处死，还顺便以"参与其事"的"罪名"，把嘉靖帝宠幸的端妃曹氏和宁嫔王氏都凌迟处死了。

嘉靖帝缓过来后，因为宠妃被处死，对方皇后怀恨在心。嘉靖二十六年（1547年），后宫发生大火，方皇后被大火困在宫里，嘉靖帝竟然阻止抢救方皇后。方皇后虽然没有被当场烧死，但是因为烧伤和惊吓，十多天后就去世了。这是第三任皇后。此后，嘉靖帝不再立皇后。

再说说嘉靖帝的子女。嘉靖帝先后有八子五女，但大多都早死。最让他痛心的是皇太子朱载壑，不到四岁被立为太子，非常聪明，稳重懂事。嘉靖二十八年（1549年），嘉靖帝为十四岁的太子举行加冠及讲学典礼。谁知两天之后，太子忽然患病，竟然死了。太子死后，嘉靖帝就剩下两个儿子，他长期不敢立皇太子，就是怕儿子成了太子会遇到凶险，可是到嘉靖四十四年（1565年），又死了一个二十九岁的儿子。到他去世的时候，就剩下一子一女。皇子、公主相继去世，给嘉靖帝带来极大的痛苦甚至恐惧。

嘉靖帝后宫不宁，连续三位皇后都不得善终，皇子、公主大多早亡。他又遭宫女绳勒气绝，宠妃被连带处死，真是一地鸡毛，不可收拾。嘉靖帝因此情绪消沉，更加沉迷于方术丹药，从嘉靖十九年（1540年）开始，二十多年基本不上朝。宫变之后，他从乾清宫搬出，住到西苑的西宫。

## 38

## 搬进西宫
—— 炼丹吃药求长生不老

明朝的皇帝,多数尊儒崇佛,嘉靖皇帝则痴迷方术,从祈求消灾到祈求生子,再到祈求长生不老,越来越痴迷,越来越疯狂。他在乾清宫差点被宫女勒死以后,就搬到西宫,祷祀日举(每天都祷告祭祀),土木岁兴(每年都大兴土木),郊祀不亲(祭天这种国家祭祀不去参加),朝讲久废(上朝、经筵日讲这些皇帝的本职工作都长期不做)。这是怎么回事呢?

嘉靖三年(1524年),嘉靖帝征召了一名来自江西龙虎山上清宫的道士邵元节,封他总领天下道教,赐金印、银印、玉印、象牙印各一方。这是嘉靖帝沉迷方术的开始。

开始是祈求生子。嘉靖十年(1531年),已经结婚近十年、二十五岁的嘉靖帝一直没有子嗣,就在皇宫御花园的钦安殿设立醮(jiào)坛(道士祭神的坛场),祈求生子。皇帝亲自行礼,文武百官争先跟从,香火缭绕,弥漫皇宫。

在后来的几年,嘉靖皇帝果然有了几个皇子,他认为这是设立醮坛祈求生子的结果,于是更加频繁地举行斋醮,除了钦安殿,又在皇宫北面的煤山和北海之间建造大高玄殿，举行安神大典。

对邵元节，嘉靖帝是极尽恩宠，官拜礼部尚书，赐一品官服，还为他建府第，赐禄米，授庄田三千亩，派校尉四十名，封赠他的父母，授官他的子孙。嘉靖十八年（1539年），邵元节病死，嘉靖帝又开始宠信道士陶仲文。前面讲过，嘉靖帝南巡的时候，陶仲文预卜了卫辉行宫火灾。后来皇太子出痘，陶仲文祈祷祛病，皇太子的病好了。于是嘉靖帝对他的恩宠超过邵元节。后来陶仲文又病死，并没有成仙。嘉靖帝应想一想：这两位大仙都没有长寿，自己能长寿吗？神仙都会病死，自己怎能成仙呢？但是，嘉靖帝随着年龄的增长，更加追求长生不老，炼丹吃药，执迷不悟，越陷越深。

有两位御史上书，说皇帝求子要靠施仁政，不能靠求神仙，嘉靖帝把这两位御史贬到边境去充军。一位翰林上书规劝，被下狱拷打，贬戍边地，永不叙用。御史杨爵上疏，力陈崇道的问题，驳斥妖邪之妄。嘉靖帝震怒，将杨爵下诏狱。杨爵在狱中遭受酷刑，几次被打得昏迷。此后，以严嵩为首的内外官员争相谄媚取悦，没有再敢建言的大臣。

在皇宫西侧原来有燕王的旧宫，"壬寅宫变"之后，嘉靖帝把这里改为永寿宫，住进这里，因为此地在皇宫西侧，俗称西宫。西宫周边逐渐形成一个庞大的建筑群，除了永寿宫之外，以玄极殿为拜天之所，相当于皇宫的奉天殿；以高玄殿为内朝之所，相当于皇宫的文华殿；又建清馥殿，作为行香之所；后来还建了斋宫、紫宸宫、万法宝殿等。嘉靖四十年（1561年）十一月二十五日，永寿宫被烧毁。当时正兴皇宫三大殿工程，于是分拨建筑材料，再建永寿宫。不到三个月，永寿宫告成，当天徙居，赐名万寿宫。直到嘉靖帝的儿子隆庆帝继位后，命把万寿宫夷为平地。

在长达二十多年的时间里，嘉靖皇帝住在西宫，不再临朝听政，内阁大臣也不去文渊阁上班,而到西宫上班。那么,嘉靖帝在西宫做什么呢?

第一件事,就是举办各种斋醮活动。

这里就发生了历史笑话,或者叫历史丑闻。在举行斋醮时,献给天神的祝辞是用红笔写在青藤纸上的,所以叫青词,辞藻华丽,对仗工整。嘉靖帝在西内的无逸殿安排了一个为他撰写青词的写作班子,每日值班,随时应召。这个写作班子没有道士,全是重要的官员,如太师郭勋、大学士夏言、礼部尚书严嵩以及文丑袁炜等。

翰林侍读袁炜撰写青词,最受皇帝宠幸。嘉靖皇帝有时半夜想起有事要让天神知道,就写个条子,让太监递给值班的大臣。袁炜下笔立成,辞藻华丽,表意细微,受到皇帝称赞。嘉靖帝在西宫养的一只狮子猫死了,就命儒臣为狮子猫撰写悼文。诸位大臣都借口题目难作,故意推辞。唯有这个佞臣袁炜,写了一篇吹嘘拍马的青词,说"化狮成龙",就是这只狮子猫死后成龙了。嘉靖帝看后,龙颜大悦。由于擅长写青词,袁炜官阶直升到户部尚书、礼部尚书、武英殿大学士、建极殿大学士。袁炜品性极差,道德败坏,无耻之尤,后来死在回家的路上,年五十八,人皆恨之。

嘉靖在西宫做的第二件事就是炼丹吃药,祈求长生。

有一位无锡进士顾可学说,用童男童女的尿液炼制成药,可以长生不老。嘉靖帝任命这个人为工部尚书、礼部尚书、太子太保,领大学士的俸禄。时人嘲笑说:"千场万场尿,换得一尚书。"嘉靖皇帝还吃一种"先天铅丹"。这种丹药用少女经血炼制,所以他先后三次大选幼女和少女入宫——一共七百六十名八到十四岁的幼女和少女,以备炼丹。

有一位国子监生叫王金,杀人潜逃,藏在通政使赵文华家。王金把一种仙酒献给赵文华,赵文华又献给嘉靖帝。一天,嘉靖帝要各地派人采集灵芝，于是四方献来灵芝，汇聚在御苑。王金贿赂太监，得到灵芝一万株，聚成一座小山，起名叫"万岁芝山"，献给嘉靖皇帝，接着，又伪造五色龟献给皇帝。嘉靖帝大喜，派官去太庙把这种祥瑞之兆告诉祖宗。那个无耻之尤的袁炜也上表祝贺。王金又把自己做的金石丹药献给皇帝，嘉靖帝竟然吃了，还觉得精神较好。但没多久，嘉靖皇帝病重，留下遗诏，说罪过在王金等人，命令把王金下狱论死。

西苑万寿宫像一面镜子，将嘉靖帝沉迷方术、重用小人、胡作非为、专制滥权和他的丑恶灵魂映现得淋漓尽致。这也警醒后来人，皇权应当被约束，君权必须受监督。

## 39

## 撵出皇宫
### ——扭曲的父子关系

世上哪有不爱儿子的父亲呢？嘉靖皇帝也有过无子的焦虑、得子的喜悦，未尝没有舐犊之爱、骨肉之情，但是这些感情都被他扭曲了。他的情感世界里充满了对衰老、死亡、传位的恐惧，充满了对权位、长生的追求，这些压倒了血脉亲情。沉迷修炼得道的嘉靖皇帝祸害了国家，祸害了自己，也祸害了子孙。他的继承人、皇三子裕王朱载垕[①]（hòu），就是在这种扭曲的父子关系中度过了窝囊的二十九年。

嘉靖帝有八个儿子，其中，有五位皇子都未满周岁夭折了，成年的只有皇二子、皇三子和皇四子。

嘉靖十八年（1539 年）二月，到不四岁的皇二子朱载壡被册立为皇太子，两岁的皇三子朱载垕被封为裕王，比他小一个半月的皇四子朱载圳同时被封为景王。嘉靖二十八年（1549 年）三月，嘉靖帝为皇太子举行加冠礼，谁料刚过了两天，十四岁的皇太子朱载壡突然病死。嘉靖帝

---

[①] 据《明世宗实录》卷二百记载，嘉靖十六年五月己卯朔，上命皇第三子名载垕（jì）、第四子名载圳，上亲告太庙；遣公张瑢、伯陈鏸，辅臣夏言，尚书顾鼎臣、许讚、严嵩、张瓒祭告七庙；侯郭勋祭告献皇帝庙；令宗人府登籍《玉牒》。

身边的方士陶仲文提出,"二龙不得相见",就是两条龙不能同时出现。嘉靖帝从此就跟皇三子、皇四子隔离了,儿子过年过节前来问安,他也尽量不见面。不仅不见面,他还给他们建造了裕王府和景王府。到嘉靖三十二年(1553年)春天,竟把还没有结婚的裕王和景王撵出皇宫,搬到皇宫外的王府居住。所以裕王从小就没得到过什么父爱。

得不到皇父之爱的裕王想得到母爱,也受到皇父的阻挠。裕王住到宫外的王府之后不久,生母病重,裕王不能进宫探望。生母死了之后,葬仪被皇父一再贬低。亡母备受冷落,寒的是儿子裕王的心。

裕王不仅受到皇父的疏远,而且俸禄也不能按时发放,曾经连续三年没有俸禄,裕王府的生活极为窘迫。怎么办呢?裕王身边的官员花费千金,贿赂宰相严嵩的儿子严世蕃。严世蕃见钱高兴,嘱咐户部官员补发三年欠俸。

嘉靖三十四年(1555年)十月,裕王给嘉靖皇帝生了一位长孙。但是裕王长期见不到皇父,自己生了儿子,也不敢奏告皇父,更不敢声张。嘉靖帝最喜欢的一位宫女把这个好消息告诉了嘉靖皇帝,谁知皇帝立即发怒,把宫女赶走,吓得身边的人直发抖,不明白是怎么回事。按照制度,礼部请示说,长孙出生了,要告祭郊庙、社稷,诏告天下,令文武群臣称贺。没想到嘉靖帝却说:"这些礼仪都是皇太孙之礼,这孩子还不是皇太孙呢,派官奏告玄极宝殿及奉先殿就行了,群臣不必称贺,也不必颁诏天下。"这位将近五十岁才当了爷爷的皇帝对长孙的出生非常冷漠。礼部侍郎闵如霖上贺表说:"庆祝贤王有了皇子,祝贺圣主有了皇孙。"没料到嘉靖帝竟然大怒,一边用宝剑敲打贺表,一边高声喊道:"斩了他,斩了他!哪能先贺儿子后贺我呢?"

嘉靖帝为什么要这样对待裕王呢?除了前面提到的他认为二龙不能相见外,还有一个深层原因。嘉靖帝追求的人生目标是八个字:长生不老,永坐皇位。然而,皇子、皇孙的存在,让他担心要让出皇位,皇子、皇孙的长大,就表明他的年老。嘉靖帝对长生不老和皇位的狂热贪求,扭曲了皇家父子亲情,给裕王带来无尽的痛苦和困惑。

最折磨裕王的是,自己的皇太子名分始终没有明确,步步悬疑,频频出险。本来,皇太子朱载壡突然病死后,按照长幼顺序,裕王应该被立为皇太子。但是嘉靖帝直到去世也没有再立太子。他不仅不立皇太子,而且还故意把裕王朱载垕和景王朱载圳放在一个平等的位置,一切礼仪待遇都以"二王"并称,"二王"同时分府,同时结婚,同样冠服,同样俸禄。这样看似平等,实际上降低了裕王作为长兄的地位。所有请立皇太子或提出"二王"应出阁讲读、行冠礼、定婚期、册封王,应长次有序、有所区别以及裕王应留在宫里等的大臣,都遭到嘉靖帝的拒绝和打击。如太仆杨最建言被杖死,赞善罗洪先建言太子应出阁读书,被削籍为民。

皇帝对立储的暧昧态度,使朝臣们都卷入了"二王"争立的政治旋涡里。史料记载,"二王"出宫分府结婚后,人们议论纷纷,首辅严嵩的儿子严世蕃找到裕王府官员高拱,试探底细,高拱也含糊其词。至于裕王朱载垕,更是深深陷入忧郁和恐惧之中。

当然,裕王也并不是孤立无援的。在朝廷里,有大学士徐阶等一派政治力量,而在裕王府,则有一个老师群体,他们全是翰林出身,有编修、侍讲、侍读等,虽官阶不高,但影响很大,而且始终维护和忠诚于裕王,希望有朝一日能辅佐裕王做一番事业,他们是高拱、陈以勤、殷士儋(dān)、张居正等。他们给裕王确定的对策是,打造裕王"好皇子"的形象。督促他克制自己的欲望,收敛自己的嗜好,韬光养晦,谨慎从事,避免出错,逆来顺受,委曲求全,塑造一个忠君孝父、沉稳持重、循分守礼、生活简朴、妃子稀少、处事谦和的形象。

嘉靖四十四年（1565年），裕王的竞争对手景王突然病死，嘉靖帝也病入膏肓。裕王对皇父倍加恭孝，在府里设醮，为皇父祈福祈寿，派王府太监到宫门问安，博得仁孝的美名。就这样，裕王以超常的忍耐、惊人的毅力，等待继承皇位的那一天。因为这个时候，嘉靖帝的八个儿子已经死了七个，只剩下皇三子裕王朱载垕，所以，嘉靖帝皇位的继承人只有一个，别无选择。后来，裕王朱载垕果然继承皇位，这就是隆庆皇帝。

但是，裕王朱载垕在青少年时期，因扭曲的经历、扭曲的教育和扭曲的家庭，出现了扭曲的性格，这就使得他人性中"恶"的一面没有被"善"化，而是被隐藏和包装起来，一旦地位独尊，大权在手，受到长期压抑的他就开始疯狂放纵，极端任性。他在位仅仅六年，就在三十六岁的盛年死去。

## 40

## 海瑞上疏
——嘉靖晚年的当头一棒

海瑞是什么人,他上了一份什么内容的奏疏呢?接下来讲海瑞上疏——嘉靖晚年的当头一棒。

从嘉靖四十一年(1562年)开始,嘉靖帝步入生命的最后五年。海瑞上疏,让嘉靖皇帝震惊、愤怒,也让他反省、思考。国事和家事交织,伴随他生命的谢幕,风雨飘摇,一一展开。

海瑞(1514—1587),字汝贤,琼山(今海南省海口市琼山区)人,刚直不阿,颇有声名,长期在地方做官,直到嘉靖四十三年(1564年),升户部主事,也就是户部的处长,成为京官。当时嘉靖帝在位四十多年,已经二十多年不上朝,深居西宫,沉迷方术。而朝廷的风气是,督抚大吏拿着薪水,不务正事,争着献青词、献祥瑞,阿谀奉承;小官则害怕引火烧身,不敢吭气,对于时政,没有敢说真话的。海瑞看到这种情况,特别愤恨,心情急切。于是,海瑞在嘉靖四十五年(1566年)二月,冒死上疏谏诤。

海瑞的上疏主要写了四个方面的内容。

第一,指出嘉靖帝的过失及严重后果。他说:"陛下的锐意进取没有持久,被妄念牵之而去,才能用错了地方。您一意修真,耗竭了民脂民膏,滥兴土木,二十多年不上朝,法纪太松弛了。特别举三个例子。第一个例子,是听信所谓'二王不相见'的谬说,认为皇帝和皇子不能见面,所以疏远皇子,不立太子,使别人觉得您父子薄情;第二个例子,是猜疑、诽谤、殴打、侮辱臣下,使别人觉得您君臣疏离;第三个例子,是乐西苑而不回宫,使别人觉得您夫妇薄情。现在官吏又贪又横,民不聊生,水旱无时,盗贼猖獗。陛下试着想一想,今日天下,为何成为这样了呢?"

第二,指出朝臣阿谀欺君之罪及原因。他说:"天下之人,见不到陛下,时间已经很久了。在历史上,人君有过错,要靠身边的臣工匡弼。可是如今您沉迷方术,臣工抢着进香;您喜欢仙桃天药,臣工写辞表贺;您建宫筑室,匠作竭力经营;您购香买宝,钱不够了帮您筹措。陛下误举之,而诸臣误顺之,没有一人肯为陛下说句正话、实话,都是拼命阿谀。这些朝臣们的欺君之罪,应该如何处置?!"

第三,指出嘉靖帝求长生成仙的荒诞。他说:"陛下的错误很多,主要错在斋醮。您斋醮是为了求长生。自古圣贤垂训,修身立命要'顺受其正',就是要走正路,没听说有所谓长生之说。尧、舜、禹、汤、文、武,圣人之盛,也不能久存,也没见过方士从汉、唐、宋活到今天的。陛下向陶仲文学习方术,他已经死了,他不长生,而陛下为什么非要求长生呢?至于仙桃天药,尤其怪异。桃子需要采摘后才能得到,桃子怎么能自己到您桌上?药物需要制造后才能做成,怎么会不制而成?如今无故获得的这两样东西,它是有脚走过来的吗?说是天赐的,天有手可以把东西拿给您吗?这是左右奸人编造的,是欺骗陛下,而陛下竟然相信,太过分了。"

第四,指出嘉靖皇帝重振朝纲的前景。他说:"陛下,您其实也知

| 海瑞上疏 |

道斋醮无益，一旦幡然悔悟，每天上朝，与宰相、侍从、言官讲求天下利害，以洗去数十年积存的失误，这样，您就可以置身于尧、舜、禹、汤、文、武之间，各位大臣也得以自洗数十年阿谀皇帝的耻辱，天下何忧不治，万事何忧不理。实现这个理想的局面，不过就在陛下一振作之间而已。如果您放弃这个机会，那么劳苦终身，而终于无所成也。"

海瑞上疏，酣畅淋漓，正气凛然，动之以情，晓之以理。我们今天在时隔四百多年之后再读这份奏疏，仍然能够真切地感受到海瑞忠君爱国的炽热情怀。

嘉靖帝看到这份奏疏，他的反应，先是暴怒。"帝得疏，大怒，抵之地，顾左右曰：'趣执之，无使得遁！'"（嘉靖帝看到海瑞的谏疏，大怒，扔到地上，对左右说："把他抓来，别让他跑了！"）宦官黄锦在旁边说："此人向来以固执而出名。听说他上疏之前，自知得罪皇帝当死，已经买了棺材，诀别妻子，在朝廷待罪，僮仆也都遣散了，他是不会逃跑的。"

嘉靖帝暴怒之后，便是默然。过了一会儿，嘉靖帝又取过奏疏，仔细读，一天读了好几遍，留在身边几个月。在这期间，嘉靖帝曾经说："此人可方比干，第朕非纣耳。"（这个人好比批评商纣王的比干，但我不是商纣王啊！）嘉靖皇帝为此大病一场。

怎么收场呢？嘉靖帝烦懑不乐，召大学士徐阶商量，想把皇位禅让给儿子。他说："海瑞说的都对，但是我如今病得很久了，怎么能上朝处理政务呢？"又说："我自己不谨慎珍惜，得了病。如果我能上朝理政，何至于受到这个人的批评？"为了解恨，嘉靖帝将海瑞下诏狱，追查谁是主使者。这个案子又移到刑部，刑部给海瑞拟判死罪。嘉靖帝定判了海瑞死罪，但把他的谏疏留中了，就是留在身边，没有扩散。

海瑞上疏对嘉靖皇帝的震动非常之大，他病得更重了，打算重回故地承天府。他对首辅徐阶说:"我病了十四个月,打算南巡承天,祭拜父母陵墓。而且我吃的丹药,到原生之地效果会更好。诸王不必朝迎,从官不用来朝会了,我用卧辇出行,到七月再回北京。"徐阶从安全、健康以及国家安定等几个方面给他做了分析,恳切劝他打消这个念头。一贯固执的嘉靖皇帝这次没有坚持。

嘉靖帝四十五年前离开故土来到北京,当年十五岁的少年已经是六十岁的老人,这期间只有在三十三岁时为了母亲遗体安葬之事回到故乡一次,此后就一直没有再回去过,也没有亲自到陵前祭奠父母。嘉靖帝的这种思乡之情应是真挚的。但是,直到这时,他还是考虑回到故乡吃丹药,以为效果可能会好,真是不可救药了。

嘉靖四十五年(1566年)十月,嘉靖皇帝到万法坛祈祷,被雨淋湿,回到西宫后,口吐白沫,胸中憋闷,病情加重,从此卧床不起。拖到十二月十四日晨,嘉靖皇帝突然昏迷,身边的侍从赶紧把他从西宫抬回乾清宫,当天中午皇帝驾崩,享年六十岁。这是他二十四年来唯一一次躺在皇帝的寝宫乾清宫里。

嘉靖皇帝死时,海瑞还没被处死,正关在牢里。提牢主事听说嘉靖帝死讯,便设酒肉款待海瑞。海瑞以为要赴西市被斩首,便大吃大喝起来。主事在海瑞耳边说:"皇帝刚死了,先生会马上出狱,获得大用!"海瑞问:"真的吗?"随即大哭,把吃的东西都吐了出来,昏倒在地;醒来后,又哭了个通宵。果然,嘉靖帝死,海瑞获释,官复原职。

## 41

## 隆庆登极
—— 皇帝又懒又贪,怎能实行新政?

16世纪中叶,明朝处于国势衰落、危机四伏的阶段。自明英宗"土木之变"以后,明朝从辉煌年代步入下滑的轨道。特别是经过正德和嘉靖六十年的折腾,国家千疮百孔,百废待兴。时代呼唤一位"中兴之君",而隆庆皇帝做到了吗?

隆庆皇帝朱载垕继位以后,立即实行新政,就是打着嘉靖的旗号,把嘉靖的政令都反过来。

第一,宣布大赦。对因为向皇帝建言而受迫害的官员,给予平反、复职、重用、追谥、褒恤,并惩办谄媚助恶的官吏。

第二,禁止斋醮,拆毁道观神坛,逮捕、惩治方士。

第三,对嘉靖皇帝的生父、生母削减祭祀礼仪等级。

第四,停止土木营建,免去部分过去拖欠的赋税,减轻民间负担。

除了国家大政,隆庆帝还把自己家里被扭曲的家庭关系翻转过来。他最耿耿于怀的是生母杜康妃受到的不公平待遇,因此给予彻底翻转。

接着,隆庆帝又抓紧为年已五岁的儿子举行命名典礼,给这个孩子正式取名为朱翊钧。隆庆二年(1568年)又立朱翊钧为皇太子,这就是未来的万历皇帝。隆庆六年（1572年），朱翊钧十岁，隆庆帝为他举办了冠礼。钟粹宫是东六宫里的一组宫殿，原来叫咸阳宫，嘉靖十四年（1535年）改名为钟粹宫。隆庆五年（1571年）改钟粹宫前殿为兴龙殿，后殿为圣哲殿，特意安排皇太子朱翊钧（万历帝）住在这里。

隆庆帝登上皇位后，倒是不修玄、不养道士，但是他完全脱掉了"好皇子"的外衣，成为一个懒惰、贪财、贪玩、好色的皇帝。他的缺点主要表现在四个方面。

第一，特别懒惰。隆庆皇帝的懒惰主要表现在怠政。隆庆改元刚刚十天，他就连续宣示"免朝"。隆庆帝三十岁继位，正是精力旺盛、年富力强的年华，但他表现为"四个很少"——很少上朝听政，很少批览奏章，很少经筵日讲，很少躬祭庙祀。即使上朝，也是不咨询、不表态、不批示、不干事。朝臣上奏谏言，他也不理不睬。

第二，特别贪财。史书说他想把天下库藏都转到内库里，供自己享用。明朝的库银主要分为两种：一是库银，就是户部账上和库里的银钱，也就是国家或国库的银钱；二是帑（tǎng）银，是皇帝账上和内库的银钱，也就是皇帝的私房钱。库银，皇帝可以下令动用，但必须经过户部；帑银，皇帝可以不通过户部，直接花销。隆庆帝就从国库拨钱入内帑，归他个人支配。

第三，特别贪玩。隆庆帝像他皇父一样爱玩，喜欢瓷器、珠宝等。如瓷器，一次就谕旨景德镇御器厂烧造瓷器十多万件套。隆庆帝还特别喜欢黄金，用户部的六万两银子买黄金一万两，给自己使用。有了黄金，还要珠宝，骚扰天下。这些白银、黄金、珠宝、瓷器，供隆庆帝在后宫挥霍享受。

第四，特别好色。隆庆帝一再下诏，多选宫人，每次都在三百人左右，为此竟在江南地区引发"拉郎配"的风潮，也就是为了不被宫里选走,父母不惜把女儿匆匆嫁给不般配的夫家。他频繁封授妃子,甚至临死前一个月还封了四位妃子。

以上这些,看似纵情享乐,荣华富贵,实际上是以透支身体、危害国家作为代价。由于色痨(可能是今天所说的结核病)引发中风,朱载垕做了六年皇帝就病死了,年仅三十六岁。

好皇子变身如此皇帝,叫人怎么不担心,国家怎么办?内阁辅政帮了大忙。隆庆朝始终有一个强势内阁在运转主政。

隆庆朝先后入阁任大学士的有九人,时称"九相"。内阁首辅,先后有三人。

第一位首辅是徐阶(1503—1583),今上海人,小时候刚满周岁就掉入枯井里,被救出三天后才苏醒;五岁随父出行,从山上摔下,幸好衣服挂在了树上,得以不死;后来科举考试中了探花,就是鼎甲的第三名。他于嘉靖三十一年(1552年)入阁,嘉靖四十一年(1562年)任首辅,在嘉靖、隆庆交替时,颁布一系列措施,纠正前朝弊病,有较高声誉。

第二位首辅是李春芳,在徐阶退休后接替其做首辅。李春芳是嘉靖二十六年(1547年)状元,为人温和,诚心笃行,渊学宏才,但是受高拱排挤,主动请求致仕,也就是退休回乡,后来得到善终。

第三位首辅是高拱,原为隆庆帝在东宫的老师,因徐阶推荐入阁,后来继任首辅。

此外,还有一位大学士,虽不是首辅,但地位迅速上升,才干得以展现,他就是张居正。他后来作为唯一一名隆庆朝大学士进入万历朝内阁,并成为首辅。

因为这个强有力的内阁始终在正常运转,隆庆朝在不到六年的时间里,完成了明朝历史上的两件大事。

第一件大事,就是实现明朝与北方蒙古俺答汗的"隆庆和议"。自正统以来,蒙古接连骚扰,烽火连绵,京师戒严,不得安宁。"隆庆和议"之后,边费由每年近百万两减到二三十万两,而且西北部边境数十年维持和平,直到明末。

第二件大事,就是任用戚继光等抗倭,取得胜利,开放海禁,发展贸易,也就是"海上丝绸之路",并允许民间在海上贸易,重启中西文化交流的大门。

这两项业绩使隆庆帝的懒惰和放纵,似乎在人们的视野中变得无足轻重了。其实,功是功,过是过。正确的历史态度是,肯定功绩,为后人提供历史经验;批评过错,为后人提供历史借鉴。

## 42

## 父子帝师
——给皇帝当老师是怎样的体验?

明朝皇太子有老师,小皇帝也有老师,这样,帝师的数量就比较多。明朝唯一的一对父子帝师、父子宰相,就是陈以勤和陈于陛。父亲陈以勤是裕王朱载垕的老师,在裕王继位做了隆庆皇帝后,他当了宰相;儿子陈于陛是皇太子朱翊钧的老师,在朱翊钧登极做了万历皇帝后,他也当了宰相。

陈以勤(1511—1586),四川南充人,嘉靖二十年(1541年)进士,选庶吉士,授翰林院检讨,迁修撰(从六品),进洗(xiǎn)马(从五品)。这个"洗马",不是给太子马匹洗澡,而是管太子事务的官员。这个官名,本来作"先马",汉朝东宫出行时在马前先导,后掌管图籍等事务,《明史》说掌管经史子集、制典、图书的编辑之事。

裕王分府后不久,陈以勤就进入裕王府工作。当时正赶上皇子激烈争夺太子之位,是裕王最困难的时期。陈以勤为人淡泊,性格内向,但聪慧敏捷,言语谨慎。一天,严嵩的儿子严世蕃背着其他人跟陈以勤和高拱说:"听说裕王殿下最近疑心,他说皇上什么了吗?"高拱就开玩笑打岔儿,陈以勤却严肃地说:"国本已经默定很久。裕王出生以后,名朱载垕,名字从后从土,这就是为君的意思。过去诸王讲官止用检讨,今天还兼用编修,和其他王不同,这是什么意思您应该明白。您常说首辅是社稷之臣,您怎么能说这种话?"严世蕃说不出话来,默然离开。从这件事可以看出,陈以勤是位正直磊落的人。

陈以勤在裕王身边做讲官九年,虽有羽翼之功,却无张扬之意。裕王曾经写下"忠贞"二字,赐给老师陈以勤。陈以勤掌管翰林院,后升礼部侍郎,执掌詹事府,裕王府的书面文字,大多由陈以勤执笔。陈以勤多次劝谏裕王,要管好自己人,看好自家门,从多方调理,保护裕王。

嘉靖帝死后,三十岁的裕王即位,就是隆庆皇帝。陈以勤作为裕王府的旧臣,上书说了十件事:定志、保位、畏天、法祖、爱民、崇俭、揽权、用人、接下、听言。其中揽权、听言两条,尤其殷切。隆庆帝下诏,表扬他忠愍(mǐn)。隆庆元年(1567年)春,陈以勤升为礼部尚书兼文渊阁大学士,又加少傅兼太子太傅,改武英殿大学士。针对隆庆皇帝的贪婪,陈以勤一再上疏,劝皇帝崇尚节俭:宫室之奉,还用原来的;车驾、服装、饮食,都加以裁省;宫中多余的人、奇巧的玩物、没有来由的礼物、无节制的索取,都要放弃掉。但是隆庆帝都没有听进去。

隆庆帝既怠政又怠学,很少御门听政,也很少听老师讲课。太监、妃嫔、宫女、佞臣、奸臣围绕在皇帝左右,陈以勤还是坚持请皇帝励精修政,学习经典。皇帝有时心动,想有所举措,但还是落空。

隆庆四年(1570年),陈以勤又向皇帝建言:慎重用人,惩治贪官,广用人才,训练民兵,重视农谷。以上建议得到皇帝的表扬和认可,下到有关部门商议。当时高拱掌管吏部,对陈以勤心怀嫉妒,使陈以勤的改革建议落空了。

内阁宰辅高拱和徐阶不和,明争暗斗。朝中大臣各找靠山,互相攻击，但陈以勤中庸不阿，也没有私人攀附。后来徐阶下野，赵贞吉入阁，高拱又和赵贞吉互掐。等到张居正入阁，内阁斗争更为复杂。陈以勤和高拱为旧僚，和赵贞吉为同乡，而张居正则为新科进士，也不能调解，因此陈以勤请求辞职。隆庆帝念老师之恩，给他吏部尚书衔回乡，享受乘驿站舟车回乡的待遇。

陈以勤在家乡生活十年，七十大寿的时候，隆庆皇帝颁银币祝贺，而且敕有司去慰问。又过六年，陈以勤病死，赠太保，谥文端。陈以勤究竟是位老师，是位书生，而不是政客，也不是佞臣，知进知退，晚节清誉。后来高拱被赶出内阁，仓皇出国门，叹道："南充，哲人也。"南充，就是南充人陈以勤。

隆庆帝在批准陈以勤退休回乡时，就把陈以勤的儿子陈于陛召到身边重用。

陈于陛（1543—1596），隆庆二年（1568年）进士，选庶吉士，授编修。这年，朱翊钧被立为皇太子，年六岁。隆庆四年（1570年），二十八岁的陈于陛被隆庆帝召到身边，给年仅八岁的太子朱翊钧做日讲官。两年后，隆庆帝去世，十岁的朱翊钧继位，这就是万历皇帝。万历初年，陈于陛参与编纂嘉靖、隆庆两朝实录，做侍讲学士，执掌翰林院。

万历十九年（1591年），陈于陛官拜礼部侍郎，负责詹事府的事务，主要就是为太子服务，后任吏部左侍郎，教习庶吉士。他奏言："元子不当封王，请及时册立，读书学习。"又请皇帝早朝勤政。皇帝都没有批复，但是又提拔他做礼部尚书，仍领詹事府事。

陈于陛上疏说："臣考史家之法，纪、表、志、传，称作正史。"他引据宋朝的例子，建议皇帝下诏，设局编修明史，万历帝下诏从之。

同年夏天，首辅王锡爵退休，陈于陛升为礼部尚书兼东阁大学士。

他向皇帝建言六件事：亲大臣（亲近大臣），录遗贤（录用被遗漏的贤才），奖外吏（奖励派到边远地区的能官），核边饷（查核边防的饷银），储将才（储备贤能将才），择边吏（选择能臣派到边塞）等。奏疏最后直言说："隆庆皇帝那么英明，到末年却出现官员贪污成风、封疆大吏多次出事的情形，这都是因为他倦勤。（倦勤，就是懒惰，话说得好听点而已。）现在许多官员没有规矩，您如果不赶紧加以更换，以后将怎么办呢？"皇帝礼貌地做了回应，但是丝毫没有改变的迹象。

有一年冬天，万历帝贬斥北京和南京言官三十多人。大学士赵志皋、陈于陛、沈一贯及九卿分别上疏力争。陈于陛上奏疏，希望能挽救这些言官。万历帝发怒，还是把那些言官谪戍到边远地方，从此厌恶大学士陈于陛。后来乾清宫、坤宁宫遭火灾，按照古人天人感应的观念，这是上天对人的警告，陈于陛请求皇帝亲临议政，皇帝不理。

陈于陛一看，几次提出的建议都不被采纳，就申请退休，但是皇帝不许。后来他三年任期满了，就改做文渊阁大学士。当时内阁四人——赵志皋、张位、陈于陛和沈一贯——都是同年出生，理政和谐，但是万历帝拒谏更严重，君臣隔阂很深。陈于陛英雄无用武之地，经常忧虑，在内阁值班的时候，一边叹息，一边看日影的移动。

万历二十四年（1596年）十二月，陈于陛病死在岗位上。

陈以勤、陈于陛——父子为帝师，父子为宰辅，父子都清廉，父子都善终，这在明朝官场上是罕见的。《明史》评价："终明世，父子为宰辅者，惟南充陈氏。"（整个明朝，父子同为首辅的，只有南充的陈家父子。）又评说："天之报之，何其厚哉。"（这是因为：父子厚德，苍天报答。）

封建王朝是"家天下"，皇帝的儿子，特别是太子，是皇朝帝位的接班人，皇室自古以来形成了一套成熟的教育模式。明代幼年皇帝或太子、皇子，一般八岁左右出阁读书，从此，他的老师们就一直伴随在身边，从启蒙写字，到心理疏导、言行举止、礼仪典范、书法绘画，无不谆谆教导。

陈氏父子，世德博学，严谨修身，受到朝廷与群臣的嘉誉，得以成为父子帝师、父子宰相。

## 少年天子
——严厉的母后、大伴和张先生

明朝有两位少年天子：一位是九岁继位的正统帝朱祁镇，另一位是十岁继位的万历帝朱翊钧。朱翊钧六岁被立为皇太子，十岁继位，成为紫禁城里第二位少年天子。

万历帝从十岁到五十八岁，统治天下四十八年，是明朝十六帝中在位时间最长的。少年天子按照皇父隆庆帝的遗嘱，倚靠三个人——生母李太后、宦官大伴冯保和内阁首辅张居正，一面做勤奋学习、认真履职的小皇帝，一面在皇宫里享受穷奢极欲的生活。

万历帝的生母李太后，漷（huǒ）县（今属北京通州）人，嘉靖四十二年（1563年）在裕王府生下儿子朱翊钧，隆庆元年（1567年）三月被册为贵妃。万历帝继位后，尊嫡母陈皇后为仁圣皇太后，尊生母李贵妃为慈圣皇太后，这样，李太后便跟陈太后平起平坐了。接着，张居正请李太后照顾小皇帝起居，李太后就搬到乾清宫，和儿子万历帝住在一起，并把内廷之事交给冯保，外朝大权交给张居正。

李太后教子很严，小皇帝有时不爱读书，她就召来罚长跪。每逢上朝，她五更就到小皇帝寝所，叫他"帝起"。皇帝起床，她又让人取水给小皇帝洗脸，扶他登辇上朝。太监们奉太后懿旨，对小皇帝往往管制太过。比如有一次，小皇帝在宫里设宴喝酒，让太监唱歌，太监说不会唱，小皇帝就取过剑来打他，经左右劝解，又割太监头发来替代割他脑袋。第二天，李太后听说了，就传话让张居正写奏疏批评，为小皇帝起草自我检讨书。还召来小皇帝长跪，历数他的过错。小皇帝哭着请求改过。所以，万历帝对母亲李太后非常敬畏，直到亲政以后仍然畏惧三分。

万历帝十六岁大婚后，李太后就把皇帝交给张居正保护和教诲。

小皇帝身边还有一个重要的人，就是司礼监大太监冯保。

万历帝初即位，冯保从早到晚服侍他起居，小皇帝稍有不当之处，冯宝立即奏报李太后。幼小的万历帝对大伴冯保又依赖，又害怕，更不喜欢，经常以恶作剧捉弄冯保。

万历帝上朝时，冯保总是站在旁边。言官雒（luò）遵上疏指责冯保："冯保一个奴仆，竟敢站在天子宝座旁，文武百官是拜天子呢，还是拜太监呢？欺负陛下年幼，竟无礼到这个程度！"

张居正，字叔大，江陵（今属湖北荆州）人，少年时就聪明过人。他是嘉靖二十六年（1547年）进士，眉清目秀，年纪大了长胡须一直拖到胸前。他满腹经纶，勇于任事，胸有城府，自许为豪杰。

对于幼小的万历帝来说，张居正既是他的老师，又是他的宰相。张居正给万历帝开经筵、日讲，学习的内容都是儒家经典，小皇帝理解起来很困难。张居正就挑选了先代治乱的经验，编成《帝鉴图说》一书，选取历史中正面八十一个、反面三十六个，共一百一十七个故事，配上图画，图文并茂，给皇帝讲解。比如"解网施仁"，说的是商汤出巡，见有人设网捕鸟，便让人把网解开三面，让鸟飞翔。百姓称赞说，汤的仁德，惠及鸟兽，何况人乎！又如"脯（fǔ）林酒池"，说的是夏桀无道——脯,就是肉干,肉干挂得像树林;酒池大得可以行船,荒淫无度,终于亡国。张居正通过这些生动的历史故事讲述修身治国的道理,便于小皇帝理解。万历帝十三岁时,自己写下十二件事为座右铭:谨天戒,任贤能,亲贤臣,远嬖佞,明赏罚,谨出入,慎起居,节饮食,收放心,存敬畏,纳忠言,节财用。

但是好景不长。万历帝逐渐厌烦张居正对自己的教导和规劝。比如,张居正劝他量入为出,防止浪费;停止苏州、松江的织造;减少外戚升官数目,等等,小皇帝或者不理,或者勉强同意,但心里不高兴。

不久,张居正病死。张居正刚死,万历帝命逮捕冯保,遣送南京,籍没家产,金银百余万,珠宝无其数。万历帝又让人举报张居正,命锦衣卫抄张居正在荆州的家。抄家之前,荆州太守先记录张居正家的人口,封了门,张的子女大多躲避在家里。后来揭下封条打开门,家里饿死许多人。张居正诸子、兄弟家产黄金万两、白金十多万两,都被抄没,子弟都发配到烟瘴之地。

最匪夷所思的是,曾经那么倚重张居正和冯保的李太后,在儿子对这两人翻脸时,却没有极力反对。万历帝向她解释的理由,竟然是一个"钱"字。他说,这两个人家资甚厚,籍没可助大婚。助谁的大婚?万历帝的弟弟、李太后次子潞王朱翊镠。也就是说,没收张居正和冯保的家产,得到的财富,可以资助李太后小儿子的婚事。李太后听后,立即就不反对了。张居正的噩运,不仅是他个人的噩运,也是明朝的噩运。因为这次清算,连带隆庆、万历初年颇有成效的改革,从此夭折,明朝进入了衰败时期。《明史》评论说:"明之亡,实亡于神宗。"就是亡于万历皇帝!

在万历朝及其前后,世界发生巨大变化。大明皇朝在走向衰落,新兴西方在大国崛起。于国外,各国开启大航海、大崛起的时代:尼德兰爆发资产阶级革命；英国战胜西班牙而取得海上霸权；法国建立了波旁王朝；俄国沙皇在极力扩张；葡萄牙人取得在澳门的贸易资格；日本由丰臣秀吉统治，扬言要"席卷明朝四百余州，以为皇国之版图"，并两次入侵朝鲜；荷兰组建东印度公司，该公司被荷兰国会授予宣战、媾和、占领、筑炮台等权力，不断进犯中国领海，侵占澎湖；利玛窦等西方传教士来到中国北京传教。于国内，大明皇朝已立国二百多年，进入腐朽衰落的轨道，特别是经过正德、嘉靖连续六十年的折腾，元气大伤。万历中期以后，吏治腐败，军队哗变，民变四起，满洲也发生变乱——比万历帝大四岁的努尔哈赤，后来竟成为埋葬明朝的一个掘墓人。

万历皇帝在张居正死后，该如何应对国际和国内的变局呢？

## 酒色财气（上）
——万历帝如何为自己辩解？

明神宗万历帝成年后，惩治张居正，杀了冯保，满足太后事佛敛财的需求后，终于从父亲隆庆皇帝为他编织的礼制约束中走脱了。他，把经筵和日讲改成进章，也就是说，以前每天必需的读书听课改成了呈送讲稿——读不读由皇帝自便了；他，早晨不用五点起床上朝，只要皇帝愿意，早朝就可取消；他，祭祀天地祖先的郊庙祭祀都不必亲自去了，万历帝在位四十八年，仅去天坛祭祀四次，而成化帝和弘治帝每年都是亲自往天坛祭祀；此外，他，批答奏章由内阁和司礼监代行，也不亲自处理。那么，万历帝每天都忙什么呢？

万历十七年（1589年）十二月二十一日，大理寺评事雒于仁上了一份奏疏，揭开了这个问题的答案。

雒于仁冒死上了一道奏疏《酒色财气四箴》，说："臣来京工作一年多了，只朝见过皇上三次。听说皇上一年到头发火，常说身体不好，郊祀庙享典礼都委派官员代理，政务久废而不亲自处理，经筵久停而不亲临讲席。我知道皇上的病靠药是很难治好的。皇上的病在于酒、色、财、气。臣的这封《四箴》可以治皇上您的病，请允许我敬陈。"

/ 酒色财气（上）/

雒于仁接着写道："嗜酒则腐肠（贪杯则腐坏胃肠），恋色则伐性（贪色则毁坏身体），贪财则丧志，尚气则戕生（生气则生病）。皇上现在得的病，正是酒、色、财、气。这四种病胶绕身心，哪里是吃药可以治的？今陛下春秋鼎盛，尚且一年年不上朝，以后怎么办呢？"

最后，雒于仁针对酒、色、财、气，献上四条箴言：醲酣（nóng xǔ）勿崇（酒要少喝），内嬖（bì）勿厚（妃嫔要少纳），货贿勿侵（不要贪恋钱财宝物），旧怨勿藏（不要把过去的怨恨放在心里）。

这位雒于仁可是够大胆、够直白的，万历帝看了以后，如针刺背，勃然大怒。大年初一，他在毓德宫西室御榻前召见首辅大臣申时行等人。他手上拿着雒于仁的奏疏，给申时行看，接着就絮絮叨叨地开始辩解："他说朕好酒，谁人不饮酒？如果说酒后持刀舞剑，那不应该是帝王举动，但岂有这种事呢？

"又说朕好色，偏宠贵妃郑氏，朕只因郑氏勤劳，朕每到一宫，她必相随，朝夕间小心侍奉。恭妃王氏，她有长子，朕让她调护照管，母子相依，所以不能朝夕侍奉，何尝有偏？

"他说朕贪财，因为受张鲸的贿赂，所以用他。朕为天子，富有四海，天下之财，皆朕之财，朕若贪张鲸之财，何不抄没他家？

"又说朕尚气。古人云，少时戒之在色（少年时要戒色），壮时戒之在斗（壮年时要戒斗）。朕岂能不知这个道理？但人怎么会没有气！就像先生，您也有童仆家人，如果犯了错难道就不责治吗？如今内侍、宫人等，有的也曾杖责，也有的是因病而死，如何说都是被我杖死的？"

万历帝最后说："雒于仁明明是为了沽名钓誉，故意气朕。"然后把奏本递给申时行，说："你去写个处理意见，要从重处理。"

申时行接着皇帝的话说："他既然是沽名，皇上如果严惩他，那就成全了他的美名，反而有损皇上圣德，只有宽容不计较，才能表现出圣德之盛。"说完，把奏疏又放回皇帝面前。

万历帝又拿起奏疏，再次递给申时行，让他仔细看看，说："朕气他不过，必须重处。"申时行说："这个奏疏本来是轻信讹（é）传，如果票拟处分，传之四方，反而坐实了。臣等愚见，皇上宜照旧留中为是（让皇帝自己留下这份奏疏）。"说着，又把奏疏送到皇帝面前。

万历帝说："那如何设法处置他呢？"申时行说："这个奏本既然不可发出，也就没有办法处置他，还望皇上宽宥。臣等传话给大理寺的负责人，把这个人免去职务就可以了。"万历帝听后，点头同意，脸色缓和一些，气也消了很多。

几天之后，雒于仁借病回乡，接着被斥为民。很久之后，病死。

从这件事情的处理可以看出，雒于仁对万历皇帝的批评，实际上取得了朝臣的共识。

这个雒于仁，何许人也？他是陕西泾阳人，万历十一年（1583 年）进士，曾任肥乡、清丰知县，为政有很好的口碑，万历十七年（1589 年）调入京师，为大理寺评事。这是个正七品的小官，负责审理案子。他的父亲雒遵，我们在前面讲过。万历帝刚即位的时候，每次上朝，大太监冯保都在宝座旁边站着。雒遵上奏说："冯保一个奴仆，竟敢站在天子宝座旁，文武百官是拜天子呢，还是拜太监呢？欺负陛下年幼，竟无礼到这个程度！"不久，雒遵遭冯保陷害，被贬三级，调出北京。后来，冯保受谪斥后死，雒遵官复原职，又做四川巡抚。雒遵和雒于仁父子都是刚直不阿的正直官员，也都是正人君子。

万历帝对自己的酒、色、财、气死不认账，也就死不悔改。可以说，这四个字伴随他后半生。下面逐一说说这四个字。

先说"酒"字。万历帝是不是贪杯？雒于仁是确有所指的。万历帝时年二十七岁，正是年富力强的青年，却腰痛脚软，行走不便，甚至在宫里看望他的生母李太后时,都四肢无力,行走不了。这其中原因很多,但雒于仁认为,贪杯伤害了皇帝的身体。万历帝喜欢酒,白天没喝够,晚上继续喝,这就是嗜酒。这就让人想起正德皇帝,他也是嗜酒,走哪儿喝哪儿,喝哪儿醉哪儿。辽穆宗耶律璟二十岁继位,以嗜酒来求长生。有一年正月,他昼夜饮酒九日;还有一年正月,竟然连续喝酒二十个日夜。嗜酒的后果是,做事情无节制,结果在酩酊大醉中,这位耶律璟被身边的太监、厨师等人杀死。

万历帝贪杯,比耶律璟差多了,但白天晚上地喝酒,就是嗜酒了。嗜酒不仅是伤肠胃,也不仅是伤品德,作为皇帝,嗜酒是误身、误家、误政、误国。嗜酒者当引以为戒!

## 45

## 酒色财气（下）
——皇帝敛财的手段

前面讲了"酒"，再说万历帝的"色"字。皇帝有几人不贪色的？但不能迷恋女色，以至于伤身、误国。《明史·后妃传》记载，万历帝有一后二贵妃，即王皇后和王贵妃、郑贵妃。这段简略记述，看不出万历帝后宫生活的实际情状。

万历帝十六岁时举行大婚典礼，迎娶一后二妃，即王皇后、刘昭妃和杨宜妃。婚后不到两年，万历帝就下旨，连续选民间大量淑女入宫，后来又下诏"选民间淑女二百人入内"。入内就是进宫。原来，他的祖父嘉靖帝在嘉靖十年（1531年）三月，一次就册封了九嫔，他要向祖父看齐。于是，他于万历十年（1582年）三月也册封了九嫔。其中，来自北京大兴的郑淑嫔在第二年就被晋为德妃，一年后又晋封为贵妃，她就是著名的郑贵妃。万历皇帝宠幸郑贵妃，其影响远远超出后宫，甚至影响储位这么重要的大事。在他死后，他的儿子泰昌皇帝才解决。详细内容，"立储风波"时再讲，下面接着讲万历帝的"财"字。

万历帝怠于临政，却勤于敛财。前面讲过，曾经最倚重张居正和冯保的李太后，在儿子对张居正变脸时，她接受的理由竟然是这两人"家资甚厚",籍没可助其另一儿子办理大婚,可见万历帝母子的心理——聚敛钱财,大于一切。

万历敛财,花样繁多,如加派织造,加征羊绒,加烧瓷器,采办珠宝,开办皇庄(皇家的庄田),广设皇店(皇家的店铺),收纳官员的罚俸、捐俸。

李太后和郑贵妃对珠宝也是贪得无厌。万历三十四年(1606年),为给李太后祝寿,除了万历皇帝呈上一份可观的礼单之外,户部办送足色金一千四百零三两八钱,七成五色金一千两,银一千六百两,猫睛二块,重一钱八分,祖母绿六块,重四钱二分,青宝石四百六十八块,重二百七十四两五钱,红宝石五百四十七块,重一百六十四两一钱,黄宝石十二块,重一两八钱,各样圆珍珠、大珠各一颗,头样珠一百二十七颗,大样珠三百三十六颗,一样至十样珠一万二千八百十一颗;白玉料十一斤,水晶料一斤,珊瑚料一斤三两,玛瑙料一斤,金星石料一斤,碧甸子一斤,翠毛一千〇六个。

下面再举织造的例子。原来南方地区每年承担丝绸织造的是苏州、松江、杭州、嘉兴、湖州,万历时又增加常州、镇江、徽州、宁国、扬州、广德等府州分造,年征解额增加一万余匹。对南直隶浙江诸府纻丝、纱罗、绫绸、绢帛等织品的加派,始于万历四年(1576年),当时的理由是万历皇帝大婚需要,至万历九年(1581年),又题派了一次,是十五万套匹,理由又是潞王结婚、寿阳长公主出嫁和慈圣太后的圣诞。到万历二十七年(1599年),又诏令派征四万一千九百套匹;万历三十二年(1604年),复派二万六千套匹;万历三十八年(1610年),再派四万套匹,这时也不再需要编造名目,只要金口一开,要多少地方上就得进多少。自万历九年(1581年)至三十八年(1610年),苏杭额外织造总数已达二十五万套匹,以三年耗资百万计,三十余年的织造,已耗去一千多万两白银。

对于万历皇帝来说，来钱最多最快的是派出矿监和税监，到全国各地开矿征税，甚至随意说民间良田美宅之下有矿脉，从而肆意敲诈勒索。他还派出税监，在城镇、关津、路口设置许多税卡，盘剥民众。万历帝派太监作为矿监或税监，到各地搜刮钱财，激起民愤，首辅沈一贯奏请撤回税监、矿监，结果是"帝皆不闻"（皇帝一概不理睬）。

事情在万历帝病危时出现转机。自从乾清宫和坤宁宫火灾后，万历帝就居住在西六宫的启祥宫。万历三十年（1602年）二月十六日晚上，万历帝病危。万历帝在启祥宫后殿西暖阁单独召见内阁大学士沈一贯。李太后面南站着，皇太子朱常洛及诸王都跪在前面，万历帝穿戴整齐，席地而坐。万历帝说："沈先生来，朕病重，非常虚烦，享国也久了，没什么遗憾！我的儿子如今交付给先生，先生辅佐他，做个好皇帝，谏正他讲学，勤政。"

交代完家事，万历帝说："矿税的事情，朕因为三殿两宫工程没结束，临时收税，今天就传谕及各处，织造、烧造俱停止……朕见先生这一面，舍先生去也。"

沈一贯说："圣寿无疆，何必过虑如此，望皇上宽心静养，自然会万安。"说着就哭出声来。这时，皇太后、太子、诸王都哭。万历帝从地上起来上床。沈一贯等回到内阁朝房拟写停止矿监和税监的圣旨。

到了当夜二更，长安门守门官递送万历帝前述废止矿监和税监的圣谕到内阁。

十七日早晨，万历帝稍微好转，就派文书官到内阁，要取回凌晨的圣谕。众官不给，太监硬要，众官还是不给。太监上前抢着圣谕往外跑，朝廷官员就追，乱成一团，取消矿税的圣旨就这样被太监抢去了。这成何体统！

大学士沈一贯上奏说:"昨天恭奉圣谕,臣与各衙门都在朝房连夜值班,当下就都知道了,到天亮的时候,已经下传执行了。顷刻之间,四海已播,想一一收回,实在做不到。恳请皇上三思,以成全您的盛德大业,以增加您的遐寿景福。"万历帝怎么说?他说:"朕之前眩晕,矿税等项,因两宫三殿未完,帑藏空虚,才权宜采用。如今国用入不敷出,难以停止,所以还照旧实行,待三殿落成,再由该部题请停止。"堂堂皇上,出尔反尔,夕令朝改,说话都是戏言,内阁也是无可奈何!

嗜酒、贪色、贪财,如果达不到,就生气;大臣劝谏,就生气;大臣阻拦,更生气。所以,酒、色、财、气这四个字,一直伴随万历帝走到最后。

## 立储风波
——万历帝为什么不愿意立太子?

明朝有三大名妃:永乐帝权贤妃、成化帝万贵妃和万历帝郑贵妃。权贤妃和万贵妃前面已经讲过。郑贵妃受到万历帝的偏宠,引起立储风波,长达三十年。下面讲郑贵妃。

万历帝有八个儿子,其中三个夭折,其余五个皇子中,能够竞争皇位的只有皇长子朱常洛和皇三子朱常洵。皇后没生儿子,皇长子常洛虽不是嫡出,但年龄居长;皇三子常洵虽按年龄排老三,但母亲郑贵妃受宠。按照朱明家法,有嫡立嫡,无嫡立长,应该立老大;按照皇帝情感,子以母贵,皇帝想立郑贵妃生的老三朱常洵。

皇长子朱常洛的母亲姓王,本来是万历帝生母李太后的宫女。一天,万历帝去看李太后,幸了这位王宫女,宫女怀孕。万历帝觉得这事不光彩,不想承认。李太后好语相劝说:"我老了,还没有孙子,如果生个男孩,是宗社之福。"于是,万历十年(1582年)四月,皇帝封王氏为恭妃。八月,朱常洛出生。

万历帝对这母子俩始终看不上,他让王恭妃住进后宫中最小的景阳宫,王恭妃受到万历帝冷落,如同被打入冷宫。这个现象引起朝臣们猜疑，莫非皇上要立郑贵妃的儿子朱常洵为储君？于是，君臣间开始了关于立储的所谓"国本之争"。这场"国本之争"，可以分作三个回合。

第一个回合，首辅申时行率先上奏，请立皇长子为皇太子。万历帝始终不表态，后来表示要到皇长子十五岁时再册立。但到了时候，万历帝提出三个儿子一块封王，暂不立储，理由是要等待皇后生子。

第二个回合，朝臣们提出让皇长子朱常洛出阁读书。万历帝则提出皇三子要与皇长子同时出阁读书。经过大臣力争，皇帝才勉强同意皇三子晚一年出阁读书。

第三个回合，朱常洛虽然被册立为皇太子，但冠婚大礼一拖再拖。万历帝勉强给太子选婚了，却不办婚礼，直到朱常洛二十岁，在李太后干预下才办了婚礼。

皇长子朱常洛已经被立为皇太子，郑贵妃不甘心，万历帝也明显偏爱皇三子朱常洵。皇太子朱常洛出阁读书，次年正月，皇三子福王朱常洵也出阁读书，同时，皇太子被通知学习暂停，这一停便是十多年。随后，宫里操办福王婚礼，耗银三十多万两。福王结婚后该离开京城去地方当藩王。朝臣们纷纷上疏，催促福王离京去洛阳，以确保皇太子地位。但万历帝和郑贵妃找出种种借口，来拖延福王去洛阳的日期。

第一个借口是福王在洛阳的府邸还没建成，结果由工部拨银四十万两，修成了一座豪华的府邸，而当年万历帝的弟弟潞王府的造价是十七万两，已经豪华至极。福王府更是比潞王府还要贵一倍多。

第二个借口是必须给足四万顷田地。首辅叶向高据理力争，称不能给！郑贵妃派人质问叶向高："先生全力为东宫，请也稍微惠顾福王一点。"叶向高回答："我这样做，正是为福王着想，福王不应该在京耽搁太久，而是应该趁此宠眷，到封国去，赏赐一定丰厚。宫中财宝如山，可以随心所欲。"

第三个借口是等来年祝贺李太后七十寿诞。当年二月，李太后去世，这个理由也就不存在了。同年，福王离开北京，一千一百七十二艘船，载着他和他的妃嫔、儿女、官员及一千一百名卫卒，前往封国洛阳。

所有这些表现都发出一个信号，就是皇太子随时可能被福王取代。

在福王就藩后的第二年，发生了"梃击案"。

万历四十三年（1615年）五月初四，有个陌生男子张差，手持枣木棍，闯入太子朱常洛居住的慈庆宫，一直打到殿前的檐下才被抓住。张差后来供出，他是由郑贵妃手下小太监庞保、刘成引导而闯入慈庆宫的。这可是个特大要案。幕后始作俑者是郑贵妃，郑贵妃的后台是万历帝；而皇太子被打，又不得不查。大学士吴道南左右为难。他找到了同朝为官的孙承宗，孙承宗考进士时夺得榜眼，在翰林院做事，思维活跃，处事周到。他为吴道南出了主意："事关东宫，不可不问；事连贵妃，不可深问。庞保、刘成以下，不可不问；庞保、刘成以上，不可深问。"

就是说，"梃击案"关系皇太子，怎能不问？案子关联郑贵妃及其后台万历帝，怎能深问？庞保和刘成是引领张差进宫的小太监，怎能不问？小太监后面是大太监、郑贵妃、万历帝，又怎能深问？

这时，消息传开，舆论大哗。郑贵妃听说后，就到皇帝面前哭泣。万历帝说："你必须自己去求太子。"

万历皇帝去找王皇后商量。王皇后说："这件事老妇也做不了主，要跟哥儿当面讲。"哥儿是对太子的爱称。而后，郑贵妃对太子哭泣，皇太子也对贵妃哭泣。这一哭一泣，尽在不言中。万历帝看到这种情景，非常生气。朱常洛见皇父生气，就缓和态度，改口说："这件事只拿张差是问就可以了。"万历帝这才眉开眼笑，连连点头说："哥儿说的是。"最后由皇太后出面，称此乃家事，各自放下。一场错综复杂的"梃击案"就这样化于无形。

皇太子不追究，事情就简单了。后朝廷大臣都到慈宁宫听诏，这是约二十年来，万历帝难得的一次召见朝廷大臣。万历帝说："前几天，忽然有个叫张差的疯癫闯入东宫伤人，外廷有许多闲话。你们谁没有父子，竟要离间我们父子。如今此事只需将犯人张差、庞保、刘成凌迟处死，其他人不再波及。"说着，他拉住朱常洛的手说道："这个儿子极孝顺，我很喜爱。"然后又转过身来，面对群臣说："太子已是青春盛年，如果我有别的意思，何不很早就改立。况且福王已经就藩洛阳，距离北京数千里，没有我的宣召，他能自己飞来吗？"万历帝又让太监把三位皇孙、一位皇孙女领到石阶上，让大臣们认一认，接着说："我的几位孙子都已长大成人，还有什么话可说。"他接着又问太子："你有什么话要说，可以直接对各位大臣讲，不要有所顾忌。"朱常洛明白父亲的用意，便大声说："像张差这样疯疯癫癫的人，正法算了，不必株连。"随之，定罪案：张差凌迟处死，庞保、刘成在内廷击毙。于是"梃击案"就这样结束了。

万历帝、郑贵妃、朱常洛与朝臣之间，围绕着皇储问题闹腾了三十年，说明当时朝廷大臣有一定的话语权，也有政治影响力。而万历帝是个优柔寡断的人，患得患失，拖而不决，致使朝廷与百姓都蒙受巨大损失。

## 47

## 三娘子
—— 与明朝交好的蒙古奇女子

北方蒙古之患长期困扰明朝。永乐皇帝六次北征，最终病死在征讨返回途中。正统皇帝做了蒙古瓦剌的俘虏。嘉靖年间，蒙古骑兵年年内犯，几度兵临北京城下。事态到隆庆时出现转机，双方以封贡实现和平。万历帝始终坚持对蒙古的封贡政策，使明朝最后五十年与蒙古没有发生大的战争。这一局面的实现，与一位传奇的蒙古妇女相关，她就是三娘子。

隆庆四年（1570年）九月，蒙古鞑靼部上层爆发了重大的矛盾，因为"三娘子事件"，俺答汗和他的孙子把汉那吉几乎打了起来。三娘子是何许人也？

三娘子（1550—1612），原名钟金哈屯（哈屯是蒙古语，意思相当于皇后），是蒙古土默特部一位美丽聪明、精于骑射的传奇女子。她知书达理，会蒙古文字，是一位杰出的蒙古妇女。她是蒙古俺答汗的外孙女，本来已跟袄儿都司订婚而待娶，却被俺答汗据以为妻。袄儿都司愤恨，要兵戎相见，他又将孙子把汉那吉所聘的媳妇给了袄儿都司。孙子把汉那吉说："我祖父娶外孙女，又夺孙媳妇给人。"一气之下，就率领部分兵马归顺了明朝。明朝抓住机会做双方工作，终于在隆庆五年（1571年）以封贡的方式实现和平——明朝封俺答汗为顺义王，封把汉那吉为昭勇将军，其他诸首领如俺答汗的儿子黄台吉等，也都封为将军、都督同知等，赐给他们高级官式冠服。同时，立即开市，与蒙古开展经济与文化交流。

在双方交往中，三娘子对汉族文化产生了迷恋和向往，她相夫教子，在蒙古地区推行汉法，维护边境安宁，发展封贡互市关系。

万历帝登极以后，继续奉行隆庆帝与俺答的封贡政策，先后在宣府、大同、山西、陕西、宁夏、甘肃等地开设十三处马市，出现东西五千里无烽火之警、行人不持弓矢、百姓得到安居之乐的局面。

万历三年（1575年）十月，俺答汗驻守之城修成，俺答汗奏请赐名。万历帝赐名"归化"，就是今呼和浩特，并赐予金币、佛像。俺答汗为保持与明廷间的贡赐，马市、民市的贸易，于万历六年（1578年）又主动提出以《大明律》约束他的部众。

万历九年（1581年）十二月，俺答汗病死，顺义王的封号将由他的长子黄台吉承袭，而黄台吉要继承顺义王的权力，就必须拥有俺答汗留下的部属和三娘子的部属。按照当时的蒙古习俗，儿子可以继承非生母以外的父亲的所有妻妾。俺答汗娶了三娘子，就抛弃了原配妻子——黄台吉的生母，所以黄台吉对三娘子有怨气。对父亲俺答汗与明朝建立封贡关系，黄台吉也不以为然，认为这一切都是听从了三娘子的蛊惑。如今，出于权力和地位的需要，黄台吉向三娘子提出要纳她为妻。

但三娘子嫌其"又老又有病"而不从。三娘子势力强大，不仅有自己亲率的一万骑兵，还有俺答汗留下的四万骑兵，兵精马壮，实力雄厚。她不愿意嫁给继子黄台吉，便打算率部西去。一旦三娘子率部离去，已出现的封贡关系将化为泡影。因此，明朝要继续封贡关系，三娘子就成为关键人物。

此时，万历帝任命的西北防务总督郑洛（又作雒）决意促成这桩特殊的政治婚姻，利用三娘子在蒙古的特殊地位和作用来实现西北地区的社会安宁。

郑洛，字禹秀，河北安肃人。嘉靖三十五年（1556年）进士，以辅佐总督王崇古、巡抚方逢时实现俺答封贡有功，升浙江左布政使，万历七年（1579年），以兵部左侍郎总督宣府、大同、山西军务。这是一位熟悉西北形势、坚持封贡政策的杰出官员。

郑洛分析，如果三娘子和黄台吉的政治婚姻不能实现，蒙古的内乱将破坏封贡局面。于是，他即刻派人赶往三娘子营帐，细加劝说，向三娘子表明利害："夫人能归王，不失恩宠，否则塞上一妇人耳。"（如果夫人能归王，和黄台吉成婚，可以不失恩宠，否则不过是塞上一个普通妇人而已。）三娘子深明大义，遂答应与黄台吉成亲。

万历十一年（1583年）闰二月，根据郑洛的奏报，万历帝册封黄台吉为顺义王，赐与大红五彩纻丝蟒衣一件，彩缎八套，封其长子撦（chě）力克为龙虎将军。三娘子与黄台吉婚后的第二年，她督促黄台吉大会蒙古各部首领，重申与明朝议订的条款：凡一切贡市，都仿先王做法，有敢违约及不如约者，请上天惩罚。黄台吉从此心悦诚服，与三娘子合作，推动蒙汉互市，安定蒙汉边境。郑洛也以功升为兵部尚书。

万历十四年（1586年）二月，黄台吉病故了。按照世袭关系，俺答汗的孙子、黄台吉的儿子撦力克将成为第三代顺义王。但年轻英俊的撦力克不想娶比自己年长而色衰的三娘子。于是，三娘子率领自己的一万亲军，筑城别居。郑洛一面做三娘子的工作，一面派人到撦力克营帐劝说："夫人三世归顺，汝能与之匹则王，不然封别有属也。"（夫人三代归顺，你跟她结婚，就能封王，不然，就封别人为王。）撦力克遂遣散其他妻妾，与三娘子结成夫妻。

万历十五年（1587年）三月，万历帝颁诏，撦力克袭封顺义王，同时敕封三娘子为忠顺夫人，并授予三娘子和俺答汗的婚生子不他失礼、撦力克和原配夫人之子晃兔台吉龙虎将军。从此，撦力克也继续执行封贡政策，凡应酬番汉事务，都让三娘子处理，维持了蒙汉边境的和平局面。

二十年过去，万历三十五年（1607年）四月，撦力克死去。这时，撦力克的长子晃兔台吉已经先死，将由撦力克的孙子卜失兔继承顺义王。这时，有人见卜失兔年幼，便离间卜失兔和三娘子，阻止他们成婚。大乱一触即发。

宣大防务总制涂宗浚延续了郑洛的传统，派员前去劝说三娘子，取得她的支持。万历三十九年（1611年）五月，老年三娘子与自己重孙辈的卜失兔成婚。不久，三娘子又增加了约束部众的条约十四条，使条约增至三十六条，恢复了边市贸易。

万历四十年（1612年）五月，六十三岁的三娘子去世。噩耗传来，万历帝赐给祭葬七坛及其他赏赐。

三娘子在三十多年间，为维持边界和平、互市，四次出嫁——一嫁俺答汗，二嫁俺答汗之子黄台吉，三嫁黄台吉之子撦力克，四嫁撦力克之孙卜失兔，她的传奇，永留史册。

万历帝始终坚持皇父隆庆帝的封贡政策，依靠朝臣边将，延续了明朝立国二百多年所不曾有过的汉蒙接合地带的和平安定局面，成为他处理蒙古问题的得意之笔。

## 定陵之谜

——万历帝的皇陵总是出岔子？

万历帝这一生最重视的工程莫过于他自己的寿宫，也就是自己的陵墓——定陵。但这个大兴土木的定陵，最后却没有成为万历帝期待的万年吉地。何以见得？

万历帝二十岁就着手修建寿宫——自己的陵墓，这是有原因的。他的皇父隆庆皇帝生前没有营建陵墓，死后匆匆建陵安葬，不仅陵墓规制偏小，而且陵址也没选好，没过几年就发生地基塌陷。他最敬佩爷爷嘉靖帝，在生前营建了一座豪华的永陵，所以，他对自己的陵墓非常重视。

万历十一年（1583年）正月，万历帝下了一道谕旨，提出要在闰二月亲自到昌平天寿山春祭，同时勘选寿宫基址。同年九月，万历帝第二次奉太后、率后妃等，前往天寿山勘定寿宫吉地。经过反复比较，他决定寿宫吉地就在大峪山。

寿宫吉地选定后，万历帝很高兴。一年以后，万历十二年（1584年）九月，万历帝同两宫皇太后和众后妃，并有内阁大学士和吏、户、礼、兵、刑、工部的尚书随行，来到大峪山选定的吉地。这是万历帝第三次亲自勘查寿宫吉壤。

万历十三年（1585年）八月，大峪山陵墓破土开工。万历帝派首辅申时行前往主持仪式，申时行尚未离京，就有人对选定的吉地提出质疑。不久，万历帝第四次去天寿山，最后还是定在原址，工程继续进行。

吉壤确定了，万历帝提出仿永陵规制营建。时任礼部侍郎、日讲官朱赓随即上疏表示异议，提出隆庆帝昭陵在望，如果规制超过太多，不合适。万历帝没有理睬。

万历帝的寿宫，选材非常讲究，铺地面用苏州烧制的金砖，光亮如漆，敲之有声；砌墙用山东临清烧制的城砖，宽大厚实，十分坚固；还有一种花斑石，采自河南浚县，五彩斑斓，明亮如镜，用来铺地或装饰墙面。

经过两年施工，到万历十六年（1588年）秋天，寿宫主体工程基本完工。九月初十，万历帝率后妃、阁臣、公侯勋臣、六部尚书等第五次前往大峪山，亲阅寿宫。

万历十八年（1590年）六月，大工告竣。营建陵寝的开支已超出白银八百万两，这相当于全国两年赋税收入的总和。

万历帝从二十岁开始运作此事，五次亲自勘查寿宫，时间延续八年，终于大功告成。此后，他不再提及这件事，更没有举行任何庆典仪式，这是因为二十八岁的万历帝已经沉醉于酒、色、财、气之中，怠于临政，贪图安逸，不愿再受远途颠簸之苦。

万历四十八年（1620年）四月初六，万历帝的王皇后去世，万历帝按礼部所议，命将王皇后安葬于地宫。谁知到七月二十一日，万历帝也死了。太子朱常洛继位，就是泰昌皇帝。泰昌帝即位后，开始筹办万历帝和孝端皇后丧礼。他亲定皇父陵寝为定陵，又将送葬日期定在九月二十八日。没想到，这个日子还没到，泰昌帝竟于九月初一也死了。紫禁皇宫，四个多月，三起大丧。天启帝即位后，命大行皇帝和大行皇后葬礼如期举行。

礼部右侍郎孙如游等二十四位官员被任命为护丧提督大臣，八千名官兵奉命抬棺椁。由于棺椁中陪葬物品太多，棺椁格外沉重，杠绳多次更换，队伍走到德胜门时，已经入夜。走到巩华城，主杠突然压断，棺椁右侧一角坠地。直到十月初三，万历帝、后的棺椁才葬入地宫，现场实况，一片狼藉，捆扎随葬物品箱的绳子都没有拆掉，有的木杠也没撤下，这是因为抬杠之人怕被埋入地下，慌乱逃出地宫。

早在万历帝第四次勘查寿宫基址时，他对左右的人说过："如今外廷诸臣为寿宫争言风水，风水在德不在险，从前秦始皇营骊山，何尝不选求风水，结果不久就被掘开，选求何益？"还真让他给说着了。1956—1957年，经国务院批准，中国考古工作者对万历帝、后定陵地下宫殿进行发掘。这是明朝十四座皇陵中唯一被发掘的皇陵。定陵出土各类器物三千多件。1959年，定陵博物馆在定陵原址上建成。

现在，到北京旅游的国内外游客，很多会去十三陵的定陵地宫参观。不知大家注意到没有，在地宫中殿万历帝和两位皇后宝座前面，摆放着三口青花瓷大龙缸，这组青花瓷大龙缸高约70厘米，口径70厘米，底径58厘米，主体纹饰是五爪龙盘旋于缸体之上，昂首张目，龙鳞乍立，五爪勾张，翻云腾雾，气势非凡。缸体上部有"大明嘉靖年制"六字款。

据当年第一个进入地宫的庞中威先生回忆，当定陵地宫刚被打开时，他们先扔下一只公鸡试探是否有毒气，公鸡飞出，人们放心，考古工作者才下去。他们发现大龙缸里储满灯油，油面上有三个灯捻。这就是传说中的"万年灯"。有人认为，因防火灾，灯捻并没有点燃，是象征性的摆设；也有人认为，当时是点燃了，因地宫大门关闭，氧气耗尽，油灯熄灭。

其实，万历朝御窑有一个关于大龙缸的传说。故事说，万历年间，皇帝谕旨，令景德镇御器厂烧造大龙缸，并派太监潘相督陶。这尊大龙缸体量大，缸体厚，技艺精，难度高，时限紧。太监潘相传旨："克期完工，必须完美无疵，奉送北京，否则斩首！"御窑工匠全心全力，夜以继日，反复烧制，全都失败。

太监潘相督责严厉。万般无奈之时，无计可施之刻，有一个人挺身而出，他就是把桩（领班）师傅童宾。童宾为烧成大龙缸，为了工友安全，面对熊熊窑火，纵身一跃，投入烈焰，以身殉职。

当日熄火，翌日开窑，巨丽龙缸豁然出窑。而童宾，身躯化作青烟，灵魂升上天空。童妻痛哭收尸，奠酒三祭，葬凤凰山。同乡人为童宾感动落泪，尊童宾为窑神，立祠祭祀。从此，烧窑必祭窑神童宾。这就是景德镇佑陶灵祠、风火仙师庙的由来。

在今景德镇市古窑民俗博览园广场上矗立着窑神童宾铜像，高9.9米，重8.8吨，通高15.9米，铜像庄严，气势雄伟，纪念工匠英雄童宾。这个故事，感动天地，激励来人。

## 49

## 后金崛起
——明朝为何在萨尔浒一败涂地?

万历中后期,有"万历三大征"——平定宁夏哱(bō)拜、播州杨应龙的叛乱,又取得援朝抗倭的胜利,而在西北,继承隆庆封贡成果,利用三娘子的政治婚姻,维持了与蒙古数十年的和平局面。因此,万历帝陶醉于用兵胜利,享受着午门献俘的威武得意,却忽略了一个潜在的强大敌人——东北女真建州部首领努尔哈赤。

嘉靖三十八年(1559年),努尔哈赤生于今辽宁抚顺新宾满族自治县永陵镇赫图阿拉村一个女真人家庭。他比万历帝年长四岁。他的祖父觉昌安和父亲塔克世都是明朝的地方官。

万历十一年(1583年)二月,明辽东总兵李成梁率军直捣女真阿台的驻地古勒寨。努尔哈赤的祖父觉昌安和父亲塔克世也在古勒寨,他们是去劝说阿台投降的。明军占领古勒寨后,对抗拒的女真部民进行大屠杀,把努尔哈赤的祖父和父亲也误杀死了。

努尔哈赤质问道:"我爷爷和父亲为什么被害?"明朝派官员谢罪说:"不是有意的,是误杀罢了!"作为补偿,朝廷赏给努尔哈赤三十道敕书,三十匹马,让他承袭父亲的职务,任建州左卫指挥。他先后八次到北京朝贡，取得万历帝信任，升任左都督、龙虎将军。

万历十一年（1583年）五月，努尔哈赤借报仇为名，以"十三副遗甲"，率领五六十人的队伍，拉开了反明战争的历史帷幕。

清朝兴起，明朝灭亡，就是从辽东建州女真的古勒寨揭开了序幕。这点火星在迸发时细如芥末，对立的双方都没注意到。然而，它燃烧为熊熊烈火，能将大厦吞噬。

经过三十三年的浴血奋战，努尔哈赤统一了女真各部，于万历四十四年（1616年）建立大金，史称后金，年号天命，定都赫图阿拉。

奇怪的是，在此期间，努尔哈赤居然没有受到明朝的一次军事打击。明朝长期对建州女真忽视、轻视、无视、蔑视，反过来不得不吞下自己酿成的苦酒。

努尔哈赤给自己定了年号为"天命"。天命三年即万历四十六年（1618年）正月，天命汗努尔哈赤对诸贝勒大臣发布"七大恨"，告天布民，接着计袭抚顺城，强拔清河堡。

万历帝给天命汗的回答是："经略出关，援兵四集，大彰挞伐，以振国威！"表明要出动大军武力镇压，就此开启困扰万历、泰昌、天启、崇祯四朝的辽东战事。

万历帝决定发兵征剿，予后金以毁灭性打击。他起用杨镐为辽东经略，赐尚方剑，杨镐的作战方案是：军分四路，钳形包围，分进合击，捣其都城。

西路，以总兵官杜松为主将，率官兵二万余人，总兵官三员。

北路，以总兵官马林为主将，官兵二万余人。

南路，以辽东总兵李如柏为主将，官兵二万余人。

东路，以总兵刘綎为主将，官兵约二万人。

万历四十七年即天命四年（1619年）二月十一日，辽东经略杨镐在辽阳誓师,并取尚方剑,令将此前临阵逃跑的指挥白云龙当场枭首示众。誓师后,各路兵总共十万余人,号称四十七万,兵分四路,分进合击,捣向赫图阿拉。

明军来势凶猛,后金如何应对?努尔哈赤说:"恁尔几路来,我只一路去!"这就是集中优势兵力,逐路击破明军。

明军西路主将杜松,二十八日从沈阳起行,第二天到抚顺关。杜松是将门之后,一员虎将,但骄傲轻敌,急贪首功。杜松说:"吾必生擒努尔哈赤!"——奖赏是一万两黄金!他还带着给俘虏用的杻(chǒu)械,准备到北京午门献俘。杜松率军夜渡浑河时,酒意正浓,袒露胸怀,挥舞大刀,裸骑径渡。众将请他披甲,杜松笑道:"入阵披坚,非丈夫也。吾结发从军,今老矣,不知甲重几许!"(打仗穿铠甲的人不是大丈夫,我少年从军,直到现在老了,从来不穿铠甲,都不知道铠甲有多重!)谁知,努尔哈赤早已派人在浑河上游筑坝蓄水,这时候突然放水。杜松的兵士们脱衣涉河,陡然水涨,水深没肩,淹死多人。辎重渡河困难,远远落在后面。

三月初一,杜松军到了萨尔浒山,分兵结为三个营。努尔哈赤率六个旗的兵力四万余人,以绝对优势兵力,突然猛攻萨尔浒山的明军,一举攻下萨尔浒明军大营,接着攻击杜松所部。杜松虽左右冲杀,但矢尽力竭,落马而死。西路军覆亡。

初二,北路的马林听说杜松兵败,急忙转攻为守,组成"品"字形营阵。主将马林,将门出身,但好诗文,工书法,交游名士,自许甚高,只有虚名,并无将才。努尔哈赤还是集中兵力,分三口吞掉马林的"品"字战阵。马林惊恐,策马先奔,剩下的明军官兵溃败,全营皆没,马林两个儿子战死。明北路马林军,除主将马林仅以数骑逃回开原外,全军覆没。

初五，东路刘𬘩军进到阿布达里冈，距赫图阿拉七十里。隐伏在这里的后金伏兵四起，把刘𬘩军拦腰切断而攻其尾部。这时，努尔哈赤设计骗刘𬘩，用杜松阵亡官兵的衣甲、旗帜装扮成明兵，乘机督战。皇太极等率兵从山上往下驰击，上下夹攻，首尾齐击。刘𬘩奋战数十合，中流矢，伤左臂。刘𬘩真是条汉子，又战，面中一刀，被截去半个脸颊，还左右冲突，亲手斩杀数十人而死。其养子刘招孙扛着刘𬘩的尸体，手挥刀刃，拼死战，也被杀。刘𬘩，抗倭名将刘显之子，是明军的勇将。他身经数百战，名闻海内。他善用大刀，所用镔铁刀百二十斤，在马上轮转如飞，人称"刘大刀"。就这样，刘𬘩战死，东路明军也遭惨败。

明军杜松、马林、刘𬘩三路军败北，经略杨镐急令南路李如柏回师。李如柏为名将李成梁之子，放情酒色，贪淫跋扈，怯懦蠢弱，接到杨镐檄令后，急命回军。后因为被言官弹劾而自杀。

至此，萨尔浒大战，以明朝军失败、后金军胜利而结束。萨尔浒之战后，辽东战事愈演愈烈，明朝由进攻转为防御，后金由防御转为进攻。

面对这种空前的危机，万历皇帝还是坚持不上朝，一年多以后就驾崩了。

## 50

## 红丸疑案
—— 泰昌帝是死于红色药丸吗？

前面讲到，万历四十八年（1620年），明朝出现一场危机——从七月二十一日到九月初一，四十天中，万历、泰昌两任皇帝先后去世，十六岁的天启皇帝朱由校匆忙继位，朝野震荡。

泰昌帝朱常洛正当三十九岁壮年，为何继承大统仅一个月，就突然死去？这成为明朝皇宫的一桩疑案，就是"红丸案"。

朱常洛作为万历皇帝的长子，因为母亲是宫女，不是皇后或者妃嫔，不受皇父待见，受到了皇父的冷落。又因为皇父宠爱郑贵妃，喜爱郑贵妃生的儿子朱常洵，还遭遇郑贵妃策划"梃击案"的恐吓，所以迟迟坐不稳皇太子的位子，坎坎坷坷，忐忐忑忑，始终处在孤独、压抑、恐惧之中。他直到十八岁才出阁读书，又长期辍读，文化素养不高，更没有高雅爱好，终日在后宫沉湎于酒色之中。

直到三十九岁，皇父驾崩，他才登上皇位，年号泰昌，是为泰昌皇帝。

泰昌帝妃嫔不少，当时他最宠爱的是李选侍，为了跟另一位李选侍相区别，且称"西李"。郑贵妃想做太后，"西李"想做皇后，两人沆瀣一气。

此时，郑贵妃还住在乾清宫，她像变了个人似的，对泰昌帝极尽谄媚拉拢，并投泰昌帝之所好，从侍女中挑选八位美女献给皇帝。泰昌帝欣然接受。此后，泰昌帝沉迷美色之中，一下子消瘦下来，突然病重。八月十一日是他的生日，称万寿节，因他病重免去庆贺仪式。

十二日，郑贵妃和"西李"以探病为名，催请册立的日期。泰昌帝勉强出殿，召见大学士方从哲，命封郑贵妃为皇太后、"西李"为贵妃，结果受到礼部的抵制。礼部尚书孙如游说："先帝在的时候，并未册封郑贵妃为皇后，且皇上又不是郑贵妃生的，此事如何使得？"

十四日，泰昌帝病势更重了。掌管御药房的司礼监秉笔太监，是原来郑贵妃宫里的内医崔文升，郑贵妃请他给泰昌帝看病。崔文升诊断是邪热内蕴，应该清内火。结果服药之后，泰昌帝腹痛肠鸣，泻泄不止，一天一夜竟至三四十次，一连两天，一泻如注。

十六日，泰昌帝下诏说自己几夜不眠，每天只喝少量稀粥，头晕目眩，四肢无力，难以走动。泰昌帝病情传出，人们无不惊诧。迫于压力，郑贵妃不得不搬出乾清宫，住进慈宁宫。

二十六日，泰昌帝在乾清宫病榻上召对英国公张惟贤、内阁大学士方从哲等，皇长子朱由校也侍奉座侧。泰昌帝把群臣叫到床前，说："朕见到你们，非常高兴。"大臣们劝他谨慎用药，他说他已经两旬没有进药了。泰昌帝再次口谕封"西李"为皇贵妃。没等他说完，"西李"便把朱由校叫到帷帐里面，原来她一直在里面偷听。过了一会儿，朱由校又被推出来，说"西李"要求封她为皇后。泰昌帝听了不再说话。

二十九日，泰昌帝再次在乾清宫病榻上召见大学士方从哲等十三员大臣，先谕册立"西李"为皇贵妃，然后谕立皇太子，嘱咐大臣们辅佐太子，使他将来成为尧、舜一样的明君。这时，泰昌帝说起寿宫，也就是陵墓的事。大臣说大行皇帝的陵寝已经告竣。泰昌帝说:"我是问朕的寿宫。"大臣说:"圣寿无疆!"泰昌帝接着问:"有鸿胪寺官进药,人在哪儿?"辅臣奏道:"李可灼说有仙丹,但不敢轻信。"皇帝还是宣李可灼进宫。李可灼进来,说些吃药的话。大学士刘一燝说:"臣家乡两个人吃这种药,对一人有效,对另一人有害,不太安全。"礼部侍郎说:"不能轻易吃。"皇帝还是要吃。大臣们退出,进来一个奶妇,用人奶和药,皇帝喝了下去。一会儿,太监说:"皇帝吃了药感觉暖润舒畅,想要饮食。"下午,皇帝又吃了一丸。

三十日,泰昌帝未见大臣。九月初一天刚亮,宫内急召诸臣,但为时已晚,皇帝已经死了!

泰昌帝最后吃的这种药丸是红色的,故称"红丸",这桩案件,史称"红丸案"。这两粒"红丸"到底是什么药?为什么吃一颗见好,再吃一粒竟毙命?这成为明朝皇宫的一桩疑案。再联系郑贵妃的所作所为,先是"梃击案",接着是住在乾清宫不肯搬走,接着进献美女,再联系她原来宫里的崔文升进泻药,还有李可灼进药前后同太监的非正常往来,鬼鬼祟祟,桩桩件件,都指向谋害之嫌,疑窦丛生。

泰昌帝继位一个月就死去,留下两个难题。

第一个难题是如何纪年。万历皇帝去世,泰昌皇帝继位,一个月后去世,天启皇帝继位。这样,万历四十八年(1620年)先后存在万历、泰昌、天启三位皇帝。大臣们经过反复讨论,最后采纳御史左光斗的建议,以当年八月前为万历四十八年,八月初一后为泰昌元年,第二年为天启元年。

第二个难题是寿宫问题。万历帝、后的寿宫早已准备好了,而泰昌皇帝遗体葬在哪里呢?马上修造一座寿宫是不可能的。后来大臣们终于想起有一座空着的寿宫,那就是景泰帝在位时为自己修建的寿宫,后来因为英宗复辟,他失去皇位,死后没有葬在那里。这样,经过修缮后,天启元年(1621年)才将泰昌帝遗体入葬,称为庆陵。

由泰昌帝的死,可联想到明朝有四位长期郁闷的皇子,继位后都寿命不长。

第一位是洪熙帝朱高炽,从燕王世子到皇太子,其地位一直受到两位弟弟的威胁,摇摇晃晃,凶凶险险,到四十七岁才继位,结果在位九个月就驾崩了。

第二位是成化帝朱见深,先被册立为皇太子,后被废为沂王,再被册立为皇太子,在位二十三年,终年才四十一岁。

第三位是隆庆帝朱载垕,三岁被封为裕王,之后长期不得立为皇太子,在位六年,终年才三十六岁。

第四位是泰昌帝朱常洛,虽是皇长子,却长期不被册立为皇太子,还有同父异母弟福王朱常洵在争位,在位仅一个月,三十九岁去世。

洪熙、成化、隆庆、泰昌这四位皇帝,他们有那么优越的物质条件,却都寿命不长。这说明:物质条件不是影响寿命的最主要因素,而心理与精神和人的寿命有极大关系。生气、恐惧、焦躁、郁闷、孤独、压抑、消沉、放纵都是非常不利于健康的心理和精神的因素。

## 51

## 慌乱继位
——天启帝继位之初的政坛斗争

天启帝朱由校是明朝第十五位皇帝。明朝已经走过二百多年,进入了衰亡的轨道,距离明朝覆亡只剩下二十多年。这种不祥的端倪从他继承皇位时的混乱之中就显露出来。

万历三十三年(1605)十一月十四日晚上,朱由校出生,他的父亲朱常洛正盼着早点生个儿子,以维持皇太子地位,又怕万历帝不喜欢他生儿子,忐忑不安。于是朱常洛派年老宫人到仁德门外报喜,他自己则在星月之下来回踱步,彷徨不安。太监陈矩马上就奏报万历帝,又奏报皇太后,阖宫欢喜。侍者回来报告,朱常洛才高兴起来。

皇长孙朱由校的出生并没有激起万历帝丝毫的热情。过了一个月,万历帝才下诏通告全国,将近半年之后,才进封朱由校的祖母王氏为皇贵妃,进封朱由校的生母王氏为才人。

万历四十二年(1614年)二月,李太后逝世。她弥留之际留下遗嘱,令万历帝立朱由校为皇太孙,皇太子为储君,皇太孙为储贰。在皇权时代,立储贰与立储君同样重要。直到万历帝驾崩,在约十五年的时间内,无论廷臣怎样奏请,万历帝都不同意册立长孙为皇太孙。不仅如此，万历帝也反对让朱由校出阁读书。

不做皇太孙，不读书，又生活优裕，朱由校每天在宫里做什么呢？爬树，掏鸟窝，养猫，斗鸡，逮蛐蛐，捉迷藏，爬山，赏花，划船，溜冰，游玩，看戏，演戏，骑马，打猎……他小时候，宫里正在修建三大殿，他对泥瓦工、木工、雕刻等，都不陌生，据说是个很好的木工。

此处重点说一下他养猫。大约从宣德朝开始，宫中养猫，渐成风气。朱由校这位皇孙更对猫有特殊的嗜好，他不仅爱猫，而且对猫的特性颇有研究。知道猫吃了一种草，就会醉得昏迷不醒，为了取乐，他就故意给猫吃这种草，让猫死去活来。他所喂养的猫，雄的称某小厮，雌的称某丫头。后来当了皇帝，他好猫如故，还给猫封官晋爵，凡是有头衔的，称某老爷或某管事，并按照赏赐宫中太监的惯例，给猫们发赏，无聊透顶。

在乾清门月台前，丹陛下面有一条暗道，俗称"老虎洞"，高1.8米，宽1.1米，长约10米，供太监们穿行。朱由校晚上常在洞中，同太监、宫女玩"捉迷藏"游戏。

万历四十七年（1619年）三月，在萨尔浒大战败报传来时，朱由校的母亲王才人病逝。一年多以后，刚登上皇位一个月的皇父泰昌皇帝又去世了。本来他谕旨九月初九册立朱由校为皇太子，但这个吉日良辰还没到，自己就先死了。

从九月初一泰昌帝去世，到九月初六朱由校继位，在这短短的五天中，还没有继位的朱由校置身于后宫、内廷和外朝的争斗之中，史称"移宫案"。这年他十六岁。

"移宫案"包括两次"移宫"：一次是"储皇移宫"，另一次是"西李移宫"。

先讲"储皇移宫"。

朱由校的母亲死了，泰昌帝就把他交代给"西李"照料。泰昌帝死后，"西李"获封皇后或皇贵妃的愿望落空了，便抓住和依靠小朱由校，以巩固自己在宫中的地位。怎么办呢？这位"西李"想了一招：自己和朱由校住在一起，朱由校住乾清宫，自己也住乾清宫，这样就可以控制这个未来的皇帝。这是有先例的。当年万历帝十岁登极，他妈妈李太后就搬到乾清宫住，朝夕相处，有时母子还睡在一张床上。可李太后是万历帝的亲妈，而"西李"并不是朱由校的亲妈。"西李"和太监李进忠——也就是后来的魏忠贤——在乾清宫挟持朱由校，不让他离开乾清宫。"西李"甚至将朱由校藏在乾清宫暖阁里，不让他出来为泰昌帝守灵。

大臣们认为，要尽快使朱由校暂时离开乾清宫，摆脱"西李"的控制，才能稳定大局。哀悼仪式一结束，大学士刘一燝等责问道："皇长子应当在灵柩前即位，现在不在，这是为什么？"原东宫伴读、司礼监秉笔太监王安说："为李选侍藏起来了！"刘一燝大声喝道："谁敢藏新天子！"大学士方从哲及诸大臣赶到乾清宫门外，要见朱由校，把守宫门的太监手持木棍，不让进入。王安趁其不备，冲进暖阁，把朱由校拉出来。大臣们见到朱由校，立即叩头，高呼"万岁"。王安拉着朱由校就往宫外走。太监追出来大叫："拉少主去哪儿？主子年少怕人！"兵科都给事中杨涟等边推搡边斥责太监说："殿下是群臣之主，四海九州，莫非臣子，怕什么！"于是群臣簇拥着朱由校往外走。"西李"着急，马上派李进忠等众太监追出来，要把朱由校带回乾清宫。杨涟、王安等人奋力推开众太监，保驾护行；大臣分列左右，连扶带推，拥着朱由校往外跑。刚跑到乾清宫门外，宫内众太监又追了上来，紧紧拉着朱由校的衣服不放，并号叫："你们挟持皇长子到何处？"杨涟毫不畏惧，一面严厉怒斥他们，一面与大臣们一起把朱由校抱进轿子，直奔文华殿。辰时

（七点至九点），诸臣行礼完毕，"西李"又派人来纠缠，要朱由校回到乾清宫。大臣们迅速把朱由校请到慈庆宫居住。

朱由校避居慈庆宫，暂时摆脱了"西李"的控制，但"西李"仍占居乾清宫，直接妨碍朱由校举行登极典礼。下一步，就是让"西李"移出乾清宫，搬到仁寿殿，把乾清宫腾给新继位的皇帝朱由校。

再讲"西李移宫"。

初五日，杨涟等大臣不顾一切，劝首辅方从哲要按原定时间举行登极大典，今天必须让"西李"移宫。杨涟对"西李"的爪牙怒斥："能杀我则已，否则，今日不移宫，我死也不离开！"朱由校这几天由太监王安陪伴，王安告诉他，他的母亲长期被"西李"凌辱和殴打，常在夜里偷偷哭泣，以致年纪较轻就离开人世。朱由校痛哭，派人传达他的谕旨："先帝选侍李氏等，著于仁寿殿居住，即日搬移。"

"西李"无奈，在责骂声中，于当天午时离开乾清宫，移居仁寿殿。皇长子朱由校在同一天由慈庆宫回到乾清宫。这两场"移宫"闹剧，共演出五天，落下帷幕。

初六日，按照预定计划，新皇帝登极大典举行，这位新皇帝就是天启皇帝。

在明朝的皇帝中，只有朱由校一人在登极的时候还是一个既不是皇太子又没有念过书的可怜虫。这个皇帝在慌乱中继位，又在未来的七年里不仅把明朝推向更深的灾难，而且自己也在二十三岁时死去，成为明朝历史上最短命的皇帝。

## 52

## 客魏当道
——客氏与魏忠贤如何狼狈为奸？

天启朝政治有一个特点，就是客魏当道。客，是天启帝保姆客氏；魏，是太监魏忠贤。这两人狼狈为奸，沆瀣一气，依靠并控制天启帝，排斥异己，打击忠良，弄得朝廷内外乌烟瘴气。

明代后宫规定，后妃生下孩子，都有专门的保姆伺候，时称"奶婆""奶口"。客氏（1581—1628）十八岁入宫做朱由校乳母，以后就长期住在宫里，伺候朱由校。朱由校从小被她伺候，特别喜欢吃她做的饭，所以对她既信任又离不开。她有点文化，身材苗条，有几分姿色，性情放荡，心狠手辣。

魏忠贤（1568—1627），原名李进忠，好骑射，擅弓法，有胆识，善决断。但他从小不走正路，吃喝嫖赌，打架斗殴，是个地痞无赖，因欠下赌债，自宫当太监，后来设法到皇长孙朱由校的母亲王才人身边，为她打理膳食，从而接近朱由校，千方百计讨好他。

魏忠贤自从勾搭上客氏，地位迅速上升。客氏住在乾清宫西北的咸安宫，这里本是太后、太妃的居所。乾清宫与永寿宫之间的凤彩门是客氏与魏忠贤约会之地。他们还各自在今北京丰盛胡同建造豪宅，客氏居街北，魏忠贤居街南，相距很近。

这一对男女，一个淫而狠，一个阴而毒，合称客魏。他们利用天启帝的信任，依仗天启帝的羽翼，获得无限权力、地位、封赏和荣誉。大字不识的魏忠贤竟然晋升为司礼监秉笔太监，按照内阁大臣拟写的意见，替皇帝批答奏章，从而执掌大权。他们戕害忠良，扰乱后宫，与外朝官员结为阉党，无恶不作。

此处举万燝之案作为例子。

万燝，江西南昌人，万历四十四年（1616年）进士，任刑部主事，后调为工部营缮司主事，后升员外郎，负责铸造钱币之事。当时修建明泰昌帝庆陵的工程，经费奇缺，铸钱所需铜料更加匮乏，万燝急得焦头烂额。他向宝源局的人询问尽快得到铜料的办法，宝源局的人都说，宫里内官监堆积着许多破烂铜器，估计不下数百万，只要申请，就能得到。万燝就发公文给内官监，请拨给废铜。魏忠贤认为这是无视他的权威，不予理睬。

万燝等铜下炉，托熟人打听，才知道是因魏忠贤所阻，就上疏给皇帝。没想到皇帝却下旨批评万燝。万燝再次上奏说："魏忠贤曾经侍奉先帝，但对于先帝的陵寝工程却毫不在意。臣曾请发废铜造币，他竟不给。臣前些日子去香山碧云寺，见到忠贤为自己建造的坟墓，规制甚为弘敞，可以与祖宗陵寝相比，还建有生祠、寺庙，所费金银当有数百万。为自己造墓这么好，为先帝造陵寝则那么不当回事，忠贤之罪，不足以诛杀吗？"

天启帝发谕旨说："庆陵工程费用浩繁，内府废铜能有多少，谁说那里有废铜？万燝今又僭言渎扰，陷朕于不孝之地，好生狂悖无礼。著锦衣卫拿来，在午门前，着实杖一百棍，革职为民，永不叙用。"

圣旨一下，几十个小太监冲入万燝寓所，抓头发，扯衣服，把万燝拖出门来，一路上拳打脚踢，棒击棍殴。到午门时，万燝已经气息奄奄，后遭廷杖一百，万燝昏死。太监们又拽住万燝的脚，倒拉着转了三圈。往外拖时，两边又拥上来几十个小宦官，拿着锥子照万燝身上乱戳，万燝被扎得千孔流血，四天后死去。

客魏就是要让大臣们知道，谁想跟魏忠贤过不去，谁就要被杖死，气焰何等嚣张！

客魏不仅戕害忠良，而且扰乱后宫，可怜堂堂天启皇帝，竟连自己的后宫都不能保护。

天启帝的皇后张嫣为人正派，知书达理，客魏就把张皇后当作天敌，百般陷害，下一讲再详细说，先说其他的妃子。

张裕妃怀孕逾期未产，客魏就在天启帝面前拨弄是非。无知的皇帝把张裕妃关进冷宫，断绝饮食。张妃在雨天爬到院中喝房檐流下的雨水，最后死去。

惠妃范氏生下皇二子，晋为贵妃。后来皇二子死，惠妃又得罪客氏，被打入冷宫。

李成妃侍寝时，偷偷为惠妃范氏求情，客魏得知后，就挑拨天启帝革其封号，幽禁冷宫，断其饮食。李成妃接受张裕妃被饿死的教训，藏些食物，坚持半个月，后来被斥为宫人。

冯贵妃更惨。天启帝出宫郊祀，客魏竟派人杀死冯贵妃，谎称其病死。天启帝也信以为真，不做追究。

总之，凡是天启帝临幸过的宫妃，客魏必下毒手。

客魏之所以屡屡得手，是因为依仗天启帝的信任、支持和放纵。而堂堂天启皇帝不仅善恶不分，而且连后妃和儿女也不能保护。他先后得三子二女，全部夭折。

那么，这就产生一个疑问，客魏到底要干什么？他们的目的是什么？

有一件事情值得关注。在天启帝病重的时候，魏忠贤曾经给张皇后出了个主意，让张皇后假装怀孕，让他侄子魏良卿的儿子冒充皇后的儿子，待天启帝驾崩后，由张皇后垂帘听政，立魏良卿为摄政，立这个假儿子为皇帝。因为张皇后义正词严，后来魏忠贤没敢轻举妄动。

由此可见魏忠贤的狼子野心。客魏二人狼狈为奸，甚至觊觎皇位！

在明朝二百多年历史上，太监为祸最严重的有正统、正德、万历和天启四朝，而天启朝最为严重，危害最大。魏忠贤之所以屡屡得手，是因为与客氏勾结，又有皇帝依靠。其根源在于天启皇帝。天启帝从小家庭关系扭曲，没有接受过良好教育，更没有经受过实践历练，而生活优裕，地位至高，所以这种人一旦大权在握，既不能"治国"，也不能"齐家"，更何谈"平天下"！

## 53

## 天启张后
——成为皇后要经过多少次筛选?

明朝皇后的挑选、生活和命运是怎样的呢?本讲就选择明熹宗天启皇帝的皇后张嫣作为一个典型例子,来看她是怎样度过皇后一生的。先看皇后是怎样挑选出来的。

明朝皇后挑选,是在全国海选。

明熹宗天启帝的皇后张嫣,河南祥符县(今河南省开封市祥符区)人。她的父亲张国纪为生员。关于张皇后的身世,有一个传说。张国纪家很穷,早上起来出去,见道旁有一个丢弃的女婴,躺在雪中,没有死,也不哭,很奇怪。这时有一位和尚路过,跟张国纪说:"此女当大贵,可收养之。"张国纪便抱起这个弃婴回家抚养。时间是万历三十五年(1607年)十月初六,这个女婴就是后来的张嫣皇后。

张嫣小时候纯洁娴静。七岁时,或洒扫庭院,洗衣做饭,或习做女红,阅览书史;十三四岁,窈窕端丽,绝世无双。

天启元年(1621年)三月,天启帝诏选天下十三至十六岁的淑女。张嫣这年十五岁,随参选的淑女约五千人到了北京,在京进行初选、复选、终选等复杂过程。

| 天启张后 |

首先,由太监负责初选。淑女每百人一组,观察她们的高、矮、胖、瘦,淘汰千人;其次,察视淑女的耳、目、口、鼻、发、肤、腰、领、肩、背、声音等,又淘汰两千人;第三,测量女子的手足,再让她们分别行走数十步,再淘汰千人。剩下这一千人,由老宫女带到密室,检查她们的身体皮肤,入选三百人。这三百人住在宫里,接受性情、诗书、修养等考察,入选五十人。从海选得到的五千人,经过多次筛选,最后剩五十人,真可谓百里挑一。

以上是初选。然后进行复选,由司礼监秉笔太监刘克敬总负责,由刘太妃——万历帝的刘昭妃——掌管太后宝玺把关。

先由刘大太监主持,考察这五十名淑女的书法、口算、诗词、音乐、歌舞等,测评文化素养,从中选中三人,就是张嫣、王氏和段氏。对这三位美女,当时有书面评价,有点像小说的语言,但可以反映出那个时代的审美情趣和健美标准。这里介绍一下:"面如观音,色若朝霞映雪,又如芙蓉出水;鬓如春云,眼如秋波,口若朱樱,鼻如悬胆,皓齿细洁,丰颐广颡(sǎng),倩辅宜人;颈白而长,肩圆而正,背厚而平;行步如青云之出远岫,吐音如流水之滴幽泉;不痔不疡,无黑子创陷诸病。"大致就是说她们的相貌、声音、体态、皮肤等都非常出色。

这三位美女,再由刘太妃在元辉殿把关,没有问题,就让她们暂居此殿,以待钦定。

最后,天启皇帝确定,张嫣为皇后,王氏和段氏为皇妃。

天启元年(1621年)四月二十七日,天启帝与张嫣大婚,天启帝十七岁,张皇后十五岁。张皇后端庄持重。当时天启皇帝热衷于操练内操,就是太监和宫女在宫里一起操练。一天,皇帝召皇后一起参加内操,皇帝亲自为将,一列是宦官三百人,龙旗招展;另一列是宫女三百人,凤旗飘飘。皇后一看,推说有病,退席先回。天启帝常携带"房中药"（春药）到坤宁宫，皇后收起来投入井中。她劝皇帝说："圣上身体清弱，应当为宗社爱惜自己的身体。"

当时天启皇帝的身边，太监魏忠贤和乳保客氏狼狈为奸，企图控制皇帝。因为婚后皇帝和皇后很恩爱，张皇后就受到客魏的嫉恨。因此，张皇后在坤宁宫并不安宁，曾经遇到过四次灾难。

第一次是夜入盗贼，险遭伤害。有一天夜晚，皇后准备睡觉，卸妆后，坐在紫檀马桶上。突然听到声音，见有个人影晃动，皇后一声喊，那个人吓得倒在地上，宫人们把他用绳绑了，要交给天启帝处置。这个人其实是魏忠贤招来的，他赶紧让锦衣卫把这人杀了。

第二次是受到诬陷，险些被废。当时监狱里有个重犯叫孙二，魏忠贤以出狱和重金为诱饵，让孙二编造说张皇后为自己所生，送给张国纪当养女。然后客氏就在宫中散布流言，对天启帝说："张嫣是罪人孙二的女儿，不应该让她玷辱宫闱。"天启帝竟然起了疑心，可是到坤宁宫见到皇后，又恋恋不舍，就开玩笑说："你是重犯孙二之女吗？"皇后答道："皇上若信浮言，妾岂敢久辱宫禁，愿你早点废斥我。"说完起身进入里屋，天启帝跟过去道歉。这场风波才算过去。

第三次灾难是怀孕堕胎，失去皇子。天启三年（1623年），张皇后怀孕。客魏设法使皇后堕胎，天启帝竟然失去嫡长子。

第四次是设计掉包，魏氏摄政。天启帝患病，病情危重。这时，魏忠贤竟然向张皇后提出，让张皇后假装怀孕，暗地里抱来魏忠贤侄子魏良卿的儿子，当作皇后的儿子。等皇帝驾崩，就让这个小孩继承皇位，由张皇后垂帘听政，以魏良卿为首辅。张皇后说："我从命也死，不从命也死，但是如果不从命而死，可以见列祖宗在天之灵，所以坚决拒绝！"

客魏势力有多么猖獗，简直无法无天！

天启七年（1627年）八月十八日，皇帝病危。张皇后劝皇帝立信王朱由检。天启帝指着皇后对信王说："中宫配朕七年，常常正言匡谏，获益颇多。今年少寡居，实在可怜，弟弟要善待她。"天启皇帝崩。张皇后传遗诏，信王朱由检即位，这就是崇祯皇帝。

崇祯帝即位后，上熹宗皇后张氏为懿安皇后，仍居慈庆宫。二十一岁年轻美丽的张嫣，成为懿安皇后。从此，她每天在宫中读书，写字，吟诗词，做女红。

这时，大太监陈德润又打起懿安皇后的主意。当时宫里没有儿子的妃嫔、选侍等，有的以太监为伴侣，叫作"对食"，或"菜户"。一天早晨起来，宫人对懿安皇后说："宫监陈德润，人品清雅，性情谨厚，皇后何不召来作为菜户，有所倚托？"懿安皇后立即奏报崇祯帝，崇祯命令贬陈德润到南京明孝陵去种菜。

崇祯十七年（1644年）三月十八日，李自成军队攻陷京师外城。当天，崇祯帝和皇后自缢死。而崇祯皇帝的嫂子　懿安皇后——的结局，《明史·后妃传》记载："李自成陷都城，后自缢。"时年三十八岁。

从天下选出的皇后张嫣，作为皇后和懿安皇后，在悲喜交织的命运中，度过了短暂的一生。

## 54

## 辽河三战
——以己之短，攻敌之长

在远离皇宫的辽东，后金汗努尔哈赤利用明朝新皇帝刚立、朝廷不稳的机会，率八旗军倾巢而出，突袭沈阳。

天启元年（1621年）三月十二日，努尔哈赤亲率八旗大军约六万人，扬言要攻打蒙古，绕开沈阳行进，来麻痹明军。到离沈阳较近时，突然调转方向，直奔沈阳城下。沈阳是一座大城，城坚池深，防御完备，兵强马壮，战斗力强，由骁勇敢战的贺世贤任总兵官。

由赫图阿拉到沈阳约二百里路，后金军急行两天，兵临沈阳城下。主力部署在辽河支流浑河北岸原野，安营扎寨；另一部分兵力包围沈阳城。努尔哈赤派人在城下劝降，并叫阵："贺世贤要是投降，封高官，给厚禄；要是英雄好汉，就出城交锋，决一雌雄！"

贺世贤是一员猛将，同蒙古骑兵作战，屡获胜利，怎能吞下这口气？十三日，贺世贤一面集结兵力，一面喝酒壮胆。他喝得半醉半醒，命打开城门，放下吊桥，率领骑兵直冲而出，奔向八旗军阵。努尔哈赤率八旗兵以静迎动，一片呼喊，冲向明军。贺世贤陷于八旗军包围圈中。他挥起铁鞭，奋力拼杀，后金骑兵，死伤数十。但贺世贤寡不敌众，后金军乱箭齐发，射向他：贺世贤中箭一支拔下，再中一支再拔下，身中四箭，落马而死，何其悲壮！总兵战亡，明军群龙无首，慌乱四散溃逃。

接着，八旗军全面攻打沈阳城。城中内奸打开城门，吊桥绳断，八旗官兵蜂拥而入，沈阳城破。沈阳明军民被杀，据说多达七万人。接着，明军四路援军先后分路赶到，同样遭到惨败。

明军和八旗军各有长短。明军的优势是"凭坚城，用火炮"，弱势是"步兵为主，不利野战"；八旗军的优势是"集中兵力，野战争锋，铁骑冲突，速战速决"，弱势是"军无后勤，不利久战"。八旗军攻城，一般是七至十天，因为八旗军是"亦兵亦农"，有战事，传令分散各地各户的官兵，自带干粮、弓箭，骑马集合，一般需一天，战后回家又要一天，行军一两天，那么围城攻城时间只有三四天。明军守城，坚持四天，待敌撤退，进行追击或截击即可获胜。可惜贺世贤舍长取短，兵败身死，坚城失守。这是多么沉痛的教训！

努尔哈赤攻陷沈阳后，收集粮食、枪械，马不停蹄，直奔辽阳。

辽阳是明朝辽东首府，辽东经略驻地，城高池深，重兵守卫，防御坚固。

十八日，努尔哈赤兵临辽阳城下。他依然将主力集中在城外平原，派部分军队围城。八旗军的战法依旧是先劝降，再叫阵。辽阳总指挥是辽东经略袁应泰，手下四员总兵率军固守。袁应泰本应汲取沈阳失守的教训，闭城固守。但他是进士出身，虽诗文不错，却不懂军事。

十九日，袁应泰下令打开城门，放下吊桥，亲率骑兵，出城应战，想要建立大功。他统军到城外五里的野地，面对努尔哈赤军阵，摆下阵势。当天傍晚，袁应泰大帐与努尔哈赤大帐相对而立。两军冲突，拉开战幕。一场激战，明军失利。总兵官侯世禄、李秉诚、梁仲善、姜弼、朱万良先后战死。袁应泰急忙调转方向，向辽阳城里狂奔，明军溃乱，尸体狼藉。袁应泰败回城里，八旗军四面攻城。

二十日，袁应泰见大势已去，自焚先死，军心涣散。

二十一日，八旗军又是里应外合，使得谯（qiáo）楼着火，从小西门攻破城墙，蜂拥而入，占领辽阳城。随之，明朝大小七十余座城堡完全失陷。按察御史张铨被俘，结果如何？后面要讲。

辽阳之战，袁应泰仍然没有发挥明军之所长，而暴露其所短；努尔哈赤仍然发挥八旗军之所长，而避其所短。袁应泰以短击长，所以失败；努尔哈赤以长击短，所以取胜。

努尔哈赤夺取辽阳后，决定将都城由赫图阿拉迁到辽阳。在此之前，满洲都城都是山城，现在都城迁到平原，这是满洲发展史上的一个转折点。

努尔哈赤在半月之内先后占领辽河平原最重要的两座城池，后金都城先迁到辽阳，再迁到沈阳。从此，明朝完全失去辽河以东的土地，这片土地为后金所有。

八旗军得胜后，回到赫图阿拉，休整后，兵锋指向辽河以西的广宁。

天启二年（1622年）正月二十，努尔哈赤率领八旗军向辽西广宁进发。当时正是寒冬，辽河冰封，八旗大军，横百余里，履冰渡河，冲破明军"一"字形防线后，先攻西平堡。明军守将罗一贵率三千兵守城。八旗军五万人攻城，明军抵抗得十分顽强。城下堆积的尸体几乎与城墙一样高。罗一贵眼中一箭，继续指挥。二十三日，矢尽弹绝，罗一贵向西一拜，说："臣力竭矣！"遂自刎。三千明军，无一投降，全部殉国，城陷。随之，明军两个城堡也被攻破。

八旗军直奔广宁。巡抚王化贞正在看军报，参将江朝栋闯进说："事急矣，快走！"（情况已经很紧急了，赶紧跑吧！）他们奔向马厩，马已经被偷走，就用骆驼驮着四个箱子出城。走到城门，城门已被叛兵把持，在冲突中，王化贞脸被打破，但还是逃了出去。

二十四日，后金得到探报：广宁守军散逃，成为一座空城。努尔哈赤说："别中空城计。"命再探。广宁生员士绅等来说："确实是空城。"努尔哈赤仍有怀疑，派大贝勒代善等再探。代善带人进城考察，回报："明军确已逃走，无兵守城。"二十五日，努尔哈赤才率军进驻广宁城。

接着，后金军连陷四十余座城堡。辽西粮食、牲畜、人口被掠入后金。

于是，短短两年，明朝整个辽东地区落入后金之手。后经努尔哈赤的儿子皇太极的经营，原明朝辽东都司（山东北部除外）和奴儿干都司辖境区域约三百万平方千米的范围，全部归后金所有。

这是给天启小皇帝的一个下马威。

## 55

## 宁锦大捷
—— 明军为何反败为胜？

就在天启皇帝生命的最后两年，辽东战场出了一位不怕死的人，名叫袁崇焕。他提出"凭坚城，用大炮"的方略，先后两次打败后金骑兵，取得宁远大捷和宁锦大捷，暂时遏制了后金军南下的脚步。

先看宁远大捷。

天启六年（1626年）正月，努尔哈赤亲率八旗大军指向袁崇焕坚守的宁远城（今辽宁兴城一带）。明辽东经略高第是个阉党分子，胆小如鼠，他命令军民全部撤退到山海关以内。山海关外有个小官宁前道袁崇焕，坚决不撤，他要率领兵民万人，守卫辽西走廊的咽喉之地——宁远城。高第命令他撤，他说："我是宁前道，官做在这里，应当死在这里，我坚决不离开。"别人说他兵单势薄，他说："我一个人独卧孤城也要阻挡敌人！"袁崇焕率领军民抓紧修缮城池，坚壁清野，清查内奸，在城墙上部署了从葡萄牙进口的红夷大炮。刚部署完，后金军号称二十万大军就到了宁远。

二十三日，后金军四面围城。袁崇焕指挥从城上放红夷大炮，一炮歼敌数百。后金收兵回营。

## 宁锦大捷

二十四日,后金军推着楯车,掩护兵士,靠近城墙,挖城打洞。袁崇焕亲自带勇士从城上用铁丝吊火球顺下,火烧后金挖城士兵。后金企图挖洞攻城,遭到失败。明军又在城上施放红夷大炮,炮打之处,一片火海,八旗官兵,死伤遍野。兵士抢运尸体,到远处砖窑焚化。天晚,后金军又撤回大营。

二十五日,努尔哈赤亲自督战,后金军再度蜂拥攻城。八旗兵退缩,不敢前进,巴雅剌(护军)挥刀督阵,兵士进而再退,退而再进。突然,大炮再发,所击之处,一片火海,八旗官兵,人仰马翻。此时,一片哭声响起。从城上遥望,见后金一员大将受伤,用皮革包裹,众兵抬着,号哭奔逃。这个受伤的大将是谁?根据史料记载,此战后金军没有一个贝勒受伤,所以有人认为,这个受伤的大将就是后金军统帅努尔哈赤。

二十六日,后金军一部分继续攻城、掩护撤退,一部分涉冰渡海,烧了宁远的后方基地觉华岛。

就这样,宁前道袁崇焕坚守宁远,取得胜利,打破了后金常胜的神话。

明军取得宁远大捷后,天启帝提拔袁崇焕为辽东巡抚,袁崇焕组成一条山海关—宁远—锦州的关宁锦防线。辽东经略王之臣驻山海关,巡抚袁崇焕驻宁远,总兵赵率教驻锦州,分兵御守,互相援应。

同年八月十一日,努尔哈赤可能因为炮伤感染,死去。他的第八个儿子皇太极继承汗位。皇太极为雪父之仇,也为巩固汗位,又策划发动了进攻宁远和锦州的宁锦之战。

天启七年(1627年)五月十一日,皇太极率领八旗军,分左、中、右三路,兵临锦州城下,距城一里,安营布兵,包围锦州。皇太极吸取宁远失败的教训,改变了强攻的战术。他先派人招降,明守城总兵赵率教应付、和谈、拖延。第二天，皇太极率军攻城，赵率教督兵严守。就这样，皇太极战不胜，又和谈；谈不成，再攻城。和战交替，半个多月。赵率教坚持袁崇焕的经验，"凭坚城"，也就是依靠城池固守，不出战。

皇太极见锦州城攻不下，就留下部分军队继续围困锦州，亲率主力去攻打宁远。

二十八日，后金军进抵宁远。皇太极说："昔皇考太祖攻宁远，不克；今我攻锦州，又未克。似此野战之兵，尚不能胜，其何以张我国威耶！"看来是志在必得。

袁崇焕派出名将满桂率精锐出城，背依坚城，城上有火炮掩护，两军驰突，马颈相交，矢镞纷飞，战况非常激烈。明军骁勇杀敌，后金军招架不住，退回锦州。

皇太极率军退回锦州后，发动八旗官兵，再次攻打锦州城。明军全面御守，施放大炮，八旗不敌，败下阵来。

总计，宁锦之战，先锦州，后宁远，再锦州，大小数十战，后金战败而去。明军官兵，人人敢死，建立了数十年未有之武功！

自明万历四十六年（1618年）努尔哈赤向明朝挑起战争，到天启六年（1626年），八年以来，明朝一失抚顺，二失清河，三失开原，四失铁岭，五失沈阳，六失辽阳，七失广宁，八失义州，没有打过一场胜仗。而宁远和宁锦之战却恰恰相反，后金一败再败，而明军一胜再胜。人们不禁要问：这是为什么？

当然，两军胜败的原因是复杂的、多元的，其中一个最直接的原因，就是明军之长是"凭坚城，用大炮"，之短是"野战争锋，马颈相交"；后金军之长是"集中兵力，骑兵冲突，拼死决斗，速战速决"，之短是"攻占坚城"。

明朝辽东巡抚袁崇焕的高明之处是"凭坚城，用大炮"，以己之长，击敌之短。当然，军队的后面是政治，明廷君主无能、政治腐败是其辽东最后败局的根本原因。

天启七年即天聪元年（1627年）五、六月，袁崇焕指挥辽军取得宁锦大捷，展示出他杰出的军事指挥才能，立下大功。明朝上下，举国相庆，封功论赏。但是最大的功臣袁崇焕不仅没有得到应有的表彰和尊崇，反而遭到排挤和打击。袁崇焕愤而辞职，黯然回乡。

这时，天启皇帝已经病入膏肓，无药可救。

## 56

## 九次落榜
## ——锲而不舍的文震孟

大家都知道,科举的最后一个环节就是会试和殿试。本讲介绍一位有着科举考试传奇经历的人,他就是十次考进士、九次落榜,直到第十次才高中状元的文震孟。

文震孟(1574—1636),长洲(今属江苏省苏州市)人,出身于名门之家。他的高祖文林做过温州知府,是位清官,文学家吴宽、书法家李应祯、画家沈周都是文林的朋友。文林死后缺钱丧葬,吏民凑钱,帮助办理丧事,当时文林的儿子,也就是文震孟的曾祖文徵明,只有十六岁,婉言谢绝。于是,官民修建"却金亭",纪念他谢绝千金捐款这件事。

文家祖上知名度最高的是文徵明,史料记载也多,此处重点说一下。

文震孟的曾祖文徵明(1470—1559)小时候并不聪慧,但肯于用功学习。后来,他和祝允明、唐寅、徐祯卿齐名,被誉为"吴中四才子"。他家结交的都是当代文人名流,正像刘禹锡《陋室铭》所说:"谈笑有鸿儒,往来无白丁。"浓郁的文化氛围是文家的第一个家风特点。

文徵明潜心于诗文书画，生活并不宽裕。巡抚俞谏官声很好，想送他钱，就指着文徵明身上穿的蓝衫说："衣服怎么这么破旧啊？"文徵明装作没听明白，说："因为被雨淋湿了才这样子。"俞谏就没敢提送给他钱的事。简朴正直的品格，是文家的第二个家风特点。

嘉靖初年，文徵明参与编修《明武宗实录》，并侍讲经筵，还受到赏赐，但文徵明觉得不自在，乞请回乡里。无心官场，潜心于诗文书画，是文家的第三个家风特点。

文徵明声名大震，四面八方的慕名人士请诗文，求书画，接踵于道。但富贵人不易得到他的一文片纸，他尤其不肯给王府和太监作吹捧用的颂诗谀文。王爷以珠宝文玩相赠徵明，他不启封，立即退还。不攀附权贵，是文家的第四个家风特点。

徵明文墨，遍于天下。门下士子，四方人士，模仿之作，赝品太多，徵明不闻不问，听之任之。仁爱胸怀，博大气度，是文家的第五个家风特点。

一代诗文书画大家文徵明于嘉靖三十八年（1559年）病卒，享年九十。

文震孟的爷爷文彭为国子监博士，叔爷爷文嘉能诗，工书，善画，还长于篆刻。文氏家族中出了多位男女诗文书画名家，是名副其实的书香名门。

文震孟就是生长在这样风骨清朗、饱润涵养、长于诗文、尤精书画的家庭氛围里。但他科场不顺，十次科考，九次挫败。

先是考秀才，经过县考、府考、院（省学政）考，都顺利通过，成为生员，接着在既是省城又是陪都的南京参加乡试，也还顺利，考中举人，然后到北京参加更高级的考试，经历了九次失败。

第一次赶考，他先参加礼部的会试。三场考试顺利结束，发榜一看，名落孙山。这对文震孟来说，是人生遇到的第一次沉重打击。但他不服气，继续努力，准备再考。

第二次赶考，从苏州到北京，路程约三千五百里，好在不走旱路，而走水路。文震孟乘京杭运河船只，晃晃荡荡，来到北京，经过严格检查，入闱静坐答卷。三场苦熬，又是落第。苏州是进士的高产之地，文震孟两次落榜，垂首回乡，没有面子。他雄心不减，准备再试一次。

第三次赶考，他到北京，无心游山赏景，专心准备功课。这次，文震孟下定决心要榜上有名。发榜后，他到皇城红墙观看，又是金榜无名。他索性在京多住几天，逛宣武门外琉璃厂书肆，经史子集，文房四宝，钟鼎彝器，历代法帖，名人字画，珍奇文物，琳琅满目，无所不有。他见识增广，信心增强，回到苏州，继续苦读。

第四次，落榜；第五次，又是落榜；第六次，还是落榜！这对一位读书人来说是人生最大的挫折，最重的打击！不少意志薄弱者早已心灰意冷，在回家路上，悲伤病死的，落发为僧的，转事书画的，放荡不羁的，比比皆是，不一而足。但文震孟继续读书，准备再考。

第七次，落榜；第八次，落榜；第九次，落榜！文震孟为排解胸中郁闷，游香山卧佛寺，体味《孟子》的名言："天将降大任于是人也，必先苦其心志，劳其筋骨，饿其体肤，空乏其身，行拂乱其所为，所以动心忍性，曾益其所不能。"当年他的曾祖文徵明参加应天乡试，七试不中，后来终于考中，他决心向曾祖学习这种坚韧不拔的精神，要百折不挠，要愈挫愈奋！继续积极准备，参加第十次科考。

天启二年（1622年），文震孟第十次参加科举考试，金殿钦点，高中状元，时年四十九岁。这种百折不挠的精神终于得到回报。

文震孟考中状元之后，授修撰，入翰林，任侍讲，就是给皇帝讲课。

当时魏忠贤专权，斥逐忠臣。文震孟气愤，上了一道《勤政讲学疏》，说："大小臣工都因循守旧，粉饰太平，官员上朝，就像演戏的傀儡登场，这将使祖宗天下逐渐被消减。"魏忠贤乘天启帝看戏的时候，指着奏疏中"傀儡登场"四个字，诬陷说文震孟把皇帝比成傀儡，不杀无以示天下。天启皇帝点头，于是传旨，廷杖文震孟八十。首辅叶向高、次辅韩爌力争，言官也上章疏救，为他求情。于是，文震孟被降级外调，又被斥为民。文震孟敢讲真话，时称"真讲官"。

崇祯元年（1628年），惩治阉党，起用正人，召文震孟入朝，还是做侍读，给皇帝讲课。文震孟态度严正，不畏邪恶，敢于耿直规劝，营救大臣。崇祯皇帝提拔他为礼部左侍郎兼东阁大学士，进入内阁。司礼太监曹化淳让人传话给文震孟，表示敬意，但他就是不与太监往来。结果他做大学士仅三个月，就遭小人暗算，被免官回乡，不久死去，年六十三岁。

文震孟一生的功成既源于家庭良好的文化环境，更源于自身坚韧不拔的性格。《明史》评价文震孟说："刚方贞介，有古大臣风。"（他正直忠诚，体现了古代文臣的优良风范。）

## 57

## 崇祯之悲
——悲剧的人生,悲剧的时代

北京有句民谚:北京城前三门,东边崇文门崇祯帝亡明,西边宣武门宣统帝亡清。这是历史巧合,后人附会。不过,说起明朝皇宫里的最后一位主人——崇祯皇帝朱由检,明朝的确是亡在他的手里。

崇祯帝朱由检是一位悲剧性的历史人物。接下来讲崇祯帝的悲剧所在。

首先,他虽然出生于帝王之家,却有一个悲剧的童年。他父亲泰昌皇帝是在位仅仅一个月的薄命皇帝,三十九岁就死去。崇祯帝的亲生母亲刘氏,江苏海州(今连云港市海州区)人,入宫初为淑女,宫里称作刘娘娘,万历三十八年(1610年)十二月生朱由检。后来,刘娘娘失宠,受到太子朱常洛的切责,惊吓病死。朱常洛后悔,怕皇父万历帝知道,便把刘娘娘秘密葬于西山。这一年,朱由检五岁。

朱由检非常想念母亲,做了皇帝以后,就问左右宫女等人,刘娘娘长什么样子。有一位老宫女说自己曾和刘娘娘隔屋居住,知道刘娘娘的模样,于是宫廷画师照这位老宫女的描述画了刘娘娘的像。崇祯帝在午门前跪迎母亲的画像,悲痛欲绝,泪如泉涌。崇祯皇帝找到了宛平外祖父刘家，给予厚待。外祖母徐氏当时年七十，崇祯帝对内侍说："太夫人年纪老了还聪明善饭，如果我的母亲健在，不知能活多大寿呢！"说着就流下眼泪。后来，他又派大太监到外公家，问外祖母徐氏母亲长什么样。按照徐氏的口授，画师又画了一幅刘娘娘的画像，左右都惊叹说："太像了。"崇祯帝把刘娘娘的画像迎进皇宫安奉，朝夕上供，就像母亲活着一样。从这件事可以看出，幼年丧母对崇祯皇帝的伤害有多么深。

崇祯皇帝朱由检做梦也没有想到自己会做皇帝。本来他都离开皇宫搬到信王府了，没想到第二年天启皇帝病死，又没有儿子继位，而天启皇帝临死前和张皇后确定，皇位由弟弟朱由检继承。这一年朱由检十七岁。天上掉下个皇帝宝座，这是福还是祸呢？

崇祯帝登极后，很想有所作为，中兴大明皇朝，上任的第一板斧，就砍向客魏集团。这在当时真是人心大快、大快人心啊！本来，崇祯帝有志向，还算勤政，应当在"中兴之路"上一步一步地前进。但是，关内的农民军、关外的八旗军，两拳打击，双重困扰，导致崇祯帝内外交困，焦头烂额。崇祯帝最后还是上演了一出悲剧。

崇祯帝登极后，杀了太监魏忠贤，却起用太监高起潜等，对于宦官顽症，换汤不换药，改革无决心，仅做个案处理，没做制度改革。

崇祯十七年（1644年），在严峻形势面前，他仍重用太监：命太监高起潜监军山海关，太监杜勋镇守宣府，太监曹化淳守广宁门（今广安门），太监王承恩提督京师全城防守。太监杜勋到任宣府后，不久就投降了李自成。朝中大臣要追究责任，崇祯帝却受假情报的蒙蔽，传旨说，杜勋骂贼殉难，不仅不加惩治，还为他建庙祭祀。

后来，李自成带着杜勋到北京广宁门外，杜勋在城下呼喊，要进城见皇上。守城太监就把杜勋用吊筐提到城墙上，进入大内。杜勋见到崇祯帝，说农民军很强大，劝皇帝赶紧为自己想个办法。崇祯帝左右大臣要求扣留杜勋,杜勋说:"如果我不返回,则二王危险。"原来他们把西安秦王和太原晋王这两个明朝藩王都押在广宁门外做人质。无奈,朝廷只好把杜勋用绳吊筐缒到城外。杜勋还在广宁门做策反说:"我们可以保住富贵。"鼓动大家都投降。不久,农民军攻打广宁门,守门的太监曹化淳打开城门投降,此是后话。

崇祯帝对奸佞太监是三个字:信,信,信。对忠良大臣也是三个字:杀,杀,杀!

杀了哪些忠良大臣呢?

一杀王洽。兵部在明末连年战争的环境下地位格外重要,但崇祯皇帝最愿意向兵部尚书下毒手。第一个下狱死的是兵部尚书王洽。王洽,临邑(今山东省临邑县)人,万历进士。王洽魁伟英俊,威严清廉,是一方官吏中最为优秀的。崇祯元年(1628年)十二月,崇祯帝任命王洽为兵部尚书。王洽上任不到一年,就是崇祯二年(1629年)十月,皇太极率八旗军兵临北京城下。侍郎周延儒对崇祯皇帝说:"当年蒙古俺答兵临北京城下,嘉靖帝下令将兵部尚书丁汝夔斩首后,官兵震动,敌军撤退。"暗示应当把兵部尚书王洽斩首,以振奋将士守城御敌的决心。崇祯帝点头,将王洽下狱。王洽这位兵部尚书上任不到一年,虽有责任,却无死罪!第二年四月,王洽病死于狱中。死后论罪,还要"大辟(pì)",这是古代五刑中最严重的一种,就是死刑,包括枭首、腰斩、剖腹、镬(huò)烹、车裂、磔死等。崇祯帝还要将已死的王洽定大辟之罪——在明代,官员病死与受死刑死是不一样的,其死后的评价、待遇、子孙科考和升迁等待遇都是不同的,可见崇祯手段之狠。

二杀袁崇焕。袁崇焕也是挂兵部尚书衔、蓟辽督师,在皇太极率领八旗军攻打北京城时,崇祯帝中皇太极的"反间计",以为袁崇焕通敌,恼羞成怒,不听大臣的谏言,先将袁崇焕下狱,后将袁崇焕凌迟处死。

三杀陈新甲。陈新甲，长寿（今重庆市长寿区）人，万历举人，知晓边事，史书称他办事干练，崇祯十三年（1640年）正月为兵部尚书。时南北交困，内外危急。崇祯帝命陈新甲开始秘密同皇太极议和。崇祯帝先后手写书信数十封，交陈新甲同皇太极联系。崇祯帝觉得和谈丢面子，所以特别嘱咐此事秘密进行，千万不能泄露。一天，陈新甲派遣的兵部职方司郎中马绍愉回京，把议和的情况报告给陈新甲。陈新甲深夜看完这份机密报告后，没有收起来，放在几案上。第二天早晨，陈新甲的家僮误以为是普通的情况简报，就交付出去抄传。于是，朝廷上下，舆论哗然。陈新甲赶紧辩称说并不是自己擅自和谈，这下就更惹起崇祯帝大怒，于是把他下狱。崇祯十五年（1642年）八月，将陈新甲凌迟处死。陈新甲被杀后，朝中更无大臣敢于提出和谈，明朝在内外交困的道路上也越走越远。

崇祯朝十七年间，先后换了中枢大臣十四人，都是不久就获罪。而王洽、袁崇焕、陈新甲三位兵部尚书都惨遭磔刑，千刀万剐，不得全尸。

崇祯帝刚愎自用，不听谏言，专制独断，宠信太监，酷刑大臣，必将自食其果。

## 58

## 末日一拼
—— 明朝面对农民军的最后一次挣扎

崇祯十七年（1644年）正月，李自成军队进逼山西。崇祯帝在朝见大臣的时候叹息说："朕非亡国之君，事事皆亡国之象。祖宗栉（zhì）风沐雨之天下，一朝失之，何面目见于地下！朕愿督师亲决一战，身死沙场无所恨，但死不瞑目耳！"说完就痛哭起来。

这时，有一位大臣慷慨激昂地说："臣的老家在曲沃，愿意用家产充当军饷，不用官家发钱，请求带兵西征！"这位大臣叫李建泰，山西曲沃人，家里非常有钱。他是天启五年（1625年）进士，做过国子监祭酒，颇有声望，崇祯十六年（1643年）五月升为吏部右侍郎，十一月又兼东阁大学士。当李自成农民军逼近山西时，李建泰担心家乡遭祸，所以想出兵拦截农民军于家乡之外。当他看到崇祯帝流着眼泪说要亲征时，便站了出来，说出前面的话。

崇祯帝大喜，对李建泰慰劳再三，说："卿如果出发，朕仿古代推毂礼为你送行。"古代推毂礼，说的是周文王姬昌为礼贤下士，把自己的銮舆让给姜太公（姜子牙）坐，并亲自为姜子牙拉缰绳、手推车，表示对下属的优礼。李建泰退下后，便着手准备。他请求恢复原御史卫桢固的官职；授进士凌駉为职方司主事，并监军；命参将郭中杰为副总兵，率领中军；推荐进士石釭（gāng）①，联络延绥、宁夏、甘州、固原的义士，征讨立功。崇祯帝一概应允，还特别加封李建泰为兵部尚书，赐尚方剑，便宜从事。

五月二十六日，遣将典礼——也就是出征践行仪式——举行，首先由驸马都尉万炜以太牢——猪、牛、羊——祭祀太庙。万炜是万历帝亲妹妹瑞安大长公主的驸马，当时已经七十多岁，官至太傅，掌宗人府大印，曾经以亲臣侍经筵，每逢皇帝在文华殿进讲，他都佩刀侍卫在侧。李建泰西征，安排这样一位地位崇高的皇帝姻亲告祭太庙，可见崇祯帝对李建泰出征非常重视。

快到正午，崇祯帝登上正阳门城楼。卫士东西对列，从午门一直排到正阳门外，旌旗甲仗，蔚为壮观。内阁、五军都督府、六部、都察院及京营文武大臣，冠服整齐，侍立两侧，鸿胪寺派人赞礼，御史负责纠仪，可谓隆重之至。一个即将覆亡的皇朝，同敌人勇敢作战虽不行，摆摆架势唬人倒还可以。李建泰上前辞行，崇祯帝奖劳有加，赐盛宴。御席居中，诸臣陪侍，崇祯帝亲自用金酒壶盛酒，给李建泰斟了三杯酒，还赐他手敕，上书"代朕亲征"四个大字。宴会结束后，太监为李建泰披红戴花。在鼓乐声中，李建泰身佩尚方剑，率军出征。

这是明朝最后一支从京师出征的队伍，寄托了崇祯帝太深切的期待，所以他才会用如此隆重的礼仪为李建泰饯行。崇祯帝目送很久很久，才返驾回宫。大明朝的国运，崇祯帝的希望，都寄托于李建泰之军——旗开得胜，江山永固。

当天，大风扬沙，占卜的卦辞说"不利行师"。李建泰率部才走出

---

①《明史·李建泰传》作"石䃜"。

几里路，所坐的轿子忽然轿杆折断，大家都觉得这是不祥之兆，刚被鼓起的士气立即消散。虽然李建泰这次调来了自己认为中意的下属，甚至西洋人汤若望都随军出征，负责火攻水战，但行军到京南五十多里的涿州，出征大军就逃散了三千多人，不久，又因为缺少兵器和食物，逃得就剩下五百人。

这时，李建泰惊闻李自成已经打到山西，老家曲沃陷落，家中资财散失一空，预期的粮饷打了水漂。他这一惊一急就病了，军队行动慢了下来，每天不过走三十里，官兵还在纷纷逃散。

走到定兴，守城知县一连三天不准李建泰入城，双方并有一番对话。

问："大军不向敌，为何要进城？"

答："军队没粮食，进城要粮银！"

问："城里没有粮食和银子！"

答："如不开门，我要攻城！"

李建泰恼羞成怒，下令官兵攻城。这支出征大军与农民军作战不行，攻自己城池还蛮行。攻破城后，杀死乡绅，鞭笞知县。堂堂宰辅兼督师的李建泰，出京第一仗，竟然是攻打自家县城，竟然屠杀天朝庶民，竟然鞭笞自家知县，竟然抢掠百姓粮米，完全违背出师初衷！

后来，李建泰率军到距离北京一百二十千米的保定府，请求入城。守城的同知邵宗元不答应，李建泰就拿出颁赐的印信给他看。邵宗元说："你获得过天子的厚恩，皇上曾经亲自登上正阳门，赐给你尚方宝剑，还给你斟酒，为你饯别。如今你不代皇上西征，却要叩关避贼吗？"一番话刺到了李建泰痛处，他大声斥责邵宗元，还举起尚方宝剑威胁他。堂堂尚方宝剑，拔出鞘头一遭，竟指向忠臣良将！幸好城上有人认识李建泰，这才放他进来，否则李建泰怕要重演攻打定兴的闹剧。

这时，李自成军前锋已逼近保定，李建泰根本不敢前去拦击，只能蜗居保定城中。不久，保定城失陷，李建泰自刎没死，被李自成军俘获。李自成军失败后，李建泰降清，被清朝召为内院大学士。三年后，李建泰因"受赃"罢官回家。后来，故明大同总兵姜瓖降清又叛清，李建泰在家乡曲沃与他遥相呼应。顺治七年（1650年），李建泰兵败被擒。这次清廷没有宽容李建泰，下令把他杀掉。

崇祯帝未曾想到，他在正阳门城楼上为大学士李建泰"三赐"，其一，赐书"代朕亲征"，寄以重托，李建泰却攻打自家城池，鞭挞自家臣民；其二，金壶赐酒，亲为饯行，李建泰却违背初衷，投降求生；其三，赐尚方宝剑，鼓励杀敌，李建泰却做了清朝的大学士！

此后，明朝再也没有实力派兵出征了，皇宫危在旦夕。

## 煤山自缢
——崇祯皇帝的最后一天

到崇祯十七年(1644年)春,中国政治舞台上主要有三股军事、政治势力:第一股是以崇祯帝朱由检为代表的大明,第二股是以多尔衮为代表的大清,第三股是以李自成为代表的大顺。大明、大清、大顺三股军政势力,到甲申年,也就是崇祯十七年(1644年)春,进行了一场决定中国历史命运的大决战。

三月十八日,天蒙蒙亮,随着李自成军攻破北京城广宁门(今广安门),皇宫内外上演了一场历史悲剧。崇祯帝曾想乔装逃出北京,但没有成功;也曾秘密召见舅表兄弟刘文炳和妹夫巩永固,问可否率家丁巷战,但他们根本就没有家丁。万般无奈,崇祯帝说:"朕志决矣——朕不能守社稷,朕能死社稷。"回到后宫,他像疯子一样挥剑砍杀妻女。

一杀皇后。崇祯帝对周皇后说:"大势去矣!"周皇后表现得非常沉着,她跪下磕头说:"妾侍奉陛下十八年了,陛下从来不听我说一句话,才有今日。"周皇后先抚慰三个儿子,而后派太监把儿子们送出宫,到外公家,然后回到屋里,哭泣着关上门。一会儿,宫女出来奏报:"皇后领旨!"周皇后被逼自杀了!

二杀贵妃。崇祯帝逼周皇后自杀后，又逼宠爱的袁贵妃自杀。袁贵妃上吊自杀，但绳子断了，又苏醒过来。崇祯帝见袁贵妃没死，挥剑砍到她的肩上。崇祯帝又挥剑砍其他几位妃嫔，有的被砍死，有的被砍伤。

三杀公主。崇祯帝有六个女儿，之前已经死去四位，此时还有两位公主。一位是长平公主，十六岁，已经与周显订婚，因北京告警，便暂缓婚期。这天，崇祯帝提着宝剑来到长平公主居住的寿宁宫。长平公主听说北京城已陷落，皇后上吊自杀，正惊恐万状，见皇父来到宫里，便急忙牵拉皇父的衣服，哭哭啼啼，哀求庇护。崇祯帝说："汝何故生我家！"（你为什么生在我家！）不等女儿回答，便举剑砍向长平公主。一剑挥去，砍断左臂。可怜长平公主，连惊带吓，出血过多，昏迷五天，活了下来。后清顺治帝进京，长平公主请求出家为尼，清帝命周显仍娶公主，并赐给土地、府邸、车马、金钱。一年后，公主忧病而死。

另一位是昭仁公主，崇祯帝来到昭仁殿，又挥剑砍向可怜的小昭仁公主！昭仁公主年仅六岁，当场死亡。

第二天，崇祯十七年（1644年）三月十九日黎明时，内城失陷。崇祯帝在万岁山（今景山）自缢而死，太监王承恩从死。崇祯帝在衣服上写下："朕凉德藐躬，上干天咎，然皆诸臣误朕。朕死无面目见祖宗，自去冠冕，以发覆面。任贼分裂朕尸，勿伤百姓一人。"（我才德微薄，身体孱弱，老天惩罚我，这都是因为大臣们耽误了我。我死后无脸面见祖宗，自己摘去头上的冠冕，用头发盖住脸面。听任其分裂我的尸体，不要伤百姓一人。）这是崇祯皇帝留在世上的最后一段话。

崇祯帝和周皇后死前派太监把太子朱慈烺（lǎng）和定王朱慈炯、永王朱慈炤（zhào）送往他们外公周奎和田弘遇家。皇太子仓促到外公周奎家叩门，没人应答；又到襄城伯李国桢家，家里没人。这时太监把太子献给农民军，李自成封太子为宋王，但太子拒绝。李自成将太子交部下管押，许其穿着便服到东华门外大行皇帝、皇后遗体前致哀。李自成兵败撤出北京时，太子被挟往潼关。李自成战败身死后，太子被人献给清朝。多尔衮命周皇后的父亲周奎带长平公主前去辨认，周奎咬定太子是假的。长平公主开始说是真的，被周奎打了一下后，便不敢再开口。多尔衮找来前明太监辨认，太监们说是真太子，当晚就都暴亡。多尔衮又引宫廷侍卫来辨认，侍卫都对朱慈烺跪下，他们也被杀害。明朝大臣们则说太子是假的。太子老师、内阁大学士谢陞（shēng）也说太子是假的。第二年（1645年）四月，狱中的太子以"假太子"罪名被处死。显然，只要说太子是真的，自己的命就不保；而说太子是假的，太子就没命了。面对生死选择，太子的外公、妹妹、老师、大臣都选择了保自己的命。

太子到底去哪儿了？是被处死了还是逃走了？这成了一桩宫廷疑案。《明史》记载："太子不知所终。"

崇祯帝母亲刘娘娘早逝，他当了皇帝以后，跟外公刘家走得很近。舅表兄弟刘文炳被封为新乐侯，其弟刘文燿、刘文照也封爵。舅妈杜氏常跟孩子们说："咱们家无功德，因为刘太后的原因，才受皇帝大恩，要尽忠报天子。"

崇祯十七年（1644年）三月十六日，李自成军攻西直门，形势紧急。刘文炳的朋友布衣黄尼麓仓促赶到，对刘文炳说："城将陷，君宜自为计。"（京城守不住了，您要自己做好打算。）舅妈杜氏听到，命丫鬟找出绦绳，做成七八个缳，挂在楼上，又命男仆在楼下堆积柴薪，并派老仆将已经出嫁的女儿带回家，说："我们母女同死于此。"又考虑太夫人徐氏年老，不可一同俱焚，便与刘文炳商量，将其藏匿在朋友申湛然家。

十八日，崇祯帝派内使秘密召见刘文炳和妹夫巩永固。刘文炳回家报告母亲说："有诏召儿，儿不能事母。"母亲抚摸着刘文炳的肩背说："太夫人已经安排好了，我与你的妻子、妹妹死也不怕！"这时外城已陷。崇祯帝问："你们两家的家丁能巷战吗？"刘文炳说："众寡悬殊，不能对敌。"崇祯帝听了很吃惊。巩永固叩头言："皇帝近亲之臣家里不藏武器，臣等难以空手搏斗。我们已经堆柴火在家里，当阖门焚死，以报皇上。"崇祯帝最后的一点希望也破灭了，三人哭着分手。

崇祯帝的妹妹乐安公主下嫁巩永固。巩永固是宛平人，好读书，负才气。十九日，都城陷落。当时乐安公主已经死了，还没来得及下葬。巩永固就用黄绳把五个子女捆在公主灵柩旁边，说："他们是皇帝的外甥，不可污于贼手。"举剑自刎。全家自焚死。

与此同时，刘文炳的弟弟刘文照正在侍奉母亲杜氏吃饭，家人急忙跑来说："城陷了！"刘文照的碗顿时掉在地上，他眼睛直看母亲。崇祯皇帝的舅妈杜氏起身上楼，表弟刘文照及两个女儿随从，刘文炳妻王氏也跟着上楼。一家人对着崇祯帝母亲刘太后像哭拜，然后各自缢而死。家人举火，人楼俱焚。

刘文炳归来，火势太大，进不去家，就到后园，恰见申湛然、黄尼麓赶到，他们说："巩都尉已焚府第，自刎。"刘文炳说："好吧。"刚要投井，又停止，说："我穿着戎装，不可见皇帝。"申湛然就摘下自己的头巾给刘文炳戴上，刘文炳投井死。刘继祖归来，也投井死。刘继祖妻左氏见大宅起火，登楼自焚死，妾董氏、李氏也自焚死。刘文燿见家里着了火，大哭道："今已至此，活着有什么用！"他找到刘文炳死的地方，在井旁木板写上"左都督刘文燿同兄文炳毕命报国处"，也投井死。刘氏阖门死者四十二人。

后来申湛然被抓，躯体糜烂以死。被子孙们藏匿在申湛然家中的崇祯帝外祖母徐太夫人，最后也是悲剧。

隆庆帝女儿瑞安大长公主是万历帝同母妹，崇祯帝的姑奶奶，其驸马万炜和儿子长祚都被农民军杀死，长祚妻子和次子弘祚都投井而死。

在生死关头，崇祯帝选择既不能守社稷，却能死社稷，国破、家破、人亡。外戚刘家、巩家等，国难当头，虽不能率兵御抗，却做到了以死报国。

崇祯帝死，大明朝亡。

## 60

## 士人殉国
——明末忠臣孙承宗和史可法

在明末清初,为维护明朝江山而殉难者,为反抗清朝入主而殉国者,其人数之多,其悲壮之情,迈越前代,影响至今。仅举孙承宗和史可法两段史事,其爱国精神,以见一斑。

先说孙承宗。

孙承宗(1563—1638),今河北高阳人,相貌奇伟,说起话来声音清亮,万历三十二(1604年)年,科举高中榜眼。孙承宗有谋略,万历的时候发生"梃击案",大学士吴道南问他:"'梃击案'当怎么办?"孙承宗说:"事关东宫,不可不问;事连贵妃,不可深问。"

天启帝即位,孙承宗做日讲官,就是皇帝老师。皇帝很喜欢听孙承宗讲课,不久,提拔他做礼部侍郎。孙承宗还熟悉兵法。辽阳失陷后,孙承宗为兵部尚书兼东阁大学士,仍兼帝师。兵部尚书、辽东经略王在晋要在山海关外八里地方再建一座城池,以加强防守。但是六品小官宁前道袁崇焕反对,认为应当在山海关外二百里处建宁远城。王在晋不听,袁崇焕就写信给宰相叶向高。叶向高跟孙承宗商量,孙承宗说:"我去巡查一下。"宰相同意,皇帝准许。于是,孙承宗骑马出关,由袁崇焕陪同，到山海关外，考察宁远城址。他同意袁崇焕的意见，认为宁远是山海关的屏障，宁远不可不守。回到山海关，孙承宗同王在晋有一段对话。

孙承宗问："等八里铺重城修好，是否把旧城现有的四万人都填进去守？"

王在晋答："要另外派四万。"

孙承宗问："旧城外为新城，旧城外埋的地雷为敌人设，还是为自己设？新城如守不住，四万新兵怎么回来？"

王在晋答："在山上留了三座山寨，万一溃败，可以去那里。"

孙承宗反问："军队还没打仗就准备山寨，不是教他们溃败吗？而且我军败退官兵可以去，敌军难道不能跟上去吗？现在不考虑恢复辽东，只想着守山海关，把关外屏障都放弃掉，引得敌军逼近，京城以东还安宁得了吗？"……

孙承宗和王在晋推心置腹地谈了七天七夜，王在晋仍不同意。

孙承宗回京后，和叶向高都支持袁崇焕主守宁远的意见，就在给皇帝讲课的时候，面奏所闻所见，顺便说了一句："王在晋不堪重用。"随后，明朝调走了王在晋，这才有了之后的宁远大捷。

崇祯十一年（1638年），孙承宗已经年迈退休，多尔衮率清军破长城。十一月初九，清军攻打孙承宗的老家高阳。县令雷之渤闻警先逃，告老还乡的原大学士、兵部尚书、督师孙承宗本无守土之责，却率领全家儿子、孙子、曾孙和乡民，登城据守，要与高阳城共存亡。清兵攻城不下，就环绕城墙，呐喊三周。守城兵民也三次呼应。接着，清军再次围攻高阳城。激战一天一夜，城被攻陷，孙承宗被抓。清军劝降，孙承宗说："我是天朝大臣，城亡我也与之亡，不就是死吗，无须多言。"说完，面朝皇宫的方向叩头，然后投缳而死，年七十六。随后，孙承宗的儿子、孙子、曾孙都战死,家里的妇女都自杀,阖府三十多人,除一个儿子因在外地做官而免于难之外,全家都殉于社稷。

明末爱国之臣,北有孙承宗,南有史可法。

史可法(1602—1645),字宪之,北京大兴籍,河南祥符(今开封市祥符区)人,短小精悍,目炯有光,崇祯元年(1628年)进士,官凤阳巡抚、南京兵部尚书。史可法这个官,廉洁守信,和下属均劳苦。出征的时候,士兵吃不饱,他决不会自己先吃饱,所以士兵都愿意以死效力。

崇祯皇帝自缢后,凤阳总督马士英与阮大铖计议,要在南京立福王朱由崧为新的君主,虽然史可法等大臣列出立福王有七个不可——贪婪、荒淫、酗酒、不孝、虐下、不读书、干预有司,但是史可法面对清朝大敌还是赞同了。立了福王之后,五月,南明朝廷讨论战守问题。史可法说:"福王应该素服祭祀郊坛,发师北征,示天下以必报仇之义。"福王升史可法为礼部尚书兼东阁大学士,仍掌兵部。史可法议分江北为四镇,自请督师,出镇淮安、扬州。

当时,福王小朝廷极度混乱。有人为争官位,在殿堂之上大吵大闹,甚至拔刀相向,互相追逐。史可法上疏说:"陛下如果躬谒祖陵,亲眼见到泗州、凤阳,蒿莱满目,鸡犬无声,肯定非常悲愤,愿能慎终如始。身处深宫广厦,想到诸陵魂魄未安;享用玉食大餐,想到诸陵没有麦饭;膺图受箓,则念为什么忽然陷入危亡;早朝晏罢,要念为什么忽然丧失大业。小心谨慎,无时懒惰荒废,二祖列宗将默佑中兴。如果安处东南,不思远略,贤奸无辨,威断不灵,豪杰裹足,祖宗怨恫,东南一隅,不可保啊。"史可法句句恳切,字字到位,直到今天我们读起来,还是为他的赤胆忠心所感动。当时清军南下,形势严峻。史可法每次缮写奏疏,都反复诵读,声泪俱下,听到的人无不感泣。

在危难时刻，史可法保持德高品洁的本色。福王给他所加少保、太子太保、少师、太子太师等，他都力辞不受。他身为督师、兵部尚书、大学士，但行不张盖，食不重味，夏不用扇子，冬不穿皮衣，睡觉都不脱衣服，可谓枕戈待旦。史可法很能喝酒，即便喝数斗都不醉，但他在军中滴酒不沾。过除夕，写文书到夜半，疲倦索酒。厨师报告，肉已分给将士，没有下酒菜肴，史可法就用盐粒豆豉下酒。除夕夜，他喝了几十杯，怀念先帝，潸然泪下。

清顺治二年（1645 年）正月，南明诸军缺饷，将士吃不饱饭。总兵官高杰到睢州，被叛将许定国杀害。高杰部兵大乱，屠掠睢州附近二百里殆尽。史可法闻变，流涕顿足，叹道："中原不可能收复了！"

清军攻陷盱眙，南明援兵战败。史可法连夜赶回扬州。扬州城中，人们斩关出逃，舟楫一空。史可法传檄援兵，无一兵一卒前来。正月二十，清兵赶到。第二天，总兵李栖凤就拔营出降。但是史可法指挥扬州官民同仇敌忾，御城坚守。旧城西门险要，史可法亲自防守。他写信寄给母亲和妻子说："如果我死了，就把我葬在高皇帝陵墓的旁边。"就是说，他已经下了必死的决心，而且就是死了，也要给高皇帝朱元璋守陵。两天后，清兵来到扬州城下，炮击扬州城西北角，城破。可法自刎未遂，被清军抓住。清军劝降，他毅然拒绝，被杀。扬州知府任民育、同知曲从直、江都知县周志畏、两淮盐运使杨振熙等，都死于城难。清军因扬州兵民拼死抵抗，在城中大肆屠杀，被称为"扬州十日"，惨绝人寰，流传至今。

史可法面对敌军，坚强不屈，壮烈殉难，无法寻尸。一年后，家人将他生前遗物葬于扬州城外梅花岭。后来人们建有史公祠纪念他。

国难当头，大学士孙承宗、兵部尚书史可法都顽强抗敌，战斗到最后，以死报国。这种士人的气节被后人景仰和传颂。

## 61

## 改号大清
——皇太极如何用谋略制胜?

崇祯皇帝的天敌分别是大顺的李自成、大西的张献忠和清朝的皇太极。本讲介绍皇太极是如何用谋略制胜的。

万历二十年(1592年),皇太极出生在一个特殊的大家庭里,他的父亲是努尔哈赤,生母和庶母有十六位,兄弟十六个,姐妹八个,还有许多堂兄弟。女真人习俗,男孩五六岁学习骑马射箭,七八岁就驰骋山林,挽弓射猎。皇太极像许多女真少年一样,从小就娴熟弓马,如果听说第二天要出猎,就赶紧提前备马调鹰;如果不让去,就会哭着喊着请求随行。皇太极从小跟随父汗努尔哈赤出猎,从来没有抢过别人的一只猎物,从来没有隐藏一件缴获品,以存心正直,得到兄弟的称赞和老天的眷顾。

皇太极很有幸,在他七岁时,满文创立,开始推广。努尔哈赤给儿子们请了师傅,教授满文。皇太极属于最早学会满文的一批满洲少年。那时,努尔哈赤身边有一位浙江籍汉人,做汉文的文书工作。皇太极既学会满文,也粗通汉文,在他的兄弟和诸将领中算是文化素养最高的。

皇太极七岁之后就帮助父亲处理家政。皇太极管理这个大家庭、处理各种复杂关系是很不容易的，说明皇太极在青少年时期受到实际管理的锻炼。

有人觉得，皇太极出身帝王之家，子承父业、嗣承汗位应是顺理成章的事情，其实不然。皇太极虽是努尔哈赤的第八子，但他继承大位，历程复杂，因为他有六个不利条件。

第一，幼年丧母。皇太极的母亲叶赫那拉氏孟古哲哲，十四岁嫁给三十岁的努尔哈赤。皇太极十二岁时丧母，失去母亲的呵护和帮助。

第二，父亲太忙。皇太极幼年生活有着极大困难，父亲努尔哈赤内忧外患，强敌四逼，根本没有时间照顾他。

第三，外公仇家。皇太极外公家叶赫部与建州部为敌。叶赫贝勒布寨曾纠合九部联军进攻建州，结果兵败。努尔哈赤下令将布寨尸体劈为两半，一半归还叶赫，一半留在建州。从此，叶赫与建州结下不共戴天之仇。这里解释一下，什么是贝勒。贝勒是清朝皇室的爵位之一。清朝皇室爵位有十二级，从高到低这样排列：亲王、郡王、贝勒、贝子、镇国公、辅国公、不入八分镇国公、不入八分辅国公、镇国将军、辅国将军、奉国将军、奉恩将军。其中，贝勒是第三等级的爵位。

第四，排行居中。皇太极兄弟十六人，还有两个堂兄弟——阿敏和济尔哈朗，他既不居长，也不居幼。按照满洲习俗，居长荣立军功，居幼则受到优待。皇太极却是两边好处都沾不到。

第五，没有同胞，也就是没有同父同母的兄弟。皇太极的兄长褚英与代善是一母同胞；他的五兄莽古尔泰有胞弟德格类、胞妹莽古济格格；他的十四弟多尔衮既有胞兄阿济格，又有胞弟多铎。皇太极却颇为孤单，没有同母兄弟拥戴他。

第六，母未封后。他的母亲孟古哲哲生前只是努尔哈赤的福晋，也就是妾，并没有做大福晋，就是没有皇后的名分。皇太极既不是长子，又不是嫡子。

这六个不利因素，使皇太极养成重要的品格：一是自立——既然失去一些依靠，只有靠自己励志奋斗；二是协调——他为了生存和发展，便要协和上下左右关系，争取同情者和支持者；三是心计——在家庭兄弟、内外群臣复杂关系的夹缝中求生存、求发展；四是奋争——学文习武，多立战功，在父汗、兄弟和群臣中树立威信。

皇太极二十岁随父征战，不久就成为主旗贝勒，参与国家机务，二十四岁就位列四大贝勒之一。真正让他脱颖而出的机会，是争夺汗位。

努尔哈赤身后的大位由谁来继承？努尔哈赤生前既没有立太子，也没有留遗嘱，而是宣布由八大贝勒推举新汗和废黜大汗。努尔哈赤死后尸骨未寒，汗位之争非常惨烈。当时诸贝勒中以四大贝勒——大贝勒代善、二贝勒阿敏、三贝勒莽古尔泰、四贝勒皇太极——的权势最大、地位最高，还有多尔衮和多铎。皇太极在四大贝勒中，座次和年齿均列第四，为何能登上大位？

二贝勒阿敏是皇太极的堂兄，其父舒尔哈齐获罪被圈禁而死，自己也犯下大过，自然没有资格也没有条件争夺大位继承权。

三贝勒莽古尔泰是皇太极的五兄，有勇无谋，生性鲁莽，这种人，可做统兵大将，但没有条件争夺大位。

大贝勒代善有资格、有条件，也有可能继承汗位。代善性格宽柔，深得众心，军功多，权势大，努尔哈赤曾暗示日后由其袭受汗位，他说过："百年之后，我的幼子和大福晋，也就是正妻，交给大阿哥收养。"大阿哥就是代善。

皇太极怀大志、藏玄机，有帝王之才，但同长兄代善争夺汗位继承，各方面均处于不利的地位，不得不施展谋略。有一次，努尔哈赤小福晋德因泽讦告大福晋两次备佳肴送给大贝勒,大贝勒接受并吃了;大福晋又送给四贝勒,四贝勒不接受,也没有吃;大福晋经常派人去大贝勒家,还在深夜外出宫院。努尔哈赤派人调查,属实。他不愿家丑外扬,便借故修理大福晋。这件事在满洲贵族中曝光后,大贝勒代善的威望大降,已无力争夺汗位。皇太极借大福晋同大贝勒代善难以说清道明的"隐私",施一箭双雕之计:既使大贝勒声名狼藉,又使大福晋遭到修理。

大福晋是多尔衮的生母阿巴亥(一说为富察氏),三十七岁,正值盛年,有三个儿子:阿济格二十二岁,多尔衮十五岁,多铎十三岁。多尔衮三兄弟也和皇太极争夺汗位。努尔哈赤去世后,大福晋阿巴亥在皇太极等四大贝勒的威逼下,自缢而死(一说被用弓弦勒死)。她死后,多尔衮三兄弟失去依靠,就没有力量同皇太极争夺大位了。

这样,代善失势,多尔衮失母,皇太极在大位争夺中处于有利地位。后金新汗的推举议商在沈阳皇宫进行。贝勒岳讬、萨哈廉到父亲大贝勒代善的住所,说:"四贝勒皇太极才能和道德称冠于世,深得先帝之心,大家都心悦诚服,应当让他尽快继承大位。"代善说:"这也是我的心愿!"于是父子三人议定。第二天,诸王、贝勒在一起开会,代善把他们的意见告诉二贝勒阿敏、三贝勒莽古尔泰及诸贝勒,没有争议,取得共识。于是皇太极登上后金汗位。

皇太极取得汗位后,继承父业,经过八年奋斗,实现女真统一,完成东北统一,于是,改族名女真为满洲,改国号后金为大清。他死后第二年,清军进关,入主中原。

## 62

## 清朝入主
——为什么选择定都北京?

17世纪40年代,世界上发生了两件看起来相似而又性质不同的历史事件:清顺治元年三月十九日(1644年4月25日),中国北京城被李自成军队攻破,明崇祯帝在煤山(今景山)披头散发、赤着脚,吊在树上自杀身亡;清顺治五年十二月十八日(1649年1月30日),英格兰伦敦的上千名市民走向白厅广场,目睹了国王查理一世被送上断头台——查理一世身首异处,悲惨而死。

这两个重要历史事件时间只差五年,但两个事件的后果不同:崇祯帝上吊后,清军打败李自成军,清朝取代明朝,中国历史仍沿着封建体制路线运行。而查理一世被议会处死后,英国历史几经曲折,沿着资本主义路线运行。

历史车轮转动了近二百年后,出现了一个谁也没有想到的变局:强盛的大英帝国以坚船利炮打开了大清帝国的国门,清政府被迫签订《南京条约》,割地赔款——曾经盛极一时的大清帝国,逐渐变成了任西方列强宰割的羔羊。

所以,清朝是中国历史上一个难解难读的朝代:一方面,从历史纵向坐标来看，它经文纬武，寰宇一统，创造过"康熙盛世"的辉煌；另一方面，从历史横向坐标来看，它同列强的差距愈拉愈大，蒙受了丧权辱国的耻辱。

明崇祯十七年即清顺治元年（1644年），历史上演了富有戏剧性的一幕。大明、大清、大顺三方的角斗白热化，大顺先覆灭大明，大清又覆灭大顺，最后大清胜出。

三月十九日，崇祯帝在煤山自缢，李自成率军进入北京，占领皇宫。

四月十三日，明朝山海关总兵吴三桂联合多尔衮所率清军，与李自成农民军展开山海关大战。

四月二十六日，李自成兵败退回北京。

四月二十九日，李自成在武英殿举行即皇帝位典礼。典礼草草结束，李自成令放火焚毁部分宫殿和部分城楼，撤离北京。

五月初二，清睿亲王多尔衮率领清军占领北京，入主明朝皇宫。

十月初一，顺治皇帝在明故宫皇极门举行登极大典。从此，清朝迁都北京，开启二百六十八年的清朝历史，皇宫的主人也从明朝的皇帝换成了清朝的皇帝。

清朝前两任大汗努尔哈赤和皇太极都是叱咤风云的雄杰，但在北京皇宫举行登极大典的顺治皇帝，只有七岁，还是个乳臭未干的孩子。这是怎么回事呢？有人说，顺治是因他母亲孝庄太后与多尔衮的关系才继位的，实际情况是这样吗？

清崇德八年（1643年），皇太极突然病故，由谁接班未做交代。这时清朝有亲王四人——皇太极长兄礼亲王代善、堂兄郑亲王济尔哈朗、弟弟睿亲王多尔衮、长子肃亲王豪格，有郡王三人——皇太极弟英郡王阿济格、豫郡王多铎和侄孙颖郡王阿达礼，共七人。这七个人聚集在沈阳皇宫，进行秘密会议，商讨新君。

皇太极的长兄代善提出："豪格是帝之长子，当承大统。"豪格谦让说："我福少德薄，担当不起。"多铎提出应该立自己，多尔衮说还有大哥代善呢！多铎说："那就应当立大哥代善。"代善说自己年老了，算了。多铎马上又提出立多尔衮。代善、多尔衮、多铎都是皇太极的兄弟，这样，会议的注意力就集中到皇太极的兄弟这个方向上。

这时，皇太极的长子肃亲王豪格暗自生气，就离开了会场。

多尔衮看出，自己作为皇太极的弟弟，直接继位有些困难，所以就要想一个折衷的办法。

继续开会，郑亲王济尔哈朗提出，由皇太极六岁的皇子福临继位，再由叔王辅政。睿亲王多尔衮顺势提出："既然肃亲王豪格没有继统的意思，那就立先帝的另一个儿子福临，不过他年龄还小，济尔哈朗和我左右辅政，待幼君年长之后，就把权力交给他。"济尔哈朗和多尔衮唱了一出双簧，把豪格排斥在外了。会议最后达成共识：由六岁的皇子福临继位，由济尔哈朗和多尔衮辅政。

从这个过程可以看出，这时清朝的皇位继承采取的是贵族公推制。清世祖顺治皇帝是由贵族会议推选的，是经过诸王、贝勒、大臣反复酝酿、政治平衡的结果。

清顺治元年（1644年）五月，睿亲王多尔衮率清军占领北京。英亲王阿济格提出三条意见：第一，大肆屠杀，以巩固占领区的统治；第二，派诸王镇守北京；第三，清军主力回到沈阳或山海关。

多尔衮坚决主张迁都北京。他向顺治皇帝上奏，说了三个意思。

第一，燕京地区西面是太行山，东面是渤海，南面是中原大地，西北是蒙古大漠，北面是燕山，形势险要，辽、金、元时都是帝都，明朝也在这里建都，有宫殿坛庙。

第二，国都设在北京，位置居中，各地朝贡，四通八达，道里均匀。

第三，天下人都希望把都城设在北京，这样四面八方和平、安定、幸福的局面就可以得到保障。

多尔衮的意见得到大部分八旗诸王、贝勒的赞成，奏报顺治帝，也获得同意。同年十月初一，顺治帝因皇极殿（今太和殿）被李自成焚毁，便在皇极门（今太和门）举行大典，颁诏天下，定鼎燕京（北京）。

清朝迁都燕京是一项重大决策。历史上，中国大一统王朝的新政权都要抛弃旧王朝都城与宫殿，商、周、秦、汉、隋、唐、宋、元、明，清朝之前，所有大一统王朝兴国之君，宸居前朝宫殿，没有先例。然而，多尔衮却一反历代大一统王朝对前朝宫殿焚、毁、拆、弃的做法，对故明燕京紫禁城宫殿下令加以保护、修缮和利用。顺治帝入主紫禁城后，对故明三大殿进行修缮。顺治二年（1645年），将修建后的皇极殿、中极殿、建极殿，依次改名为太和殿、中和殿、保和殿。

清朝定都北京后，开始了二百六十八年的统治。

## 董妃之谜
——顺治帝的爱妃是董小宛吗?

顺治皇帝是清朝第一位在北京皇宫举行大婚典礼的皇帝。他的后妃,《清史稿·后妃传》记载有两后、十五妃。其中,他和最宠爱的董鄂妃演绎了一段皇帝爱情的传奇,也留下了后人津津乐道的历史之谜。

顺治帝先后册立了两位皇后。第一位皇后博尔济吉特氏,是顺治帝母亲孝庄太后的侄女、蒙古科尔沁部卓礼克图亲王的女儿。这对姑表姐弟小夫妻,都有个性,都不懂事。小皇后屡屡"忤上",就是忤逆顺治帝,让顺治小皇帝很不开心。顺治十年(1653年)八月,也就是新婚后的第三年,顺治帝以"无能"二字为理由,奏告孝庄太后,将皇后降为静妃,搬到西六宫的永寿宫。

另一位皇后是孝惠章皇后,也是博尔济吉特氏,顺治十一年(1654年)六月被册为皇后。她不久也受到顺治帝的责斥。但这位皇后能委屈圆通,又有太后呵护,才没有被废掉。后来这位皇后受到了康熙帝的百般孝敬,晚年过得很好。

经历了废后又立后的折腾之后,顺治帝的后宫很快就增添了一位妃子——董鄂妃。

董鄂氏，生年不详。关于董鄂氏的身份，有三种说法。

第一种是官书，说她是满洲大臣的女儿。《清史稿·后妃传》记载："孝献皇后，栋鄂氏，内大臣鄂硕女。年十八入侍。"

第二种是野史，说董鄂氏是晚明秦淮名妓，冒辟疆（襄）之妾董小宛。清军南下，将董小宛掳获，送到北京，献给顺治帝。许多资料显示，顺治帝出生那年，董小宛病死，两人相差十四岁。所以董小宛即董鄂氏之说当属捕风捉影。

第三种是传记。《汤若望回忆录》说，顺治皇帝对一位满洲籍军人的夫人起了一种火热爱恋，当这位军人因此申斥他的夫人时，竟被天子亲手打了一个耳光，这位军人因为气愤而死，或许竟是自杀而死。顺治帝将这位军人的未亡人收入宫中，封为贵妃。这位满洲军人，有学者认为是顺治帝同父异母的皇十一弟博穆博果尔。他的生母为皇太极麟趾宫贵妃博尔济吉特氏，是蒙古察哈尔部林丹汗的遗孀。

关于董鄂妃的身份，因为说法很多，又涉及宫闱秘密，所以仍旧是一个历史之谜。

顺治帝对董鄂妃的恩宠，可从以下事实看出端倪。

一是晋升之快，清史罕见。董鄂氏在顺治十三年（1656年）八月二十五日被册为贤妃，仅一个多月就被晋为皇贵妃，这样的升迁速度，历史上十分罕见。十二月初六，顺治帝还为董鄂妃举行了十分隆重的册妃典礼，并颁诏大赦天下。在有清一代近三百年的历史上，因为册立皇贵妃而大赦天下的，仅此一例。

二是尽改恶习，专宠一人。据当时的传教士汤若望记述，少年福临沾染了满洲贵族子弟好色纵淫的恶习。可是顺治帝自从遇到董鄂妃，给予专宠，情投意合，心心相印。

三是优厚对待，特宠其子。董鄂氏被册为贵妃不久就怀孕了，顺治十四年（1657年）十月初七生下一位皇子，就是皇四子。顺治帝高兴至极。但小皇子出生三个多月，还没命名就夭折了。这对董鄂妃打击太大了，顺治帝也非常悲伤。为了安慰董鄂妃，他追封这位早夭的皇子为和硕荣亲王，并修建荣亲王园寝。墓碑刻：和硕荣亲王，朕第一子也。本来是皇四子，却被称为第一子，说明这位皇子及其生母董鄂妃在顺治帝心目中的重要地位。

董鄂妃于十七年（1660年）病死。顺治帝不仅超越规格为她办理丧事，还追封她为皇后。茚（áng）溪森和尚在景山寿皇殿主持董鄂氏火化仪式，顺治帝亲自为董鄂氏收取骨灰。悼念董鄂氏的祭文，大学士写了一遍又一遍，顺治帝都不满意，最后由张宸写出，皇上读了，流下眼泪。顺治帝哀伤过度，竟至寻死觅活，人们不得不昼夜守着他，使他不得施行自杀。

宠妃董鄂氏让顺治帝神魂颠倒，这让许多历史学家费尽心思，苦心考索，这是为什么呢？董鄂氏为什么会得到顺治皇帝的如此宠爱呢？

顺治帝当时亲自撰写董鄂氏的生平事迹，洋洋洒洒，达数千字。从这些文字中，我们可以得到一些答案。

如她待孝庄皇太后，极尽孝敬，礼数周全，悉心奉养，无微不至。

如她待夫君顺治帝，晨夕伺候起居、饮食服御，十分周到。每次顺治帝回到后宫，她必迎问冷暖，然后侍奉用餐，但自己不吃。遇到庆典，皇帝喝过几杯后，她就让人劝告皇帝少喝酒。

如她襄助夫君理政，皇帝批览奏章，虽已深夜，董鄂氏必在身侧。皇帝让她一起阅看，她总是谢绝说"不敢干政"。皇帝览批死刑案件，不忍下笔，董鄂氏得知后就流泪说："怎样能做到没有冤案？求可悯者全都能活！"

如皇帝偶尔不上朝，董鄂氏就恳切劝他不要倦勤。皇帝每次日讲后，跟董鄂氏说起经典章句大义，董鄂氏都非常高兴。皇帝偶尔忘了，董鄂氏就劝他应当牢牢记住。皇帝出去狩猎骑射，董鄂氏就提醒他注意安全。

此外，她还能做到严于对待自己：董鄂氏非常节俭，不用金玉；诵"四书"、《易》等经典非常熟练；练习书法，很快字就写得很好。

董鄂氏生病后，皇太后派宫女问安，她必回答"安"，以免太后担忧。病危之际，她说："我快不行了，我死了，陛下要自爱！只是皇太后肯定伤悼，怎么办呢？"又嘱咐不要以珍丽宝物随葬。

从这些絮絮叨叨的细节里，我们可以体会到董鄂氏是一位聪明、善良、贤惠、勤快又善解人意的好儿媳、好妻子。所以直到她去世半年多以后，顺治帝还写下这样一首诗：

洞房昨夜春风起，遥忆美人湘江水。
枕上片时春梦中，行尽江南数千里。

痴情天子，怀念妻子，感情笃深，跃然纸上。

董鄂妃死去不久，二十四岁的顺治帝竟也死去，成为又一件清宫疑案。

## 64

## 顺治出家
—— 终老寺庙还是死于天花？

顺治帝在爱妃董鄂氏去世后不久，也去世了，年仅二十四岁。关于顺治帝最后的归宿，官书记载是患天花病死；但还有一种说法是，顺治皇帝到五台山出家了。所以顺治是否出家，也就成为一件清宫疑案。

说顺治皇帝出家了，也不是空穴来风。接下来就讲顺治出家的故事。

董鄂妃去世后，伤心欲绝的顺治帝在太监安排下同憨璞聪和尚在海会寺见面，两人相谈甚欢。后来，他召憨璞聪在西苑万善殿对话。顺治帝问："从古时候开始，治天下的方法，都是祖祖相传，我日理万机，不得闲暇，如今好学佛法，应当跟谁学呢？"憨璞聪回答说："皇上即是金轮王转世，不化而自善，不学而自明，所以是天下至尊也！"后来憨璞聪推荐了南方来的三位高僧——玉林琇、木陈忞和茆溪森。

玉林琇（1614—1675），江苏人，俗姓杨，出身于名门大族，二十三岁任浙江湖州报恩寺住持，声名远扬。经憨璞聪推荐，顺治十五年（1658年）九月，顺治帝遣使宣诏玉林琇入京说法。经三次邀请，到十六年（1659年）二月十五日玉林琇才入京。顺治帝多次到玉林琇馆舍请教佛道，以禅门师长相待，并请他给自己起法名，说："要用丑些字样。"玉林琇拟了十多个字，顺治帝选了一个"痴"字，取法名"行痴"、法号"痴道人"。玉林琇称赞顺治帝是"佛心天子"。顺治帝初赐玉林琇以"大觉禅师"称号，后加封为"大觉普济能仁国师"。

木陈忞，广东茶阳人，出身于书香门第，幼年修行，后住持宁波天童寺。木陈忞是比玉林琇伴帝更久、影响更大的名僧。木陈忞在京八个月，受到顺治帝尊崇，下榻于西苑万善殿，被赐封"弘觉禅师"尊号。一次，顺治帝对木陈忞说："朕想前身一定是僧人，所以一到佛寺，见僧家窗明几净，就不愿意再回到宫里。要不是怕皇太后挂念，那我就要出家了！"木陈忞说："皇上是和尚转世来的。"顺治帝对他诉说，想出家，通宵失眠，身体瘦弱等。

茚溪森，广东博罗人，父曾任明朝刑部侍郎。茚溪森出家后，为玉林琇的大弟子。茚溪森与顺治帝相处时间最长，奏对默契，甚得帝宠。顺治帝亲笔大书"敕赐圆照禅寺"的匾额，以示荣宠。在爱妃董鄂氏死后，顺治帝万念俱灰，决心遁入空门。有记载统计，从该年九月到十月两个月中，顺治帝曾先后访问茚溪森馆舍三十八次，相访论禅，彻夜交谈，完全沉迷于佛的世界。他还命令茚溪森为他剃度，决心放弃皇位，身披袈裟，孤身修佛。茚溪森开始劝阻，顺治帝不听，茚溪森最后就给顺治帝剃了和尚头。这一下孝庄皇太后着急了，火速叫人把茚溪森的师父玉林琇召回京城。玉林琇到北京后大怒，下令叫徒弟们架起柴堆，要烧死弟子茚溪森。顺治帝无奈，只好让步，再次蓄发。

这件事过去不久，顺治帝命选僧一千五百人，在阜成门外八里庄慈寿寺，从玉林琇受菩萨戒，并加封他为"大觉普济能仁国师"。有一次，顺治帝和玉林琇在万善殿见面，一个是光头皇帝（新发尚未长出），另一个是光头和尚，于是相视而笑。这说明顺治帝有出家做和尚的想法。

但是，顺治帝有出家的想法，不一定就是出家了。当时的官方记载与私人记述，中国人与外国人，朝廷官员与出家和尚，都一致说顺治帝死于天花。

第一，《清世祖实录》记载。顺治十八年（1661年）正月初一，顺治帝没有上朝，初二"上不豫"，初四"上大渐"，初七"上崩于养心殿"。从大年初一到初七，仅仅七天，就病死了。

第二，当朝官员记载。内阁官员张宸记载："皇宫传出谕旨，民间不能炒豆子，不能点灯，不能泼水，才知皇上的病是出痘。……后在宫门外焚烧大行皇帝御冠袍、器用、珍玩。当时百官还没散去，远远听到宫里的哭声，抬头看见皇太后身穿黑素袍，哭得非常哀痛。其他宫娥，头上蒙着白帕，身穿白衣，在旁边跟着哭。"翰林院掌院学士王熙记载，正月初六夜，顺治帝召王熙到养心殿，说："朕患痘，势将不起。尔可详听朕言，速撰诏书。"王熙在榻前记录，然后退到乾清门下西围屏内，根据顺治帝的意思，撰写遗诏，写完一条，立即呈送。一天一夜，先后三次呈给皇上批阅，三次蒙皇上钦定。到夜里，皇帝去世，王熙非常哀恸。

第三，两位高僧记载。正月初三，马太监两次奉旨到万善殿，说："圣躬少安。"（皇上身体不太好。）初四，李太监又过来说："圣躬不安之甚。"（皇上的身体非常不好。）初七亥刻，也就是夜里九点到十一点，皇帝驾崩。初八，皇太后慈旨，请玉林琇和尚率众即刻入宫，在大行皇帝前说法。二月初二，玉林琇和尚奉旨到景山，亲临顺治帝的大殡。

二月初三，钦差董定邦奉世祖遗诏，到浙江召茚溪森大和尚进京，为大行皇帝举火火化。四月十六，茚溪森奉旨到京。火化时，茚溪森在景山寿皇殿举着火把，对左右说："寿皇殿前，官马大路。"于是投进火把。也就是说，顺治帝遗体由茚溪森和尚主持，在景山寿皇殿火化。"大清国里度天子，金銮殿上说禅道！"这是顺治帝病死而没有出家的一个旁证。

第四，西洋人《汤若望传》记载。汤若望得知顺治帝病了，立即亲赴宫中，流着眼泪，请求容许他觐见万岁。顺治帝病倒三日之后，于一六六一年二月五日到六日之夜间崩驾，享寿还未满二十三岁（周岁）。

第五，孝庄太后在选定顺治帝接班人玄烨时，已经出过天花居然成为玄烨继位的一条重要条件而被提出来，可见顺治帝因患天花而早逝，深深震动了他的母后以至朝廷。

还有人认为，顺治帝的儿子康熙帝曾经先后五上五台山，孝庄太皇太后也去过，他们是去看望在那里出家的顺治帝的。这种说法乍一听也有些道理，但仔细分析，康熙皇帝的确五上五台山，但最早一次是康熙二十二年（1683年），离顺治帝死已经二十二年。如果是去看他父亲，应当早去，何必等二十二年之后才去呢？孝庄太皇太后去五台山并没有登上菩萨顶，如果她的儿子在那里，她无论如何也会登顶的。

无论顺治皇帝是出天花而死还是出家了，都说明，作为一个丈夫，他是一位痴情的人，而作为一名皇帝，他还没有学会以理制情。

## 65

## 太后下嫁
——孝庄和多尔衮真的结婚了吗?

我走到各地,被问到最多的问题,就是"孝庄太后是不是下嫁多尔衮了"。这段皇家叔嫂关系引出许多猜测、议论和故事,也成为清朝皇宫中的一个疑案。

孝庄太后（1613—1688）姓博尔济吉特,名布木布泰,是蒙古科尔沁部贝勒塞桑的女儿。后金天命十年（1625年）,十三岁的布木布泰与三十四岁的皇太极成婚。这时,皇太极早已同她的姑姑哲哲结婚十一年了,后来她的姐姐海兰珠也嫁给皇太极。姑姑与侄女,三人都嫁给同一个男人。布木布泰嫁过来的第二年,丈夫皇太极继承汗位,她从贝勒福晋变成大汗福晋。十年以后,皇太极建国号大清,改元崇德,她又成为崇德皇帝的永福宫庄妃。

皇太极有十一个儿子、十四个女儿。布木布泰生下一子三女——崇德三年（1638年）,二十六岁的庄妃生下皇九子福临,就是后来的顺治皇帝。这支血脉延续了清朝的皇帝血脉。

布木布泰经历三次皇位之争,身历天命、天聪、崇德、顺治、康熙五朝,青年时帮助丈夫皇太极,中年时辅佐儿子福临,老年时辅佐孙子玄烨。她享年七十五岁，是一位非凡的女性，虽从未走到政治的前台，但她的一生对清初政治影响重大，为清初创业、守成做出重大贡献。

清朝有个很有意思的历史现象：孝庄太后身历清朝前四帝（太祖、太宗、顺治、康熙），慈禧太后身历清朝后四帝（咸丰、同治、光绪、宣统）。所以有人说清朝以太后始，又以太后终。

多尔衮（1612—1650）是努尔哈赤第十四子，皇太极的同父异母弟弟，孝庄的小叔子。清朝迁都北京，顺治帝封多尔衮为叔父摄政王。顺治五年（1648年）十一月，多尔衮被尊为皇父摄政王。顺治七年（1650年）十二月，多尔衮到塞外围猎，死于喀喇城，才三十九岁。

多尔衮摄政前后七年，怎样评价多尔衮的功过？多尔衮在清朝之初，率众入关，定鼎北京，入主中原，为清朝立下大功。但多尔衮摄政有六大弊政，即剃发（强制汉人剃发）、易服（改变汉人服装样式）、圈地（圈占百姓土地）、占房（强占百姓房屋）、投充（抓壮丁充当奴仆）、逋（bū）逃（追捕逃亡的奴仆），扰乱社会秩序，破坏中原经济，挫伤汉人情感，带来严重后果。"扬州十日""嘉定三屠"，惨绝人寰，是其罪恶。二百多年后，辛亥口号"驱除鞑虏，恢复中华"，就是对其弊政的不满与反抗。

皇太后与多尔衮，一个是顺治帝的母亲、皇太后，一个是顺治帝的叔叔、摄政王，共同辅佐年幼的小皇帝七年。

关于太后下嫁的说法，从当时一直流传到现在，主要疑点有四。

第一，清初抗清志士张煌言《建夷宫词》："上寿觞为合卺樽，慈宁宫里烂盈门。春官昨进新仪注，大礼恭逢太后婚。"说皇帝生日变成太后婚礼，太后住的慈宁宫变成了她的新婚洞房。

第二，顺治帝尊多尔衮为皇父摄政王。

第三，多尔衮死后，顺治帝追讨其罪时，有一条罪状是"又亲到皇宫内院"。但后来修的《清世祖实录》里却删掉了这句话。

第四，孝庄太后死后没有和自己的丈夫皇太极合葬，而是葬在清东陵的风水墙之外。

先辈清史学家孟森先生早就写过《清初三大疑案考实》，就以上四个疑点提出看法。

其一，张煌言当时并没有在北京，而在江南抗清。那么，远道之传闻，邻敌之口语，不能作为孤证来论定。

其二，关于皇父摄政王，这个"父"字，不是亲属的称谓，是君对臣的尊称，不能理解为多尔衮已经成为顺治帝的"父亲"。

其三，关于"皇宫内院"。官方文献把这个内容写上又删去，说明多尔衮到皇宫内院确有其事。但最多只能反映多尔衮有渎乱之事，而不能说明太后下嫁给多尔衮了。

其四，关于未合葬。皇太极的昭陵已有正宫皇后合葬，孝庄太后作为第二任皇后，不与合葬，这也属正常。康熙、雍正、乾隆、嘉庆、道光、咸丰等朝第二后都没有合葬。

孟森先生的论证非常详尽，在此再补充几条。

第一，说喜事是在慈宁宫里办的，根据历史档案记载，慈宁宫在李自成临撤出皇宫时被焚毁，顺治十年（1653年）修葺而成，皇太后才搬居慈宁宫，多尔衮则死于顺治七年（1650年），多尔衮与皇太后怎能在此举行结婚典礼呢？

第二，关于"未葬昭陵"，孝庄太后去世的时候，皇太极已经逝世四十四年，早已在沈阳昭陵入土为安。孝庄太皇太后对于自己的后事，向皇孙康熙帝有交代，她不愿意惊动太宗皇太极的亡灵，而愿意陪伴英年早逝的儿子顺治。

太皇太后死后要葬在清东陵，这就给皇孙康熙帝出了一道难题。康熙帝采取了一个临时举措，把太皇太后生前在紫禁城里最喜欢住的寝宫拆了，搬到东陵风水墙外，修起一座暂安奉殿，来暂时安置孝庄的梓宫（棺材）。直到康熙逝世，他一直没有解决祖母陵寝的难题。

雍正帝即位以后，着手解决这个难题。雍正二年（1724年），确定孝庄文皇后陵为昭西陵，将暂安奉殿改建为陵。雍正三年（1725年），孝庄文皇后梓宫下葬昭西陵地宫。这既表明了和皇太极昭陵的关系，还实现了孝庄太后陪伴儿子顺治帝的遗愿。这时，孝庄太后已经逝世整整三十七年。

第三，关于"青梅竹马"，有人说孝庄太后年轻时与多尔衮是青梅竹马。孝庄太后出生在蒙古科尔沁，多尔衮出生在建州赫图阿拉，两地相距遥远，两人并不认识，不存在青梅竹马的客观条件。

总之，到目前既没有过硬的材料证明太后下嫁了，也不能完全消除关于太后下嫁的疑问。所以，三百多年来，太后下嫁一直是人们议论的一个话题，清宫史上的一桩疑案。

我认为，孝庄太后同多尔衮的情愫可能有，太后下嫁之事确实无。

## 66

## 童年玄烨

——自强勤学的他经历了什么磨炼?

　　康熙帝有一个不平凡的童年,对他的一生影响深远。他于顺治十一年三月十八日(1654年5月4日)出生在北京皇宫景仁宫,是清朝第一位出生在北京皇宫的皇帝。当时,他的父亲顺治帝十七岁,母亲佟妃十五岁。他是顺治帝的第三个儿子,取汉名玄烨。玄烨生来就贵为皇子,他的童年生活可以说是锦衣玉食,让普通百姓羡慕不已。但是,他所遭受的磨难也是普通百姓想象不到的。

　　玄烨的童年很少享受到家庭的亲情和温暖,没有在父母膝下享受过一天欢乐。直到晚年他还说:"父母膝下,未得一日承欢,此朕六十年抱歉之处。"清朝内廷制度,皇子、皇女出生之后,母亲不能抚养,要交给乳母、保姆养育。玄烨出生之后,不仅没有一个和父母同居一室的家,而且连母亲也不在身边。他是独居一处,由乳母、保姆等哺育、照顾,由宫女、太监等服侍、陪伴。二到七岁的六年间,他的皇父顺治帝上演了与董鄂氏的爱情悲喜剧,皇父根本无心也无暇顾及他,他没有享受到父亲的关爱与教育。八岁时,他痛失皇父。玄烨给皇父守灵、默哀、祭拜、哭号,幼小的心灵受到巨大的打击和创伤。到他十岁时,生母佟氏又病死了，玄烨昼夜守灵，水浆不入，哭声不停。一个才十岁的孩子，两年之间，父母双亡，形影相吊，实在可怜，这是人生幼年的最大不幸。

　　玄烨童年时期父母早亡，他特别得到祖母孝庄太皇太后的抚育和教诲。祖母教育他做人的规矩，凡饮食、行动、言语，都有规矩和尺度。即使平时独处，也不能违反规矩。行、动、坐、卧，不可回顾斜视。如果有做不到的，就会受到批评。祖母的爱怜抚育稍微弥补了玄烨缺失的母爱和父爱。康熙帝后来回忆说："朕自幼龄学步能言时，即奉圣祖母慈训……赖是以克有成。"他还回忆说："朕自八岁父亲宾天，十岁母亲崩逝，朕那时年龄还小，对他们的音容已经记忆不真，没有机会给他们尽孝，至今都感到遗憾。幸亏有圣祖母太皇太后鞠养教诲，才能成人。"

　　世代主要居住在东北山林的满洲人和西北草原的蒙古人，来到中原后容易感染痘症，痘症最严重的是出天花。当时这种病没有特效药，传染厉害，死亡率高，所以宫廷里谈"痘"色变。玄烨在两三岁时搬到皇宫外去避痘，这个避痘，不是避免自己出痘，而是如果出痘了，避免传染皇宫里的人。玄烨在宫外住了两三年，到四五岁的时候果然出天花了，发烧、疼痛、烦躁、恐惧，没有特效药，全靠他自身的抵抗力和乳母、保姆、宫女、太监的精心照料，才九死一生，躲过一死。这场病灾使玄烨脸上留下痘痕，就是麻子。玄烨出宫避痘，祖母太皇太后心疼他，经常派苏麻喇姑去照料。苏麻喇姑原是孝庄的陪嫁女，经历天命、天聪、崇德、顺治、康熙五朝，为人祥和厚道，宫廷阅历丰富。小玄烨不仅从她那里学到不少知识，而且受到潜移默化的影响。后来，玄烨的皇父顺治帝患天花不治去世，考量皇位继承人时，曾经出过天花而终生免疫就成为一项重要条件，出过天花的玄烨因祸得福，荣登大位。

　　玄烨的身上有满洲、蒙古和汉人的三种血缘。

玄烨曾祖父是清太祖努尔哈赤，祖父是清太宗皇太极，父亲是清世祖福临，这是他的满洲血统。玄烨的祖母孝庄太皇太后是蒙古族，为成吉思汗后裔，所以他有四分之一的蒙古血统。玄烨的母亲佟氏为汉人，所以他有汉族血统。

康熙帝继承三种血缘，使他从小受到三种文化的熏陶，养成了三种品格——勇武与奋进，继承了满洲人的性格；高远与大度，受到了蒙古人的熏陶；仁爱与韬略，来自汉族儒学的营养。

避痘结束后，玄烨回到宫里，五岁开始读书写字，除了学习满洲语文、蒙古语文之外，还学习汉语文。汉语文中的"三百千千"（《三字经》《百家姓》《千字文》《千家诗》），儒家经典"四书"（《大学》《中庸》《论语》《孟子》）等，在他的幼小心灵里种下了种子，给了他深刻的原生性影响。玄烨从小意志坚强，耐性过人。他学习汉族传统文化"四书"，按照传统的学习方法，先念，就是朗读；后背，就是背诵。他给自己立下规定：每一段、每一篇，都要朗诵一百二十遍，然后背诵一百二十遍，直到滚瓜烂熟，融会于心。

磨难使玄烨自律。他说："从小读书，就知道酒色之可戒，小人之宜防，所以到老都平安无恙。"玄烨从小就决心"三戒"——戒酒、戒色、戒小人。他终生不酗酒，不荒淫，不亲昵小人。

一天，顺治帝问皇二子福全、皇三子玄烨、皇五子常宁，长大之后有什么志向。皇五子常宁因刚三岁，不能回答。皇二子福全回答说："愿做贤王。"皇三子玄烨从容答道："等长大了效法皇父，勤勉尽力。"皇父听了，称赞他有远大的志向，对他另眼相看。

从玄烨的童年来看，一个人小时候吃点苦，受点罪，经过坎坷，受过磨难，可能对他以后个人的成长、事业的成功，会产生巨大的积极影响。吃苦与磨难可以锤炼人的意志，帮人增长见识、增强勇气，培养良好品格。所以，小孩子吃点苦头，受点磨难，应是好事，不是坏事。

《孟子·告子下》说："生于忧患而死于安乐也。"忧患既使人痛苦，忧患也激人奋进。玄烨虽然童年物质生活优裕，但也遭受了人间之大不幸。玄烨在"不幸"面前没有怯馁、退缩、消沉、颓废，而是变"不幸"为"有幸"，勤奋学习，磨炼意志，培养了自信、自立、自奋、自强的精神，汲取了前进中的宝贵动力。

## 终生读书
——康熙帝读书有哪些诀窍?

经常有人问我:应当怎样读书?其实,康熙帝的读书人生很值得借鉴。接下来就讲康熙帝终生读书:康熙帝读书有哪些诀窍?

康熙帝的读书学习,从五岁开始,到他六十九岁故去,其间六十四年,经历了四个阶段——少年好学,青年苦学,盛年博学,老年通学。少年读书,要在培养兴趣,重在养成习惯;青年读书,要在打下基础,重在扎实读懂;盛年读书,要在博览群书,重在融会贯通;老年读书,要在回眸人生,重在养生养心。

先说少年好学。康熙帝少年时期非常好学,由祖母、苏麻喇姑、保姆教他满语、蒙古语,由略通文化的张、林二位太监教他认汉字。玄烨从五岁开始到书房读书,汉人师傅教他读"三百千千",就是《三字经》《百家姓》《千字文》《千家诗》,满洲师傅教他满语骑射。他有时读书痴迷,忘了寝食。祖母见他勤奋好学,说道:"你贵为天子,还要像生员那样苦读吗?"

童年读书,重在识字、句读和背诵。句读就是断句,古时候没有标点符号,要靠老师教给断句。这样,能识字,会断句,有了阅读能力,再背诵，就记在脑子里了。

康熙帝回忆说："每天处理政务之前，五更就起床诵读，傍晚政务稍微空闲，再讲论琢磨，竟然因为过度劳累，痰中带血，也没有放松。"他认为，"朕七八岁所读的经书，至今五六十年，还不遗忘"。

再看青年苦学。康熙帝十七岁时，举行经筵大典，就是由讲官给皇帝讲解"四书""五经"等。康熙帝不满足于隔日进讲，命大臣们把经筵改为每天举行。他不满足于只是听讲，而主动提出师生互讲，加强讨论。

每天大清早，康熙帝就到乾清宫弘德殿听讲官进讲，然后到乾清门听政，从不间断。康熙十二年（1673年）三月，乾清宫修缮，他搬到西苑瀛台暂住，也坚持不变。酷暑寒冬，官员奏请停讲。他让讲官暂停，但讲章（讲稿）仍照常进呈——老师停讲，他不停学。在平定三藩之乱时，在南巡途中的御舟上，在亲征噶尔丹行军夜宿的帐篷里，他还是孜孜读书，手不释卷。

然后是盛年博学。盛年康熙帝的读书学习，重在博览众取。他读儒家经典外，也涉猎史部的《史记》《汉书》《资治通鉴》以及诸子百家，将经、史、子、集打通，汲取经学的治道、历史的治鉴、诸子的智慧、文学的涵养，提高自己的素养，提升治国的能力。他还遍读道、释、医、药、农、地理、治河之书，并学习西方的天文、数学、物理、化学、地理、医学、药学、测绘、语言、音乐、绘画、人体解剖等知识，在当时堪称学贯中西。

最后是老年通学。康熙帝老年的读书学习能够融会贯通。康熙帝强调："书不贵多而贵精，学必由博而致约。"说明他读书学习，愈老愈纯，愈老愈通。

康熙十六年（1677年），康熙帝在乾清宫院落正式设立南书房。这样，每天都有翰林在南书房值班，方便康熙帝随时请教切磋。下面举个例子，看康熙帝是如何学习书法的。

康熙帝自幼酷爱书法，临摹唐太宗、黄庭坚、米芾、赵孟頫、董其昌等人的书帖，以赵、董为多，特别是在南书房，受到书法家沈荃的指点。

沈荃（1624—1684），江南华亭（今上海市松江区）人，顺治朝探花。他先在地方做官，书法闻名海内，康熙时以擅长书法入直南书房，官做到国子监祭酒、礼部侍郎衔。宫里不少御制碑文、屏风、楹联等由沈荃书写。沈荃在南书房给康熙帝讲解古今各体书法，先做示范，再做指导。他指导书法有个特点，特别敢于指出康熙帝写字的毛病，康熙下笔，他就指出问题，还分析原因。他的儿子沈宗敬后来也在南书房。一天，康熙帝感慨地对沈宗敬回忆说："朕初学书法，宗敬的父亲沈荃指陈得失。至今写字，还经常想起他的劝勉。"沈荃为人正直。康熙十八年（1679年）大旱，康熙帝请大臣直言。沈荃说："流放人到乌拉（今吉林市），地极寒冷，人多冻死，罪不至死的人流放到那里，就是把他们驱赶到死地。"这个意见康熙帝不接纳。沈荃就下了个赌誓，说："按照这个意见执行，如果三日不下雨，我甘伏欺君罔上之罪。"于是康熙帝采纳了沈荃的这个谏议。果然，两天后下雨了。但这个预言还真有点玄。

除了得到高人指点，康熙帝还苦练书法。他说："朕自幼酷爱书法，凡见古人墨迹，必临一过，所临之条幅、手卷将近一万多，赏赐给别人的不下数千。天下有名庙宇禅林，无一处没有朕的御书匾额，约计其数也有千余。"康熙帝听政之暇，寒暑无间，唯有读书写字而已。宫中法帖甚多，他都赏阅临遍。五十岁后，康熙帝曾向大臣们说："朕自幼好临池，每日写千余字，从无间断，凡古名人之墨迹、石刻，无不细心临摹，积今三十余年。"

南书房人才荟萃，还有一批通天算、明音律的人才，如戴梓——杭州人——是清朝以火器制造技艺入直南书房的唯一之人。戴梓所造的连珠铳，形如琵琶，可以连发二十八发火药铅丸。戴梓还奉命仿造子母炮、威远将军炮。康熙帝在实战中用以破敌，效果很好。

可以说，康熙帝得到了当时最高明的老师的指教，这个条件是得天独厚的。

康熙帝读书，除了少年好学、青年苦学、盛年博学、老年通学之外，还有四条经验，就是学习要持久、要思悟、要知行、要著述。这也可以说是康熙皇帝读书的诀窍。

## 68

## 孝爱祖母
——奶奶和康熙帝的祖孙情

《大学》说:"为人子,止于孝。"对长辈,做到孝顺,不算很难;做到孝敬,不算太难;做到孝爱,心灵相通,的确很难。

康熙帝从小生活在一个庞大的皇帝家庭里,他又营造了一个更庞大的皇帝家庭。这个家庭高峰时有六代人:太皇太后、太后太妃、皇后妃嫔五十五人,子女五十五人,孙、曾孙一百五十余人。在康熙帝心目中,分量最重的是太皇太后。他八岁丧父,十岁丧母,全靠祖母太皇太后抚育教训。于是,康熙帝把儿孙的亲情和孝敬合在一起,给了祖母。

康熙帝十四岁亲政,还是少年,他在政事方面求教祖母。康熙帝每日下朝后第一件事就是到慈宁宫向祖母请安。早晚问安,亲睹慈颜,面禀朝事,聆听训诲。少年天子十分珍视每天与祖母的会面,这是他日理万机的生活中尽享亲情的时刻,更是他以政事求教祖母的机会。处理好国家大事,使社稷长治久安,是对祖母最大的孝。

康熙九年(1670年),康熙帝打算先往关外拜谒太祖、太宗山陵,再到遵化拜谒父亲世祖山陵,但太皇太后很想去看一看自己儿子顺治的孝陵,建议皇孙先去拜谒孝陵。康熙帝顺应祖母的心意,改变行程。这样，十七岁的康熙帝陪着祖母太皇太后、嫡母孝惠皇太后，皇后赫舍里氏随行，前往祭谒顺治帝的孝陵。像这样，太皇太后、皇太后、康熙皇帝和皇后三代四人一起谒陵，有清一代，只此一例。

康熙帝又陪同皇祖母去五台山礼佛，完成皇祖母的又一个心愿。山西五台山是我国佛教四大名山之一。元、明以来，大批蒙古信徒来到这里，在菩萨顶修建了多座喇嘛庙。清初皇家对五台山喇嘛庙极为重视。孝庄太皇太后自幼信奉喇嘛教，去五台山是她多年的心愿。

为陪祖母到五台山进香，康熙帝自己先往五台山，抵达菩萨顶，住了四天，其间，对道路、修庙、行宫、食宿、日用、物资等，亲自安排，做了准备。其中最险要路段是长城岭，康熙帝特别赴长城岭，亲自试验是否可以抬轿子过去。果然，山势太陡，抬轿人站立不稳，难以攀登。康熙帝返回后如实禀告祖母，但祖母仍不愿放弃多年的愿望，还是要去五台山。

康熙二十二年（1683年）九月，三十岁的康熙帝陪同太皇太后前往五台山。走到长城岭，改为八人暖轿，他亲自前后扶掖，左右照顾。太皇太后念及抬轿步履艰难，便提出还是换为乘车。康熙帝劝请再三，祖母不允。不得已，康熙帝就顺从祖母，乘车前往，但是他悄悄命轿子跟在后面。走了几里路后，康熙帝见祖母乘车太不安稳，便请乘轿。祖母说："我已经换车了，轿哪能马上就到呢？"康熙帝说："轿子就在后面跟着呢。"祖母高兴地拊着皇孙后背说："车轿细事，且道途之间，你诚意无不恳切，实为大孝。"

道路愈走愈险，太皇太后终于对孙子说："道路太危险了，我到此而止，已经尽到了所有的诚心，五台山各庙的礼佛，由皇帝代我拈香行礼，就像我亲自拜佛一样。"于是，康熙帝令皇兄福全等扈从祖母先行返京，他本人到菩萨顶代礼诸寺。七天后，祖孙平安回京。

后来,康熙帝以自己的体会告诫儿孙们:"凡人尽孝道,欲得父母之欢心者,不在衣食之奉养也,惟持善心,行合道理,以慰父母而得其欢心,斯可谓真孝者矣。"

康熙帝对祖母的孝,还表现在祖母生病的时候。康熙二十四年(1685年)八月二十八日深夜,太皇太后突然中风,右肢麻木,舌头发硬,言语不清。康熙帝亲自为祖母侍奉汤药,直到夜半。此后数日,康熙帝每日两三次去祖母宫中问安。康熙帝决定前往白塔寺进香,为祖母祈福,正准备从宫中动身时,突然电闪雷鸣,大雨如注。近侍请求等雨停后再去,康熙帝不允,毅然冒雨前往。

康熙二十六年(1687年)十一月二十一日,孝庄太皇太后病复发,康熙帝在慈宁宫祖母的床边席地奉侍,昼夜不离,衣不解带,不吃不睡。太皇太后入睡后,康熙帝隔着帷幔静候,席地而坐,一听到太皇太后有声息,马上到床前,凡有所需,亲手奉上。三十五个昼夜,衣不解带,目不交睫,竭力尽心,唯恐圣祖母有所需要而不能备,所以凡是祖母所需,无不备具,仅糜粥之类,就准备了三十多种。十二月初一凌晨,隆冬季节,寒风刺骨,康熙帝率王公大臣从乾清宫出发,步行前往南郊天坛为太皇太后祈愿。康熙帝读祝词的时候,跪在祭坛前,涕泪满面,泪滴成冰。陪祀大臣,无不感泣。

孝庄太皇太后临终,拊着孙儿康熙帝的后背,流着眼泪赞叹说:"因我老病,你日夜焦劳,竭尽心思,诸凡服用,以及饮食之类,无所不备,我其实不想吃东西,勉强吃一点不过借此支吾,安慰你心,谁知你都提前准备在那里,如此竭诚体贴,孝之至也。惟愿天下后世,人人效法皇帝如此大孝。"

《中庸》说:"爱其所亲,事死如事生,事亡如事存,孝之至也。"孝敬长辈,既在生前,也在身后。康熙二十六年(1687年)十二月二十日，太皇太后病逝，七十五岁。康熙帝一连十多个昼夜，流涕呜咽，号痛不止，居住围帐，水浆不入，以致昏迷。孝庄梓宫安放在慈宁宫内，直到来年正月十一日发引，康熙帝昼夜不离，日夜哀哭。孝庄梓宫迁到朝阳门外殡宫，发引之时，他坚持步行；途中每次更换杠夫时，他必跪于道左痛哭，到达奉安处，一刻也不停声。祖母临终及病故后，康熙帝连续六十天衣不解带。到正月下旬御门听政时，需要人扶掖前行。康熙帝晚年的高血压及心脏病等疾患，就是因祖母大丧和太子废立忧伤而落下的病根。

从孝庄病逝到康熙帝自己故去，其间三十五年，他前往遵化祭谒暂安奉殿、孝陵共二十六次，时刻缅怀祖母的慈恩。

康熙帝既要孝奉太皇太后，又要孝侍皇太后，长达五十六年。可以说，康熙帝的一生几乎都是在给太皇太后和皇太后尽孝中度过的。《孝经》说："天地之性，人为贵；人之行，莫大于孝。"孝子对待父母长辈，"居则致其敬，养则致其乐，病则致其忧，丧则致其哀"，就是说，父母长辈起居，要敬爱关照他们；父母长辈养老，要能让他们快乐；父母长辈患病，要减少他们痛苦；父母长辈去世，要沉痛怀念哀悼。

我说，孝子必忠国家，孝子必爱百姓。连父母都不爱，能热爱人民吗？！

## 69

## 六下江南
——康熙帝如何开解南方汉人心中的结？

康熙帝从康熙二十三年（1684 年）到四十六年（1707 年），也就是从三十一岁到五十四岁期间，离开皇宫，六下江南，共五百二十天。其中第五次南巡时间最长，达一百一十八天。他是清朝十二位皇帝中，第一位航经运河、海河、黄河、淮河、长江、钱塘江六条大江河的皇帝，开创了清帝南巡的先例。

明亡清兴的历史大变革激起强烈的满汉民族矛盾和文化冲突，到康熙第一次南巡时，整整一百年间，没有完全化解。努尔哈赤的屠杀汉儒，皇太极的七掠中原，多尔衮的强令剃发，使得中原汉人对立情绪强烈。这是康熙帝从三代先祖手中接过来的一个沉重的历史包袱。这个历史包袱至少打着三个死结，一是文化之结，二是君臣之结，三是官民之结。

康熙帝南巡，第一个期待是化解文化之结。为此，他主要做了四件事。

第一，祭孔子。康熙帝从小就读孔子的《论语》，孔子在他心目中是至圣先师。康熙帝第一次下江南，到曲阜孔庙，步入大成门，进入大成殿，向孔子塑像和牌位行三跪九叩大礼。康熙帝还御书"万世师表"，悬额殿中。接着，参观杏坛和孔林，行三叩礼。

第二，祭岱庙。岱，指的是泰山；祭岱庙是祭祀五岳之首泰山之神。秦皇、汉武等都曾封禅泰山。这是中华文化的传统。康熙帝到泰安，躬祀泰山之神，登泰山极顶，到日观峰，表明他对儒家传统文化认同景仰，顶礼膜拜。

第三，祭明陵，就是明太祖朱元璋的陵墓明孝陵。康熙帝南巡，连续三次亲祭明太祖孝陵，在第三次南巡时，为明孝陵题写"治隆唐宋"碑。

第四，祭禹陵，也就是传说中治水的古代圣王大禹的陵墓。康熙帝第二次南巡时到了绍兴会稽山山麓。他到大禹陵前，亲撰祭文，祭奠禹陵，行三跪九叩礼。

康熙帝的"四祭"——祭孔子、泰山、明陵、禹陵——是向天下宣告：接受汉族儒家文化。

康熙帝南巡，第二个期待是化解君臣之结。

清朝满洲官员占主导地位，汉官常有不满情绪。康熙帝通过南巡活动，尽量缓解汉族官员的不满，采取许多怀柔、笼络措施，比如，给他们"八赐"——赐匾、赐字、赐宴、赐物、赐银、赐食、赐见、赐官，表示对汉官的信用和器重。

康熙帝南巡到德州，听说安徽宣城梅文鼎（1633—1721）的天文数学造诣很深，便读他的《历学疑问》三卷，并带回宫中仔细阅读，亲笔圈点并贴签批注。康熙帝第五次南巡时，将梅文鼎召到御舟上，跟他讨论天文历法，不知不觉就谈了一个时辰。就这样，连续三天请他到御舟上讨论天文历法。康熙帝称赞他是"真仅见也"，是康熙帝所见到的唯一一位具备这么丰富的天文历法知识和高超学术水平的人！因梅文鼎年老，不便到京任职，康熙帝便赐其御书、匾额等。梅文鼎在数学方面的成就尤为突出，不仅能吸收西方数学的成就，还对《明史·历志》正其误、补其缺。他平生勤奋，手抄杂书不下数万卷，年八十九而卒。今安徽省宣城市有梅文鼎纪念馆，馆前树立梅文鼎塑像，以纪念这位科学家。

康熙帝第五次南巡到江宁（南京），遇上一件事。江宁知府陈鹏年是个清官，下令将暗娼老窝端掉，改为乡约讲堂，堂内张写《圣谕十六条》，悬挂"天语叮咛"匾。有人告发他对皇帝大不敬，定罪"论斩"。江宁织造曹寅向康熙帝免冠叩头，为陈鹏年求情：磕头磕到石头台阶上咚咚有声，以致鲜血盖住了额头。康熙帝将陈鹏年免死，让其到皇宫武英殿修书处效力。后雍正时陈鹏年做河道总督，碰到黄河决口，他自己请求前往筑坝，堵塞决口，废寝忘食，风雨不辞，竟然积劳成疾，死在工所。他家有八旬老母，官员一看，室如悬磬，穷得一无所有。雍正帝说，陈鹏年真是"鞠躬尽瘁，死而后已"之臣！

康熙帝通过南巡，消除同汉官特别是江南汉官的隔膜，增进了君臣感情。这里讲一个康熙帝同宋荦（luò）的故事。宋荦的父亲宋权，河南商丘人，任明朝顺天巡抚，刚上任三天，崇祯帝吊死。宋权投降清朝，仍任原官，后上书三条建议，一是给崇祯帝发丧，二是免除明末加派粮饷，三是选贤任能，都被采纳。他的儿子宋荦十四岁得荫三等侍卫，康熙朝历官知府、布政使、巡抚、尚书等，几与康熙一朝相始终。康熙帝与宋荦君臣关系亲近。康熙帝第三次南巡，正值宋荦任江苏巡抚。宋荦送苏州太湖洞庭山出产的绿茶，康熙帝很喜欢，赐名"碧螺春"。从此，碧螺春茶天下闻名。

康熙帝还送给宋荦老花镜，又看到他年老牙口不好，就赐给宋荦内府所制豆腐，并派御厨到宋荦衙署厨房，向他的厨师传授做法，供宋荦后半辈子食用。宋荦感激涕零,以此为殊荣。宋荦三次接驾康熙帝南巡,年老致仕回乡,享年八十。

康熙帝与宋荦之间,不似君臣拘谨,而是交互往来,情谊日增。

康熙帝六次南巡,广泛接触汉族官员,对增进君臣了解、消解君臣隔膜起了不可估量的作用。

康熙帝南巡,第三个期待是化解官民,特别是满官与汉人的夷夏之结。

汉人,特别是江南汉人,对多尔衮的"留发不留头,留头不留发""扬州十日""嘉定三屠"等,非常仇恨,刻骨铭心。康熙帝南巡的一个期待是,笼络士绅,维系民心,化解历史积怨,消解官民之结。康熙帝到南京,经明故宫,往明孝陵,荆榛满目,一片苍凉,下令加以保护与修整。

他每到一地,都减免田赋。如第三次南巡,命将全省积欠钱粮尽行蠲(juān)免;第四次南巡,遇村民失火,派侍卫等扑灭后,命每被火烧毁房屋一间,给银三两。

康熙帝六下江南,前后跨度二十四年,基本达到了化解文化、君臣、官民三结的期待,取得良好效果。但其铺张浪费,亦不可忽视。康熙皇帝每次南巡,不是轻车简从几十人,而是成千上万人,地方接待费用极高。的确,皇帝南巡,也有苦累官民的一面。

## 70

## 康熙治河
——为什么水利和漕运这么重要？

明朝迁都北京以来，皇宫的需用，京师军民的需用，主要靠京杭大运河运输。京杭大运河穿越黄河、淮河等五大河流，其中黄河和淮河经常泛滥，而黄河或淮河一旦出了问题，就直接影响运河通航，也直接影响漕运。1966年，我骑自行车从北京出发，沿京杭大运河进行考察。行程三千五百里，途经八个省市，历时一个月，最后到达杭州。在江苏省淮阴市（今淮安市淮阴区）境，看到黄河、淮河、运河的交汇处，清朝叫"清口"。前几年我又去清口考察，那里建立了博物馆。康熙帝治河、通漕的一个关节点，就在清口。

通漕首先要治河，治河重点是黄河。康熙帝是怎样做的呢？

黄河为害的自然原因之一是，黄河水从上游夹带大量泥沙，泥沙淤积，河床升高，逢到雨水过大，河水漫溢，河堤溃决。黄河为害的社会因素，又加重了黄河水患。金初攻宋，决黄河豫北段，河道南移，生民遭殃。蒙古灭金，与南宋争开封，决寸金淀，黄河泛滥。明朝末年，决开封黄河堤，水灌开封城。

元、明、清三代的黄河水患，屡决大堤，为害一方。清朝所谓"河务""漕运",首先要保证漕运畅通,所以康熙帝治理黄河以保漕利运为主要目标。

康熙帝治河,贵在亲自抓。抓什么?抓考查。康熙帝派侍卫拉锡等去往黄河源头,到星宿海,往返万余里,并绘成黄河舆图。这是中国历史上第一幅经过实际踏查而绘成的黄河图。康熙帝六次南巡,巡视黄河,亲自考察,阅读方志,访问老人,扯绳测量,指授方略。

康熙帝重视治河,要在选择能臣、廉臣做河道总督。明朝以都御史总督河道。清朝设专职河道总督。康熙朝设河道总督十二人,下面重点介绍靳辅,以显示康熙帝治河的决心、治策、智慧和风范。

这里插一句,到雍正的时候,运河实行分段管理:江南一人,称南河总督,驻清江浦(今淮安市清河、清浦两区);山东一人,称东河总督,驻济宁州(今济宁市);直隶一人,称北河总督,由直隶总督兼,驻保定府(今保定市)。

靳辅(1633—1692),今辽宁辽阳人,汉军镶黄旗,初为官学生,后任学士(五品)。像他这种经历,就是没有参加科举考试,而是因为出身旗人,被保送上学,推荐做官。康熙十年(1671年),靳辅任安徽巡抚。康熙十六年(1677年),靳辅受命任河道总督。在离京赴任、途经邯郸的时候,靳辅在吕翁祠结识了陈潢。陈潢是何许人也?

陈潢(1637—1688),浙江钱塘(今杭州)人,为人聪颖,但怀才不遇,屡试不中,落魄京华。他饱读治河之书,研究治水,颠沛流离,暂居邯郸,在黄粱梦吕翁祠的墙壁上题下一首诗:

四十年中公与侯,虽然是梦也风流。
我今落魄邯郸道,要替先生借枕头。

靳辅见诗，认为这是奇人。靳辅访见陈潢，两人相见恨晚，靳辅就把陈潢作为幕僚，协助自己治河。当时官员们都把河道总督这个职位看作让人害怕的官职，正所谓闻者心惊，见者胆落。靳辅也有些彷徨。陈潢鼓励靳辅："盘根错节，正好可以辨别哪件是利器；河久失修，正好需要有人奋起而担当。这个担当者，非公莫属矣！"

靳辅同陈潢沿河考察，访问有经验的老人，日夜奔波，经过考察，胸有成竹。于是，靳辅一天内上了八封奏疏，建言治河方略：统审全局，河运并治——黄河和运河综合治理；浚河筑堤——疏浚河道，加筑堤坝；束水攻沙——积蓄大水来冲刷泥沙等。具体措施如下。

第一，疏通河道，就是采用明朝的治水经验，筑堤坝束水，冲刷黄河水中夹带的泥沙，疏通河道。

第二，加快泄洪，就是在主堤之外三四里的地方再筑一道遥堤，洪峰大的时候，河水可以在两道堤坝里下泻，这样就可以避免黄河决口，泛滥成灾。

第三，绕开黄河，就是从江苏淮阴到邳县，新开一条长达三百里的运河——中河。原来船行到这里，要借一段黄河再进入运河。黄河来水不稳定，有时风大浪险，水流湍急，每条船要增加二十多名纤夫，日行二三十里，有时遇到浅滩，还要把货物卸下，陆运过浅滩后，再重新装船。新开中河后，漕船不再借道黄河，避开了黄河的风险，直接从中河通过，无风浪之忧，顺利通行。这里我前些年去考察过，中河的河道还保存着。

清初，黄河决口，造成洪泽湖湖底淤高，湖水溃漫堤堰。靳辅偕同陈潢在洪泽湖的堤坝高家堰展开护堤工程，后来还在堤堰上建造了仁、义、礼、智、信五个减水坝，在大堤上建造石头堡，以便观察水势。当时还在堤坝同一水平线上浇铸了九牛二虎一只鸡，企盼金鸡报晓，警示堤防；借用"九牛二虎"之力来维土制水，镇奠淮扬。今日栩栩如生的铁牛尚在。这里现在是大运河沿线重要的文化遗产点。

靳辅和陈潢督率民工，日夜辛勤，大有成效，但多次受到无辜指责，屡遭磨难。

康熙二十一年（1682年），一位官员上书否定靳辅的治河方案。康熙帝派官前往调查。靳辅申辩："工程将要竣工，不应随便变更。"康熙帝命朝廷会议讨论，并召靳辅到北京答辩。靳辅又说："工程就要完工，不应变更。"康熙帝同意，命靳辅赶回工地。康熙二十三年（1684年），康熙帝南巡，阅视河工，赐诗赞美。

康熙二十七年（1688年），御史郭琇（xiù）弹劾靳辅治河无绩，内外臣工，群起附议。康熙帝交九卿会议裁决。靳辅被罢官；陈潢被削职，逮京师，下狱之后忧愤致死。康熙帝命免去靳辅河道总督，以闽浙总督王新命取代。

康熙二十八年（1689年），康熙帝南巡，巡阅高家堰，见水势回缓，非常高兴。沿途听到江淮百姓称颂原任河道总督靳辅，感念不忘。回京后，康熙帝召开六部九卿会议，说："之前对靳辅革职是错了，恢复他原来的衔级（就是恢复待遇）。"康熙三十一年（1692年），康熙帝重新任命靳辅为河道总督，可惜当年冬天靳辅就去世了，年六十。

靳辅是康熙朝治河的能臣、名臣、功臣、廉臣。靳辅治理河运，三十年无大患。

## 71

## 御史弹相
—— 明珠与索额图的结党争斗

康熙朝发生过一次政治地震，这就是左佥（qiān）都御史郭琇弹劾当朝大学士、权相明珠。郭琇为什么要弹劾明珠？康熙帝对此是怎样的态度？其后果如何？

康熙朝最著名的大学士有两位，一位是索额图，另一位是明珠。明珠（1635—1708），叶赫那拉氏，满洲正黄旗人，比康熙帝年长十九岁。明珠出身叶赫部，曾祖父、祖父都是叶赫贝勒。叶赫部灭亡，明珠的父亲尼雅哈投降努尔哈赤，后来立功，做了佐领，随军入关。明珠初任侍卫，在皇帝身边，精明强干，勤恳敬业，升为内务府总管大臣（二品），改任刑部尚书。康熙帝擒鳌拜、掌朝纲后，明珠充任给皇帝讲解经典的经筵讲官，和康熙帝接触多，不久升兵部尚书。康熙帝在南苑举行盛大阅兵及军事演习，部伍整肃，秩序井然。康熙帝很高兴，命以此为例。不久，发生三藩之乱，明珠力主撤藩，坚决平叛，受到康熙帝信任。他任兵部尚书，每天处理紧急军务，深得康熙帝的器重。康熙十六年（1677年），正当平叛高潮时，明珠为武英殿大学士（从康熙十六年到二十七年共十二年），入阁办事。

明珠在满洲上三旗贵族中，特别在正黄旗贵族中，为人聪睿，勤奋读书，文化涵养可谓翘楚。当时的重要典籍如《清太祖实录》《清太宗实录》《明史》等，明珠都担任总裁官。

明珠广泛结交汉人名儒、名士。他的儿子纳兰性德被赞为"满洲第一词人"。他的另一个儿子揆叙官国子监祭酒、翰林院掌院学士、左都御史。南书房的徐乾学、高士奇、王鸿绪等都是明珠的人。而徐乾学兄弟三人又是"一状元、二探花"，师生僚友，布满朝廷。高士奇在南书房，颇受皇帝信赖。王鸿绪官左都御史，其兄王顼龄为日讲起居注官，侄子官左都御史。

明珠从一名宫廷侍卫而升为刑部、兵部、吏部的尚书，内阁大学士，说明他才智非凡，但他卷入了当时的政治旋涡之中，势力膨胀，使皇权受到影响。恰在这时，御史郭琇挺身而出，弹劾权相明珠。

郭琇（1638—1715），山东即墨人，出身于诗文之家。他九岁丧父，十岁丧继母，幼年坎坷，曾在即墨城东四十里深山仙姑庵苦读。他居住茅舍三间，没有围墙，每当风雨之夜，狐啸狼嚎，悲凉吓人，郭琇却夜以继日，学习不辍，"宿火中宵，且泣且读"。三十二岁，他考中进士。乡居八年后，为吴江县（今江苏省苏州市吴江区）知县。郭琇居心恬淡，办事精锐，九年县令，两袖清风。后来康熙帝南巡时说："郭琇以前为吴江县县令，居官非常好，百姓至今感念和颂扬。"

康熙二十三年（1684年）六月，皇太子师傅汤斌任江苏巡抚，很欣赏县令郭琇。经汤斌推荐，并经考试，郭琇任江南道监察御史，后升左佥都御史。郭琇做了一件大事。

康熙二十七年（1688年）二月某日，明珠寿诞，宾客满堂。依惯例，御史不给当朝官长贺寿。但这天郭琇来到明珠相府。明珠格外高兴，将郭琇迎到大堂。郭琇当众从袖中取出弹章，示意要弹劾当朝大员，说完转身而去，随后立即向朝廷奏上弹章。众官哗然，举朝震惊，事已公开，不便阻拦。郭琇这封弹章就是《纠大臣疏》，弹劾大学士明珠等，主要是专权、受贿、卖官、泄密。

一个四品言官竟敢弹劾当朝宰相，立即轰动朝廷。人们称郭琇为"铁面御史"。康熙帝一面提升郭琇为都察院左都御史（二品），一面却并没有马上处理明珠，而是在半年之间，将原有的大学士七人，解职四人（明珠革职），并处置了诸位尚书，削弱明珠集团，以加强皇权。

明珠集团为打击报复郭琇，先后制造了几个案子，此处重点说"钱粮案"和"冒名案"。

先是"钱粮案"。郭琇任吴江县知县时，县丞赵炯经收康熙二十二、二十三等年漕米两千三百石，虽具印结存，但实际亏空。郭琇当时并未觉察，在离任时具结移交署印官张绮（qǐ）梅。后因赵炯降调，真情暴露。郭琇得知，即派家人代买粮食还仓。此案本易了结，但因江苏按察使高承爵为明珠的侄女婿，借此报复。

高承爵严刑逼讯张绮梅，逼迫他诬指郭琇亏空漕粮，但未得逞。当高承爵声称给张绮梅"上脑箍"时，郭琇愤怒地对张绮梅说："他们不过是要置我于死地耳！你为何不屈招而自讨苦吃！"高承爵问郭琇："你不怕死吗？"郭琇笑曰："我怕死的话就不坐在这里，怕死的那个人正坐在堂上。"高承爵等不敢放肆，打算把郭琇遣戍陕西。当郭琇遣戍陕西的消息传到即墨时，郭琇的妻子屈氏泣血草疏，要骑着毛驴上北京申冤。这份奏疏正要送上，康熙帝特别恩旨宽免，释放郭琇回乡，后来命郭琇任湖广总督。从这件案子可以看出，作为言官，上疏参别人，必须先严于律己，否则很容易被对手抓个把柄，打击报复。

接着是"冒名案"。在郭琇弹劾明珠案里，有个被革职的户部尚书佛伦，后来改任山东巡抚。他对郭琇怀恨在心，寻找机会报复。康熙帝曾经给郭琇的父亲封赠诰命,也就是授赠给他荣誉证书。佛伦上奏说:"郭琇父亲郭景昌,原名尔标,曾经在明末清初倡乱伏法(谋反被处决)。郭琇私改父名,冒请诰封。这是一个有欺君之罪的罪名。"礼部不待核实,就把郭琇父亲的诰命给追夺了。康熙帝接到奏章后,命大学士伊桑阿悄悄询问郭琇实情。郭琇回答伊桑阿:"这是诬陷。"但康熙并没有马上纠正。直到十年后,郭琇以湖广总督的身份入京陛见,上了一封《辨白冤诬疏》,请求皇上敕问佛伦,并请求与佛伦对质。这时佛伦已经是大学士,康熙帝问佛伦,佛伦回答说:"当年下面上报的情况有误。"于是,康熙帝重新颁发诰命。郭琇被诬,十年后方得申冤。

以上两案中,"钱粮案"属于小题大作,借题发挥,"冒名案"纯属诬陷,说明明珠势力必欲置郭琇于死地,以报"弹劾"之仇。但郭琇顽强抗争,的确是一位堂堂正正的监察名臣。而康熙帝的做法值得玩味。康熙帝既利用郭琇牵制明珠,制约明珠集团势力;又利用明珠牵制郭琇,限制郭琇势力,正所谓执两用中。

康熙、明珠、郭琇,君主、宰辅、言官,结成复杂的关系。为君难,为臣难,为言官尤难。可见谏官难当,忠言难吐,弹章难上,直路难行。

## 立废太子（上）
——康熙帝对太子的精心教育

康熙帝晚年最烦恼的，就是关于皇太子的事情。康熙帝在位时间长，儿子多，又重视皇子教育，儿子之间争斗格外激烈。康熙帝二十二岁就立了皇太子，五十五岁废皇太子，五十六岁又立皇太子，五十九岁再废皇太子，直到他六十九岁去世，都没有明确宣布皇位继承人。康熙帝文治武功，英明一世，但在皇太子立和废的问题上，却是糊涂一时，引起康熙后期和雍正前期的政坛震荡。

康熙帝的子女，在清帝中是最多的，共有三十五子、二十女。三十五个儿子中，排序的有二十四位，实际上成人（年满十六岁）的，有二十位。这里讲一下清朝皇子的命名。

按照满洲习惯，通常只用名，不用姓。比如多尔衮，这是名字，并不姓"多"，而是姓"爱新觉罗"。满洲著名的姓氏有爱新觉罗、伊尔根觉罗、瓜尔佳、叶赫那拉、赫舍里、钮祜禄等。入关后，顺治帝给皇子取名，虽然还是只有名不贯姓，但改用满文取名，再音译成汉字，比如玄烨、福全。康熙帝前九个皇子起名，主要是采纳了太皇太后的意见，用汉字取名，但个别又恢复老办法，如老大叫承瑞，老二叫承祜，老三叫承庆，老四叫赛音察浑，老五叫保清，老六叫保成，老七叫长华，老八叫长生，老九叫万黼（fǔ）。这种现象反映了满洲汉化的一个过程。康熙二十年（1681年）以后，康熙帝一方面坚持满洲只取名不贯姓的传统，同时正式采用汉人的取名方法，规定他的皇子取名，第一个字用"胤"字排行，表示辈分，第二个字用"示"字偏旁。如原老五保清，排序皇长子，改名胤禔（zhī 或 tí）；原老六保成为皇太子，改名胤礽（réng）。

康熙帝为什么在二十二岁的时候就匆忙确立皇太子呢？

皇后赫舍里氏十二岁嫁给康熙帝，两人很恩爱。康熙十三年（1674年）五月初二，皇后在生育嫡长子胤礽时难产而死，年仅二十一岁。康熙帝非常痛惜这位早逝的皇后。五月初五，赫舍里氏去世后第三天，梓宫（棺材）迁到紫禁城西，直到二十七日，康熙帝几乎每天都去举哀；后来他亲自将梓宫送往昌平巩华城，从六月到十二月，他去巩华城三十四次，第二年又去了二十四次，第三年去了十五次。有学者统计，从康熙十三年到十六年，他一共去了八十次。这四年里，每逢腊月二十九，他都去巩华城陪伴亡灵。母因子死，子以母贵。康熙帝对胤礽这位嫡长子格外器重和关爱，决定立他为皇太子。康熙帝深悉预立储君有利于皇权的连续性与稳定性，是巩固清皇朝统治的头等政治大事。他接受历代皇位继承的经验，特别是明朝皇位嫡长（正妻长子）继承皇位的历史传统。

康熙十四年（1675年）十二月十三日，只有二十二岁的康熙帝亲临太和殿，以祖母孝庄太皇太后之命，册立刚满周岁的嫡长子胤礽为皇太子。

康熙帝的三十五个皇子，他们的出路，除了一个继位做皇帝的，其余的都是做亲王、郡王、贝勒等。前面讲过，明朝藩王，分封而不赐

/ 立废太子（上）/

土，列爵而不临民，食禄而不治事。清朝在明朝制度基础上又有变化：亲王等一要内襄政本，参与国事；二要统兵打仗；三要留在北京府邸；四是不务实业。因此康熙帝对皇子教育的目标，首选为成龙，其次为襄政，其三为领兵，其四为务学，其五为书画等。

康熙帝对子孙的教育通过多种方式进行，包括言传、身教，如让子孙参加祭祀、打猎、巡幸、出征等，而上学是康熙帝教育子孙的基本方式。康熙帝特意在乾清宫院里设立上书房，在畅春园以无逸斋为上书房，供皇子们读书。其中，他最上心的是皇太子的教育，倾注了太多的心血。

皇太子六岁拜师入学，先后有张英、李光地、熊赐履、汤斌等名儒担任皇太子的老师。皇太子十三岁时，康熙帝仿照明朝教育东宫的做法，正式让皇太子出阁读书，多次在文华殿与满、汉大臣讲解儒家经典。

皇太子胤礽幼小时候，康熙帝就开始亲自为他授课，在宫中亲自给他讲授"四书""五经"，每天御门听政之前，都要求太子把前一天学的书背诵、复讲一遍，务求精熟贯通。皇太子稍长，康熙帝向他传授治国之道，教导皇太子以祖宗为楷模，借鉴历史经验，体察人心向背，并带他外出视察。皇太子胤礽天资聪颖，学业进步很快。他通满、汉文字，出口成章，娴熟骑射，而且身体健壮，一表人才，康熙帝非常喜爱。

随着皇太子步入青年，康熙帝开始在实践中锻炼皇太子。康熙帝三次亲征蒙古，先后有十多个月不在京城，他命二十二岁的皇太子胤礽坐镇京师，处理朝政。皇太子不负众望，克尽职责，举朝都夸奖皇太子能干。康熙帝也很满意，他给皇太子的朱批说："皇太子所问，非常周密而详尽，考虑事情的用心，正与朕心相同，朕不胜喜悦。你居京师，办理政务，如泰山么稳固，所以朕在边外，心意舒畅，事无烦扰，多日优闲，朕的这种福气，想必是由行善所致吧！因为你尽孝以事父，凡事都诚恳悾切，朕也愿你年龄遐远，子孙也像你一样尽孝，来敬事你啊。因为熟知你诸事谨慎，所以写下这些寄给你。"通过这份朱批我们可以体会，正当中年的康熙皇帝对年轻英俊、文武双全的皇太子多么满意，多么喜爱。

皇子们渐渐长大，康熙三十七年（1698年）三月，康熙帝分别册封皇长子胤禔为直郡王，皇三子胤祉为诚郡王，皇四子胤禛、皇五子胤祺、皇七子胤祐、皇八子胤禩为贝勒（皇六子胤祚早殇未封），受封诸子参与国家政务，并分拨佐领，各有属下之人。

而这时皇太子已经二十五岁，做太子也二十四年了，身边逐渐形成一股力量，对康熙帝的皇权形成潜在威胁，特别表现于索额图党。

## 立废太子（下）
——康熙帝为何对太子失望？

上一讲讲到，朝廷里逐渐形成聚集在皇太子身边的政治势力，即太子党，以大学士、领侍卫内大臣索额图为首。索额图是康熙帝幼年时期的首辅索尼之子，也是皇太子母亲的叔父，在朝中形成一个势力集团。特别是明珠集团被打击后，索额图集团更加膨胀，甚至影响皇权。他们手里最重要的一张牌就是皇太子。康熙帝觉察到皇太子逐渐骄纵，势力渐大，就拿索额图开刀。康熙四十二年（1703年）五月，康熙帝令将索额图拘禁，索额图后来死于禁所。康熙帝又命逮捕索额图的弟弟、儿子及亲近大臣。这是给皇太子敲警钟。

康熙四十七年（1708年）五月十一日，康熙帝巡幸塞外，命皇太子、皇长子、十三子、十四子、十五子、十六子、十七子、十八子等八个儿子随驾。在巡幸期间，发生了几件事。

第一，皇长子胤禔等向皇父说了皇太子的许多坏话，令康熙帝对皇太子非常不满。

第二，巡幸途中，八岁的皇十八子胤祄得了急病，康熙帝心情焦虑，皇太子却无动于衷。而胤礽当时可能根本没有意识到皇父的不满。

第三，在返京途中，康熙帝发现皇太子夜晚靠近他的帐篷，从缝隙向里面窥视，便怀疑皇太子可能要暗杀他。这件事刺激康熙帝下决心要废掉皇太子。

九月初四，康熙帝在从避暑山庄返京途中，召集诸王、大臣等于行宫前，流着眼泪宣布皇太子胤礽的罪状，特别提到，皇太子每夜都从他的帐篷缝隙往里偷看，让他觉得不是今日被毒死，就是明日遇害，昼夜戒备，不得安宁。

康熙帝又说，不能让这不仁不孝的人将来成为国君。康熙帝一边说一边流泪，宣读完谕旨，难过得仆倒在地，当即命将胤礽抓起来。同一天，康熙帝命将索额图的两个儿子及胤礽左右的人立行正法。

康熙帝回到北京后，命在皇宫养马的上驷院旁搭起帐篷，把胤礽关在里面。又命皇四子胤禛与皇长子胤禔共同看守。当天，康熙帝召集诸王、贝勒、大臣等于午门内，宣谕废黜皇太子胤礽之事，并告祭天地、宗庙、社稷。后来又把废太子幽禁在咸安宫。

皇太子胤礽从初立到初废，长达三十四年。这时，康熙帝五十五岁，皇太子三十五岁。

很快，出现了一个康熙帝意想不到的情况，废斥皇太子后，诸皇子开始争夺未来皇位。跳得最欢的是皇长子胤禔、皇八子胤禩和皇十四子胤祯①。他们甚至建议要杀了废太子，还让人使魔法镇魇（yǎn）废太子。皇长子胤禔虽然母亲出身微贱，但原大学士明珠是他的外堂叔祖父，皇八子胤禩小时候也为胤禔生母惠妃所抚养，所以康熙帝对皇长子和皇八子结党非常警惕，而对于他们背后的明珠势力更加敏感。康熙帝令革除皇长子的王爵，将他终身幽禁。接着，康熙帝又痛斥皇八子，把

---

① 雍正即位后，将胤祯改名为允禵。

他锁禁起来。十四阿哥胤祯知道后，急忙营救胤䄉。康熙帝大怒，拔出佩刀就要杀胤祯，是五阿哥胤祺上前抱着皇父劝止，康熙帝才没有杀。这件事情表明：随着太子被废，索额图势力受到了打压，但明珠势力膨胀，并在皇子中结党。

废掉太子两个多月以后，康熙四十七年（1708年）十一月十六日，康熙帝召满、蒙大臣入宫，宣布皇太子的病已经治好了，然后当众宣布将废太子释放。胤礽表示："皇父谕旨，至圣至明。凡事都是我不好，所以才会遭到别人陷害。"

又过了四个月，康熙四十八年（1709年）三月初九，康熙帝重新册立皇太子胤礽，第二天，分别将皇三子胤祉、皇四子胤禛、皇五子胤祺晋封亲王等。康熙帝试图以此来促进诸皇子之间的团结。然而，事与愿违，皇储争夺愈演愈烈，朝中党争也更加激烈。康熙帝再次拿索额图党开刀。

这次的牺牲品是索额图党的步军统领讬合齐和刑部尚书齐世武。康熙五十年（1711年），康熙帝以讬合齐有病为由将其解职，后来又命拘禁讬合齐。七天后，康熙帝召见诸王、大臣，宣称："诸大臣都是朕选拔重用之人，受恩五十年来，那些攀附皇太子的人想做什么呢？！"他当场质问刑部尚书齐世武等，把他们锁拿候审。到次年四月，又借一件贪污受贿案，把齐世武用铁钉钉在墙壁上，齐世武号呼数日后死。也有史料说他没有死，后来被发配。这是康熙帝将要再废皇太子的前奏。

康熙五十一年（1712年）九月三十日，康熙帝向诸皇子宣布："废掉太子，著将胤礽拘执看守。"其理由主要是："狂疾未除，大失人心；饮食服用，陈设等物，有倍于朕；是非莫辨，秉性凶残，结党小人。"

康熙帝第二次废黜皇太子，虽然并非如他自己所说"毫不介意，谈笑处之"，但确实不像第一次那么痛苦了。因为他发现，立皇太子就难免有矛盾，不立皇太子可能更好。一次，康熙帝说："宋仁宗三十年未立太子，我太祖、太宗都未预立皇太子。（就是说努尔哈赤、皇太极都没有在生前指定太子。）如今众皇子的学问和见识都不落后于人，而且已经长大成人，已经分封，即使立了皇太子，能保将来无事吗？"

其实，康熙帝明白，他立废皇太子是失败的。康熙帝到死也没有公开明确皇位继承人，而皇子们骨肉相残的悲剧，在他死后更为惨烈。

在太子立废的动荡中，在众皇子上下钻营之时，皇四子胤禛却不露声色，暗自韬晦，观察窥测，等待时机。

## 74

## 雍正夺位
——韬光隐晦的老四如何突然得到皇位？

康熙帝死，雍正帝立，年号雍正，就是雍亲王得位之正的意思。然而，雍亲王得位是正还是不正，这恰恰是三百多年来清宫的一件疑案。

康熙六十一年（1722年）十一月初七，康熙帝在南苑围猎时患感冒，回畅春园养病。十五日冬至的祭天大礼由皇四子胤禛代行。

十三日清晨，康熙帝病重，急召皇三子胤祉、皇七子胤祐、皇八子胤禩、皇九子胤禟、皇十子胤䄉、皇十二子胤祹、皇十三子胤祥共七个皇子和步军统领隆科多，宣布："皇四子胤禛，人品贵重，深肖朕躬，必能克承大统，著继朕登基，即皇帝位。"又命从天坛斋所召回皇四子胤禛。这时，康熙帝其他几位皇子，长子胤禔被监守，次子即废太子胤礽被禁锢，五子胤祺被派往孝陵行祭礼，十四子胤禵正在西北领兵作战，而几位年幼的皇子当时跪在殿外，没有聆听皇父谕旨。

当天上午，雍亲王胤禛从天坛赶到畅春园，在这一天里，他被康熙帝召见了三次，但是他的皇父并没有跟他说起皇位继承的事。

当晚戌时（十九至二十一点），康熙帝驾崩。步军统领隆科多向胤禛口头传达了康熙帝由他承继大位的遗诏，胤禛听了之后又惊诧，又悲痛，昏倒在地。诚亲王皇三子胤祉等即向胤禛叩首，劝他节哀。从这一刻起，胤禛虽然没有继承大位，但是担负起新君的责任。当天夜间，胤禛指挥将康熙帝遗体运回紫禁城乾清宫。胤禛和隆科多护送康熙帝遗体回到乾清宫，并下令，他的兄弟如果没有命令，不得进入皇宫。

十四日，宣布大行皇帝龙驭上宾；传大行皇帝留下遗诏，命雍亲王嗣位；命胤禩、胤祥、大学士马齐和尚书隆科多为总理事务大臣；召十四子胤禵回京；九门关闭，禁止出入。

十六日，颁布大行皇帝遗诏。

十九日，遣官告祭天坛、太庙、社稷坛，京城九门开禁。

二十日，雍正帝在太和殿举行登极大典，改年号为"雍正"。

雍正帝即位，无论是遗诏继位，还是夺位，他毕竟坐上了皇帝的宝座。那么，康熙帝众多皇子，多想继承皇位，为什么唯独胤禛心想事成？在长达四十五年的皇子生涯中，胤禛是怎么一步一步地攀援，最后登上皇帝宝座的？

胤禛的母亲乌雅氏，满洲正黄旗，是护军参领威武的女儿。胤禛从小受孝懿皇后的养育，年幼的胤禛因她而尊贵。十四岁，胤禛同内大臣费扬古的女儿乌拉那拉氏成婚。二十一岁，胤禛受封为贝勒，分府居住，三十二岁被封为雍亲王，禛贝勒府就成为雍亲王府，就是今北京雍和宫。

皇四子胤禛从六岁开始到上书房读书，受到严格的儒家传统教育，也有满洲的"国语骑射"的训练，就是满洲语文与骑马射箭。

胤禛结婚之后，多次受皇父之命参与重大政治与祭祀活动。东向，至少五次到东陵祭祀，还到关外祭祀三陵——永陵、福陵和昭陵；西向，随皇父西巡五台山；南向，随皇父两次南巡；北向，康熙三十一年（1692年）随皇父巡视塞外，以后到康熙六十一年（1722年），先后十余次到塞外；京畿，五次随皇父巡视京畿，治理永定河，察看水利。特别是在康熙三十五年（1696年），他跟随皇父远征噶尔丹，领正红旗大营，军旅生活使他受到了锻炼。结婚后三十年的实际磨炼，使他对社会、对人生有了深刻的认识与深切的体验，为后来登上皇位准备了条件。

从康熙四十七年（1708年）到六十一年（1722年），康熙帝废太子，再立太子，再废太子，引起政局震荡。时逢胤禛从三十一岁到四十五岁的盛年，在这十四年间，他韬光养晦，以诚孝皇父、友爱兄弟，博得皇父的信任。

胤禛的心腹戴铎分析当时形势是，皇上强势，诸王并争。应对的谋略是，诚孝事上，适露所长，掩盖所短，避免引起皇父疑惑；友爱兄弟，大度包容，和睦忍让，让有才者不嫉妒，无才者以为依靠。

胤禛知道，受到皇父的信赖和喜欢，是自己一生中最重要的事情。他抱定主旨，诚孝皇父。在兄弟争夺皇位时，胤禛极力表现出对皇父的"诚"与"孝"，既不明十竞争，又劝皇父保重。康熙帝第一次废皇太子后，大病一场。胤禛进宫，奏请选择太医及胤祉、胤祺、胤祐和自己，为皇父检视方药，服侍皇父吃药治疗。康熙帝最早对皇太子胤礽产生不满，就是因为在生病时，年少的胤礽不懂得对皇父恭示孝心。所以胤禛这一招还是很灵的。

胤禛在处理兄弟关系时，不结党，不结怨。他没有参加皇太子党，也没有参加皇长子和皇八子党，他超然于兄弟的朋党之外，或者说，他在兄弟角逐皇储时，采取一种不附合、不排斥的中庸态度。这使他躲避皇父与兄弟两方面发出的矢镞而安然无恙。

胤禛还友爱兄弟。如皇太子第一次被废，胤禛非但没有落井下石，反而给予关照。胤礽起初被幽禁在上驷院旁帐篷里，由皇长子胤禔和皇四子胤禛看守。胤礽提出："皇父所说要杀皇父一事，实为乌有，请代我向皇父奏明。"胤禔不答应。胤禛说:"你不奏,我就奏。"胤禔只好代奏。结果康熙帝听了后说,奏得对,命将胤礽身上的锁链去掉。后来,康熙帝说:"之前拘禁胤礽时,并无一人为他陈奏,只有四阿哥性情和气量过人,深知大义,多次在朕前为胤礽保奏。"胤禛的几位弟弟胤禟、胤䄉、胤祯等被封为贝子时,他启奏说,愿意降低自己的爵位,以提高弟弟们的爵位。胤禛这样乖巧的做法,既博得皇父的欢心,也讨得诸弟的好感。

在康熙帝临终的关键时刻,胤禛善于并紧紧地抓住历史机遇,坚决、果敢地登上皇帝宝座。

但是,雍正帝是继位还是篡位,当时就议论纷纷,成为历史疑案。

## 继位疑案（上）
——雍正帝对兄弟宠臣动用了什么手段？

雍正帝是遗诏继位还是乘机夺位，当时就议论纷纷，成为历史疑案。主要的说法是，他谋父逼母，弑兄屠弟，杀掉宠臣，所有这些，都是因为他得位不正，以致杀人灭口。本讲就分析一下。

先看谋父逼母的罪名。雍正帝即位不久，就有人说："圣祖皇帝在畅春园病重，皇上进一碗人参汤，圣祖皇帝就驾崩了。"这是说，雍亲王用一碗有毒的人参汤毒死了皇父。皇帝身边防卫严密，毒死皇父恐怕难度太大。

雍正帝上台刚半年，生母乌雅氏突然死去。有传言说，雍正帝即位后，把十四弟允禵调回来囚禁。太后要见儿子，雍正帝大怒，太后就在铁柱上撞死。的确，雍正把十四弟允禵召回，没让他进城，就直接发到遵化去守景陵，后来圈禁在景山寿皇殿。太后乌雅氏肯定是非常不满的。结果，允禵刚被圈禁一个月，她就死去了。但是，并没有证据表明乌雅氏是撞铁柱自杀的。

再看弑兄屠弟的罪名。原来争夺太子之位占上风的是皇长子、皇八子、皇九子、皇十子和皇十四子，他们最先推皇长子，后推皇八子，再后推皇十四子。雍正帝即位以后，反对强烈的也是这几位兄弟。那么，雍正帝是如何处置他们的呢？

皇大阿哥允禔早被康熙帝夺爵，关在家里。

皇八弟允禩，雍正帝先封其为亲王，后削其王爵，高墙圈禁，将其改名为"阿其那"，侮辱他，最终将他害死。

皇九弟允禟被削去宗籍，逮捕囚禁。雍正帝将他改名为"塞思黑"，侮辱他。给他定二十八条罪状，关到保定狱里，最后他因腹部疼痛死于幽所。

皇十弟允䄉，雍正元年（1723年），外蒙古的哲布尊丹巴胡图克图来京时病故，要送他的灵龛还喀尔喀（今蒙古国），雍正帝命允䄉前往赐奠，走到张家口，允䄉称有病要留在那里，于是雍正帝将其夺爵，逮回京师拘禁。

皇十四弟允禵，雍正帝先不许他进京吊丧，又命他看守景陵，再将其父子禁锢在景山寿皇殿。

除了最恨这五位兄弟，雍正帝最忌惮的应当是废太子允礽。废太子允礽一家被禁锢在咸安宫。康熙帝晚年在北京昌平郑各庄修建王府和行宫，打算将来让废太子在此安度余生。雍正帝即位后，封允礽长子弘晳为理郡王，命举家迁往昌平郑各庄王府。第二年，允礽在宫中孤独死去。

雍正帝对两位弟弟非常好。十三弟允祥被封为怡亲王，格外受信用。十七弟允礼后被封为果亲王，管户部。允祥和允礼显然早就加入"胤禛党"，只是康熙在世时十分隐秘，未加暴露。

可以看出，雍正帝对反对他即位的兄弟下手狠毒，但对支持他的兄弟是很重用的。

再看杀掉宠臣。雍正初最炙手可热的宠臣是隆科多和年羹尧。

## 继位疑案（上）

外界传言说，雍正帝得位，在内得力于隆科多，这话还真有道理。康熙帝谕皇四子胤禛继承皇位的遗诏，是隆科多跟雍亲王胤禛说的。人们不禁要问，隆科多何许人也，传达这么重要的谕旨？

隆科多，满洲镶黄旗人，是康熙帝舅父佟国维的儿子、康熙帝的舅表兄弟，又是康熙帝生母孝康章皇后的侄子、孝懿皇后佟佳氏的弟弟。隆科多在康熙晚年任理藩院尚书、步军统领，负责京城卫戍和皇帝安全。雍正帝小时候曾经在孝懿皇后佟佳氏宫里养育，应当跟隆科多关系比较近，但隆科多注意结交皇长子、皇八子，而对皇四子并不亲密。

雍正帝即位后，立即任命隆科多为总理事务大臣、吏部尚书，封一等公。但两年后，他解除了隆科多的步军统领职务，将其发往阿拉善等处修城垦荒。雍正五年（1727年），命夺隆科多爵，召还京，王大臣会审。这时，隆科多奏称："白帝城受命之日，即死期将至之时。"言外之意，"只有我知道康熙遗诏的秘密，所以我要被置于死地"。这就引起雍正帝大怒，以四十一条大罪，命在畅春园外建房三间，将隆科多永远禁锢。来年，隆科多死于禁所。

再看年羹尧。年羹尧父亲年遐龄官至湖广总督，年羹尧的妹妹被选为胤禛的侧福晋，年家也因此从汉军镶白旗抬旗为汉军镶黄旗。康熙晚期，年羹尧先后任四川巡抚、定西将军，兼川陕总督。

年家虽然被拨属雍亲王府，但靠向皇八子一边。年羹尧娶大学士明珠的孙女为妻，可见他是皇长子、皇八子一党的。康熙帝将皇十四子胤禛派到西北任抚远大将军，年羹尧便极力靠近胤禛。但是雍正帝即位不久，年羹尧回到北京，向雍正帝讲了许多西北战局和皇十四子的情况，令雍正帝非常满意，他的妹妹年氏被封为皇贵妃。

雍正二年（1724年），雍正帝任命年羹尧为抚远大将军，平定了青海罗卜藏丹津作乱，进一等公爵；雍正帝还亲自御午门受俘。年羹尧受到的恩宠达到极点。雍正帝说:"我二人做个千古君臣知遇之榜样,令天下后世钦慕流涎!"年羹尧被捧晕了,骄纵起来。他入觐,令总督李维钧、巡抚范时捷跪道迎送;到京师,王大臣郊迎;在边疆,蒙古诸王公要跪见他。

年羹尧对雍正帝巩固帝位还是有大功的。一是关于皇十四子的告密,让雍正帝对竞争对手了解得更深入;二是在西北用兵取得胜利,维护了清朝的稳定。但他跟皇八子、皇十四子的关系还是让雍正帝心存芥蒂。

雍正三年(1725年)二月庚午(初二),出现日月合璧、五星联珠的吉祥天象,年羹尧上疏祝贺,把"朝乾夕惕"错写成"夕惕朝乾",雍正帝抓住这个茬整他。八月,这位年大将军被调职、降级,革去所有职衔;十二月,被从杭州将军任上押到京师。他的妹妹年贵妃为他求情,雍正帝没有接受,年贵妃随即突然死去。雍正帝以九十二条大罪,令年羹尧在狱中自裁,并斩其子年富。诸子年十五以上戍极边。

《清史稿》对隆科多和年羹尧有个评价,说隆、年凭借权势,无复顾忌,即于覆灭,古圣所诫。就是说,他们知进不知退,知显不知隐,由此来说,是自酿祸,古人早有所诫。

以上从雍正帝谋父逼母、弑兄屠弟、杀掉宠臣三个方面做了分析。乍一听,似乎疑窦丛生,指向雍正帝得位不正,但仔细分析,且不说有些说法与事实不符,没有一条过硬的材料能证明雍正这么做是因为得位不正。

疑问,还是集中在所谓康熙遗诏上。

## 76

## 继位疑案（下）
—— 康熙帝遗诏被涂改过吗？

本讲我们继续探讨雍正继位疑案。雍正继位的最大疑点，还是来自所谓康熙遗诏。那么，康熙遗诏被涂改过吗？

康熙帝的遗诏，目前看到的有五个版本：一是中国第一历史档案馆和台北故宫博物院保存的康熙遗诏各一份，内容相同；二是《清圣祖实录》康熙五十六年（1717年）十一月辛未（二十一日）的上谕；三是《清圣祖实录》康熙六十一年（1722年）十一月甲午（十三日）的康熙遗诏；四是康熙六十一年（1722年）十一月甲午（十三日）康熙帝向七位皇子宣布的遗诏；五是康熙六十一年（1722年）十一月甲午（十三日）康熙帝去世后，隆科多向雍亲王口授的康熙遗诏。

围绕康熙遗诏，主要有以下议论。

第一，关于擅改遗诏。雍正帝刚刚即位，就有传言说，康熙帝原传十四阿哥胤禵继位，雍正把"十"字改为"于"字："先帝欲将大统传与胤禵，圣祖不豫时，降旨召胤禵来京，其旨为隆科多所隐，先帝殡天之日，胤禵不到，隆科多传旨遂立雍亲王。"

这个传言流传很广，乍一听有道理，但是经不住分析。如果康熙帝真有"传位十四子"的遗诏，按照当时的行文习惯，应当写作"传位皇十四子"，如果把"十"字改成"于"或"於"，就变成"传位皇于四子"或"传位皇於四子"，根本不通。况且当时如此重要的遗嘱，应同时以满、汉两种文字书写，汉字还可以修改，满文又岂能改"十"为"于"？

尽管皇十四子胤禵是康熙属意的皇太子人选之一，但目前还没有发现康熙帝确定要传位给胤禵的文献或档案证据。康熙帝病重时，他紧急召回的是在天坛的胤禛，并没有召回远在西北的皇十四子胤禵和在东陵的皇五子胤祺。中国第一历史档案馆现存的遗诏档案也根本没有改动的痕迹。所以，雍正帝擅自涂改遗诏的说法尚难成立。

第二，关于康熙遗诏是真是假。胤禛继位的主要依据是康熙遗诏。现在能看到的四份遗诏，海峡两岸保存的档案，无法证明是真是假，既可能是真的，也可能是后来伪造的。

能够确定是真的，就是《清圣祖实录》记载的康熙五十六年（1717年）十一月辛未（二十一日）上谕，因为这是在康熙帝去世五年前就公布了的。不过，康熙帝虽然说这可以作为他的遗诏，但是并没有写明接班人的事情。

还有一份就是《清圣祖实录》记载的康熙六十一年（1722年）十一月甲午（十三日）康熙遗诏。这份康熙遗诏，有的学者认为是真的，因为《清圣祖实录》和档案都可以证明它的存在；有的学者认为是假的，因为实录和档案都是雍正帝掌权后出台的，可以编造。那么，这份诏书是真是假？我认为半真半假，为什么？

康熙遗诏的文字，前半部分是真的，因为前半部分就是把康熙五十六年（1717年）十一月二十一日的上谕加以文字修饰，移到传位遗诏里。这大段文字，康熙帝在康熙五十六年（1717年）就当着诸皇子、文武大臣的面亲自公开宣布了,所以是真的。而后半部分、康熙遗诏最后也是最关键的一段话"皇四子胤禛,人品贵重,深肖朕躬,必能克承大统,著继朕登基,即皇帝位"(皇四子胤禛,人品贵重,很像我,一定能担当继承大统的责任,所以命他继承朕登基,即皇帝大位),无法证明其是真的。所以我说它是半真半假。

第三,关于康熙帝向七位皇子宣布遗诏。记载这个情节的两本书《清圣祖实录》和《大义觉迷录》都是雍正帝即位后御用官员编写的,而且出版时当事人基本上都不在人世,无法核对。而当时人所写的《皇清通志纲要》与《永宪录》两本书中都没有相关记载,所以有人怀疑这个情节是编造的。而且,康熙帝怎么会在病重时不召集大臣、王公们一起来听他的遗诏呢?

另外,雍正帝说过两位皇弟在康熙死后的反常表现:皇八弟允禩在畅春园中"并不哀戚,乃于院外倚柱,独立凝思,办派事务,全然不理,亦不回答,其怨愤可知";而皇九弟允禟"突至朕前,箕踞对坐,傲慢无礼,其意大不可测,若非朕镇定隐忍,必至激成事端"。学者们认为,这两位兄弟的表情与行为正说明他们在毫无心理准备的情况下突然听到隆科多的"口授末命",才有如此愤恨的心态和冒失的行动。如果他们早已听到皇父亲口说过这个安排,恐怕不会是这种反应。

第四,关于隆科多"口授末命"。胤禛在康熙帝病危当天曾三次到畅春园清溪书屋病榻前,康熙帝说:"朕病势日臻。"可见康熙帝还没有糊涂。但为什么康熙帝可以把指定胤禛为继承人的事告诉其他七位皇子,却不当面告诉他本人呢?"口授末命"的人为什么是隆科多一位大臣?其他大臣为什么没有在场?而且诸皇子也不在场?所以这个情节的确令人生疑,口授的末命也就更令人怀疑了。

上述康熙遗诏的六个版本,只有半个是真的,且这半个没有涉及皇四子胤禛继位，而涉及雍正继位的康熙遗诏，都不能确定是真的。

既然《清圣祖实录》记载的康熙五十六年（1717年）十一月辛未（二十一日）上谕可以确定是真的，让我们看一下其中是怎么说到接班人的。上谕说，从第一次废太子之后，康熙帝就把所做所思都书写下来，封固起来，而且要一直写下去，立储的大事，怎能忘掉呢？！

所以，接班人的事情，康熙帝不可能没有安排，也很可能有书面安排。有这样一件事可以旁证。雍正帝即位不久，跟他的弟弟允祺、允禟等说："尔等母亲都上了年纪，先前父皇也在两处写有朱笔谕旨，见今你们将妃母各自迎接回家，也可得以问安侍养，尽尔孝心。"此事在雍正四年（1726年）又被提起。这件事也证明康熙帝确实安排了一些身后之事，并且用朱批谕旨的形式亲笔写下。

这样，就引人联想，那份真的由康熙帝亲笔写下的关于接班人的谕旨在哪里呢？这仍然是一桩历史之谜。

雍正帝的皇位是正取还是逆取？从胤禛登极至今近三百年来，这既是学术界激烈争议的问题，也是演艺界火爆炒作的题目。历史是胜利者的记录，正史不会也不可能对雍正帝逆取皇位做出记载。雍正帝毕竟是一位政治家，对他的历史评价，主要应看其政治功过。

雍正帝继位，尽管目前还没有看到令人信服的康熙遗诏，但康熙帝晚年对雍亲王还是信任的，病危之时也是召雍亲王从天坛三次来到他的病榻之前。就在康熙帝去世当年的暮春三月，康熙帝来到雍亲王的圆明园，在牡丹盛开的楼台前，见到了十二岁的皇孙弘历，回宫后就去了解这个皇孙的情况，包括生辰八字。在过完六十九大寿后没几天，他又来到圆明园，随后就宣布将弘历带回宫中养育。当时，只有废太子的儿子弘晳养育在宫里。四月，康熙帝到避暑山庄，弘历也随驾前去。在夏、秋两季的五个月里，祖孙二人几乎朝夕相处，游历山庄。康熙帝亲手教皇孙练习书法，还写下条幅和扇面赐给弘历。在木兰围场围猎，弘历差点儿被受伤的黑熊扑倒，幸亏皇爷爷用虎枪打死黑熊。也就在这段时间，康熙帝带着孙子弘历来到避暑山庄雍亲王的狮子园，并传见了弘历生母钮祜禄氏，称赞钮祜禄氏是"有福之人"，留下康熙、雍正、乾隆祖孙三代皇帝欢聚一堂的历史佳话。所以，弘历在康熙帝决定传位的过程中可能也起了重要作用。

## 雍正年窑
——高级的皇家审美是怎么养成的？

雍正帝在政坛以果断坚毅著称，殊不知他的审美情趣有"三致"——精致、雅致、极致，影响到雍正时期的宫廷艺术，出现了高雅精致之风，洋溢着恬淡超然的气息。雍正帝的这种旨趣形成于雍亲王在潜邸时期。究其原因，一在时运，二在抱负。

先说时运。出人头地，需要天时。身为皇子，出路不多：要么学习帝王术，入承大统；要么学文习武，建功立业；两条路都走不通，只能吟风弄月，闲散一生。胤禛出生时，康熙帝已立胤礽为皇太子。后虽有皇太子废而复立的风波，胤禛自己却看不到继位希望。胤禛成年时，已是康熙后期，战事基本结束，政治波澜不多，国家比较安宁，很难找到一展身手的机会。时运如此，不与命争，胤禛只有修身养性、淡泊明志一途。

再说抱负。胤禛不甘寂寞，觊觎（jì yú）大位，暗中筹谋，以图进取。他怀才不遇，不免苦闷，需要排遣；心怀野望，担忧泄露，需要掩饰；运筹帷幄，不免紧张，需要疏解；心潮汹涌，戒急用忍，需要克制。他曾经在圆明园或避暑山庄狮子园，自称是"天下第一闲人"。

## 雍正年窑

胤禛登位之后，一反皇父康熙帝的作风。如居住的地方，不在乾清宫，改在养心殿；死后的陵寝，不在清东陵，建在清西陵。而他高雅的审美情趣也跟康熙帝朴厚的风格不同，带来当时宫廷艺术的变化。

雍正帝曾谕造办处："朕看从前造办处所造的活计好的甚少……尔等再造时，不要失其内廷恭造之式。"这个"内廷恭造之式"，其核心就是帝王之尊、庙堂之贵，皇家气派、高雅气质。

雍正三年（1725年）九月十八日，档案记载，内务府员外郎海望交来镶嵌钧窑盆景一件，盆里的景有缠金藤镀金树一棵、珠子七十三颗、宝石二十一块、红玛瑙寿星一件、珊瑚二枝、珊瑚灵芝一件、珊瑚福字一个、珊瑚花头一个、蜜蜡山子一件、蜜蜡鹿一件、蜜蜡花头一件、绿苗石二块、紫檀木座一件、象牙仙鹤一只。这件盆景的"景"，是由黄金、珍珠、宝石、玛瑙、珊瑚、蜜蜡、象牙等做成的，辉煌灿烂，奢华至极。但雍正帝不满意，将它的镶嵌地景起下来，另配云母盆，而命把"盆"单独呈进。皇帝没看上"景"，却看上了"盆"，这生动地反映了雍正帝对宋瓷的喜好。

宋代名窑瓷器散发出内敛、清雅、平和、精致的气韵，与雍正帝所追求的雅致之风暗合，受到雍正帝的酷爱。艺术讲究以物寄情、以形寄趣。雍正帝喜爱宋代瓷器，体现了他恬淡超然、气派高雅的旨趣。

古人讲，凡事不要"八分""九分"，而要"十分"。雍正帝把这"十分"的精神倾注到艺术中，对艺术品要求精益求精，雅中求雅。举北京景山内关帝庙塑像为例。太监李英传旨，将景山东门内庙里供奉骑马关公像，照样造一份，要先拨蜡样呈览，获准再造。一个月后，蜡样关公一尊、关平、周仓从神等六尊，呈交雍正皇帝御览。雍正帝说："关公脸像拨得不好，照圆明园佛楼供的关公脸像拨。"十天后，工匠呈送改拨后关公、从神等蜡样一份。于是工匠们奉旨："关公脸像特低，仰起些来；腿甚粗，收细些；马鬃少，多添些。廖化的盔不好，另拨好样式盔。"六天后，工匠们将改拨的蜡样呈览，奉旨："关公的硬带勒得甚紧，再拨松些；身背后没有衣褶，做出衣褶来；从神手并上身做秀气着。"四天后，工匠又将改得的关公蜡样呈览，再奉旨："帅旗往后些，旗上火焰不好，着收拾；马胸及马腿也不好，也要收拾。"两天后，工匠再将改得的蜡样一份呈览，奉旨："甚好，准造；旗做绣旗。"一尊关公像，蜡样五次呈览，历时约两个月，连关公的腰带、衣褶都有圣旨，真是精致、雅致、极致！同样，造办处活计，除非已有成例，否则都要先制样呈览，根据圣意，反复修改，直到皇帝满意为止。

雍正帝即位后，乾纲独断，埋首公务，通宵达旦，批览奏章，然而在万机之暇（百忙之中抽出闲暇），寄情艺术，怡情静心，关心御窑瓷器的烧造。雍正御窑瓷器，最享盛名的，当属"年窑"。什么是"年窑"呢？跟一个人——年希尧——有关系。

年希尧（1671—1738），汉军镶黄旗人。他是雍亲王门下，父亲年遐龄官做到湖广总督，弟弟年羹尧官任川陕总督，署抚远大将军，妹妹是雍正帝年贵妃。年希尧官任内务府总管，管淮安榷税，加左都御史，兼督景德镇御窑厂。因弟年羹尧之案全家蒙难，年希尧获罪，幸免一死。年希尧崇尚西学，文化高雅，精于书画，擅长抚琴，很会品砚，又好收藏，文化素养深厚，艺术品位高雅。

年希尧以内务府总管大臣监督景德镇御窑厂，将雍正帝的审美旨趣落实到每件艺术品之中，主要表现在两个方面。

一个方面是，年希尧作为内务府总管大臣，负责在宫廷造办处烧造珐琅彩瓷器。珐琅彩瓷器是借用西方铜胎画珐琅的技法，用珐琅料在瓷胎上描画图案而烧制的瓷器。珐琅彩瓷烧制始于康熙末年；雍正时达于极盛；乾隆末年后停止，持续七十余年。珐琅彩瓷的烧制由内务府造办处统管、养心殿、慈宁宫、圆明园等地都有作坊，景德镇御窑、广东海关、江南织造也有参与。

雍正时珐琅彩瓷达到"四绝"：

质地之白，白如冬雪，这是第一绝；

薄如卵幕（薄得像鸡蛋壳下的那层薄膜），口嘘之欲飞，放到阳光或灯光下一照，从背面能看清正面的笔画彩色，这是第二绝；

用极精的显微镜仔细观察，可以看到花有露水的光泽，鲜艳纤细，蝴蝶有茸毛，而且根根竖起，这是第三绝；

题款书写用极精的楷体或篆体，细如蝇头，这是第四绝。

就是说，珐琅彩瓷器，瓷胎白、胎骨薄、彩绘生动、题款精细，合称为"四绝"。

另一个方面是，年希尧兼任景德镇御窑厂督陶官，长达九年。年希尧奉旨在江西景德镇御窑厂烧制瓷器，选料奉造，精品甚多，极其精雅，极为难得，世称"年窑"。

清康、雍、乾时期，以景德镇御窑厂烧造的瓷器为最优、最美、最雅、最精，在康熙时被誉为郎廷极的"郎窑"，在雍正时被誉为年希尧的"年窑"，在乾隆时被誉为唐英的"唐窑"。清代康、雍、乾时期是中国瓷器史上的三座高峰，出产的瓷器领先于世界瓷器，而"郎窑""年窑""唐窑"又分别是这三座高峰的顶峰。年希尧同郎廷极、唐英一样，在中国瓷器史上，在世界瓷器史上，都占有一席之地。

"年窑"比较集中地展现出雍正的审美情趣——精致、雅致、极致，体现出雍正时期宫廷艺术的高雅精致之风。

## 生母之谜
——乾隆帝生母是汉人吗？

乾隆帝的生母是谁？清朝正史说，乾隆帝的生母钮祜禄氏，出生在一个满洲普通官宦家庭，父亲叫凌柱。清末以来，特别是民国年间，有说她不是乾隆帝的亲生母亲，或说她不是满洲人的，以此说明乾隆帝血统不纯、出身不高贵，这就出现一件乾隆帝生母是谁的疑案。

本讲说的是乾隆帝生母之谜。

清末民初，最盛行的一种说法，是说弘历是浙江海宁陈世倌的儿子，被雍亲王府用女儿调包，才成为雍亲王的儿子。

海宁是清朝属杭州府的滨海小县，可以观赏气势磅礴的钱塘江海潮。这里有一个"海宁陈家"。清朝顺、康、雍时，陈家出了三位宰相。最出名的是陈世倌，做到左都御史、工部尚书、文渊阁大学士，他就是传说中的乾隆帝生父陈阁老。

这个故事来自清末天嘏（gǔ）的《满清外史》，书中说，康熙年间，胤禛和陈世倌关系好，两家各生一个孩子，恰是同年同月同日同时辰，胤禛非常高兴，命陈家把孩子抱来看看。孩子送回陈家后，发现陈家的男孩被调包为胤禛家的女孩。陈家不敢吭声，极力保密。不久，胤禛即位,提拔陈家好几个人,升为高官。到乾隆时,更加优礼于陈家。乾隆帝南巡到海宁,当天就来到陈家,升堂垂询自己的家世。

浙江海宁人金庸(查良镛)从小就听说有关乾隆帝的种种传闻,他的第一部武侠小说《书剑恩仇录》也是紧紧围绕着乾隆帝身世之谜展开的。

清史前辈孟森先生在《海宁陈家》一文中考订,乾隆帝生母是陈世倌夫人这件事是子虚乌有。为什么这么说呢?

第一,乾隆帝六次南巡,四到海宁,主要为修海塘工程。当时海潮北趋,海宁告警,一旦冲破海塘,将浸淹苏、松、杭、嘉、湖等全国最富庶之地,严重影响政府赋税和漕粮征收。所以乾隆帝非常重视海塘工程。

第二,乾隆帝每次都驻跸陈家私园隅(yú)园,是因为喜欢此园景致,还能听到海涛声,而海宁县城确实没有比"三朝宰相家"更体面的房子可以迎驾。他从未召见陈家子孙,更谈不到垂询家世。乾隆帝第一次到隅园后,赐其名为"安澜园",以纪念此行在使海水安澜。后来乾隆帝在圆明园建"安澜园",并写《安澜园记》。

第三,海宁陈家有清帝御书"春晖堂"匾额。"春晖"取自唐代孟郊的诗《游子吟》:"慈母手中线,游子身上衣。临行密密缝,意恐迟迟归。谁言寸草心,报得三春晖。"有人就说:乾隆帝若不是陈家之子,为何报答慈母如春晖般的深恩呢?但是,经孟森先生考证,陈家"春晖堂"匾,是康熙帝赐书,而不是乾隆帝御笔。

第四,胤禛没必要抱子为帝嗣。弘历出生时,雍亲王胤禛的长子、二子虽早殇,但第三子弘时已八岁。另一格格耿氏又为他生下第五子弘昼,后来他又有过五个儿子。所以胤禛根本没必要抱养别人的儿子为帝嗣。

以上从四个方面分析了"弘历的母亲是陈世倌夫人"之说，这是一段生动故事，却不是事实。但是，关于弘历的生母，的确有疑问。

那么，乾隆帝的生母究竟是谁？我们看看史料里是怎么记载的。

第一，《玉牒》记载，世宗宪皇帝（雍正）第四子高宗纯皇帝（乾隆），康熙五十年八月十三日，由孝圣宪皇后钮祜禄氏、凌柱之女诞生于雍和宫。《玉牒》就是清朝皇家的家谱。无论宗室还是觉罗，一旦生有子女，三月报掌管皇族事务的宗人府一次，要写明其子女出生的年月日时，生母是嫡是庶，姓氏为何，宗室入黄册，觉罗入红册。每过十年，经宗人府题请，由宗令、宗正及满汉大学士、礼部尚书、侍郎、内阁学士等充当正副总裁官，把黄册、红册所载的子女资料汇入《玉牒》。如有歧义，要由皇帝做裁断。

《玉牒》按十年一修的制度，关于弘历出生的记载，应当在弘历十岁或十岁以前修，存在雍正帝即位后修改的可能性。

第二，《清世宗实录》和《清史稿·后妃传》记载，乾隆帝的生母，前者记载为格格钮祜鲁氏，被封为熹妃；后者记载是钮祜禄氏。《清世宗实录》由下一代皇帝主持纂修；《清史稿》是民国初年纂修的。虽然都为官方史书，具有权威性，但是，也都存在后人修改或杜撰的可能性。

第三，清宫档案记载。《雍正朝汉文谕旨汇编》里收录当时档案的记载，却不相同。雍正元年（1723年）二月十四日，奉上谕：遵太后圣母谕旨，"格格钱氏封为熹妃"等。在这份重要档案里，雍正元年（1723年）二月十四日被封为熹妃的，不是格格钮祜鲁氏，而是格格钱氏。

第四，《永宪录》记载熹妃姓钱。《永宪录》记述，雍正元年十二月丁卯，午刻，上御太和殿，遣使册立中宫那拉氏为皇后。诏告天下，恩赦有差。封年氏为贵妃，李氏为齐妃，钱氏为熹妃。也就是说，在当时就有人对乾隆帝的亲生母亲是谁提出了怀疑。

第五，乾隆朝编修的《八旗满洲氏族通谱》记录了满洲姓氏一千一百一十五个，记录人物超过两万人，但没有一位姓钱的。

从以上五份资料看，乾隆帝的生母出现了两种记载：其一是钮祜鲁（禄）氏，原任四品典仪官、加封一等承恩公凌柱之女；其二是"格格钱氏封为熹妃"。

以上连官方记载都不一样，难怪人们对乾隆帝的生母是谁产生了疑惑。我对这种历史文献与档案记载的差异做出如下解释。

第一，熹妃只能有一人。按清宫规制，皇妃的封号只能有一个，不能有重名。所以"熹妃"在清朝只能有一人。因此，格格钱氏与格格钮祜鲁（禄）氏应当是同一个人。

第二，在上述五份官私记载中，清宫谕旨档案是当时的第一手资料，比较可信。所以证明弘历的母亲熹妃就是钱氏，是一位汉人女子。雍正帝、乾隆帝、嘉庆帝万万没有想到，还有一份宫廷档案留存在人世，尘封在内阁大库的档案里。

第三，钱氏被改成了钮祜禄氏。钱氏出身低微，她从生下弘历到被册封为熹妃，中间十二年都是"格格"。弘历既然被秘密立储，将来就是大清皇帝，他的生母怎能出现汉姓'钱'呢？他需要一个高贵纯正的满洲血统。所以，他的生母是否可能由"满洲镶黄旗人四品典仪凌柱"认作干女儿，改姓钮祜鲁（禄）氏，这样就解决了她身份与姓氏的难题。

总之，关于乾隆帝生母的传说，并不是空穴来风，但仍然是一桩历史疑案。

## 79

## 乾隆膳单
——八十九岁的长寿皇帝平时怎么吃?

乾隆帝享年八十九岁,是中国历代皇帝中寿命最长的一位。很多人关心乾隆帝长寿的秘诀是什么?让我们通过他的三份膳单,也就是食谱,探讨一下这位长寿天子的饮食之道。

皇帝君临天下,吃遍天下山珍海味、美食佳肴。但乾隆帝是怎样用膳的呢?

御膳时间:按照满洲习俗,一日两餐,早膳卯正(六时)二刻,晚膳午正(十二时)二刻,随季节变化提前或推后。除正餐外,还有小吃、点心,随时需要,另行承应。

御膳地点:康熙以前,皇帝住在乾清宫,用膳地点主要在乾清宫及其附近;雍正帝开始住在养心殿,经常在养心殿东暖阁进膳。但膳随帝走,皇帝走到哪儿,传膳就跟到那里。皇帝身边总有几个"背桌子"的侍从。皇帝想吃饭,一声"传膳"令下,侍从立即将三张膳桌一字摆开。传膳太监从御膳房到皇帝用膳的地方,一溜小跑,鱼贯而入,把御膳房已准备好的御膳摆在膳桌上。皇帝用膳都是一个人,没有妻妾子女陪同,除非下旨让谁一起吃饭。只有年节才可能和家人一起用餐,也是单独一张餐桌。

清宫御膳以满洲传统风味为主,蒸、炖、煮、烧居多,也有明朝御厨留下的传统鲁菜、江南御厨的淮扬菜,到康熙以后偶尔也有西餐。皇帝进膳有膳单,就是食谱、菜谱,御膳所用食品及烹调厨师,每天都要记录在案。每日用膳前,膳单要写明某菜为某厨师烹制,以备核查。膳单汇总,月成一册。所以现在还能看到《清宫膳食档案》。

御膳供应丰厚,皇帝、太后、皇后标准:每次进全份膳四十八品;每天用盘肉十六斤、汤肉十斤、猪肉十斤、羊两只、鸡五只、鸭三只、蔬菜十九斤、萝卜六十个、葱六斤、玉泉酒四两、青酱三斤、醋两斤和米、面、香油、奶酒、酥油、蜂蜜、白糖、芝麻、核桃仁、黑枣等。

过于优越的饮食条件、过于充分的饮食供应,对皇帝的健康膳食也是考验。大多数人在这种情况下恐怕都很难禁得住美食佳味的诱惑,没有吃出健康,反倒吃出疾病。

乾隆十六年(1751年)六月初四,乾隆帝这年四十岁,让我们看看当天他的晚膳。

五个热菜:燕窝肥鸡歇野鸭、葱椒肘子、鸭子火熏炖白菜、炒木须肉、肉片炒扁豆。

两个凉菜:蒸肥鸡烧狍肉、腿羊肉。

五个小菜:银葵花盒小菜一个、银碟小菜四个。

三种主食:象眼小馒头、白面丝糕糜子面糕、猪肉馅汤面饺子。

后来乾隆帝又传了粳(jīng)米干膳、芙蓉鸭子、羊肉丝。从以上膳单可以看出:

第一,乾隆帝此餐主副食品共二十一种,与宫廷规定的四十八品相比,这份膳食比较简单,种类不算很多,但是已经足够丰富。看来他日常吃饭方面讲求实际,不搞摆看的菜品。

第二，有荤有素、有热有凉、有主有副、有干有稀，荤素搭配，以荤为主。主食米面杂粮搭配，以面食为主。烹调方法多样，蒸、炖、煮、烧、炒、拌都有。

第三，再参照其他膳单，乾隆帝自己传膳的饭食，早膳后以汤水为主，晚膳后又补充一顿简餐，相当于每天两顿正餐再加两顿简餐或点心，既补充能量，又不至于过剩。这个时候他正值壮年，工作时间长，体能消耗大，两顿正餐显然不足，再加两顿简餐，是好的餐饮习惯。

第四，膳食中肉食比例很大，原因是森林文化饮食以飞禽走兽之肉为主。满洲人入关已过百年，常食含热量高的鹿肉、熊掌，湿热相搏，容易得病。乾隆帝对饮食结构进行了调整，但肉类，特别是鸭、鸡、羊肉、猪肉等，每顿必有，狍子肉出现过一次。蔬菜相对较少。

乾隆四十四年（1779年），乾隆帝六十九岁，他的晚膳这么吃。

热菜八个：燕窝莲子扒鸭、鸭子火熏萝卜炖白菜、扁豆大炒肉、羊西尔占（羊的某个部位）、鲜蘑菇炒鸡，后来又加了燕窝锅烧鸭丝、羊肉丝、小羊乌叉（小羊背、小羊后臀肉）。

凉菜一个：蒸肥鸡烧狍肉。

小菜五个：银葵花盒小菜一个、银碟小菜四个。

主食五种：象眼小馒头、枣糕老面糕、甑儿糕（一种米糕）、螺蛳包子、随送豇豆水膳。

乾隆帝自己又传膳：拌豆腐、拌茄泥。

这顿饭，有荤有素、有热有凉、有主有副、有干有稀，荤素搭配。主食米面杂粮搭配，以面食为主。烹调多样，蒸、炖、煮、烧、炒、拌都有。肉食有鸭、羊、鸡、猪、狍五种，但蔬菜增多，有白菜、萝卜、扁豆、鲜蘑菇，皇帝又增加了茄子。副食有燕窝、莲子、豆腐等。主食和副食绵软，便于咀嚼消化。其中，拌豆腐和拌茄泥本是农家菜，也进入皇帝膳桌。

乾隆五十六年（1791年）五月二十日，乾隆帝已是八十一岁的老人，他的晚膳是这样的。

热菜四个：炒鸡大炒肉炖茄子丸子、燕窝火熏鸭丝、羊他他士（羊某个部位肉）、扁豆炒肉。

凉菜一个：蒸肥鸭烧鸡肉卷。

主食两种：象眼小馒头、红豆水膳。

从这份膳单可以看出，八十一岁高龄的乾隆皇帝，饮食品种方面有所减少，但还是有荤有素、有热有凉、有主有副、有干有稀。烹调方法还是蒸、炖、煮、烧、炒都有。肉食占比还是较大。但是两顿正餐之后，都没有加餐。鸡蛋也少见列入正餐。

从以上三份膳单可见，清宫御膳具有森林文化狩猎生活特点，但有两大禁忌：一是不吃牛肉（从皇太极开始保护耕牛），二是不吃狗肉。水产品少见。

乾隆帝吃饭有节制，重养生，讲究荤素搭配。另外乾隆帝不抽烟、不喝酒，偶尔喝一点宫中自酿的玉泉酒。乾隆帝不暴饮暴食，更不酗酒、嗜茶。清宫有喝奶茶、吃奶制品的习惯。

皇帝的饮食，虽享尽天下珍鲜美味；但其饮食缺乏节制，缺乏科学，缺乏平衡。这是帝王多短寿的一大原因。乾隆帝能节制饮食，且持之以恒，这是他健康长寿的秘诀之一。

## 80

## 三帝国师
——怎样的人才可以做康雍乾三个皇帝的老师?

在紫禁城东南部,有一座红墙环绕的院落,这就是文华殿。文华殿的主要建筑,前为文华门,门内是文华殿庭院。院内主体建筑平面呈"工"字形——前为文华殿,坐北朝南,面阔五间,进深三间;后为主敬殿,也面阔五间,进深三间;文华殿与主敬殿之间的走廊封闭起来,既像廊又像屋,所以叫廊屋。文华殿前的两厢为配殿,东为本仁殿,西为集义殿,各五间。

明清两代,文华殿最重要的功能,是充当皇帝经筵的殿堂。清朝有一位经筵讲官,名叫徐元梦,他先后做过康熙帝、雍正帝、乾隆帝三位皇帝的国师。他是个什么样的人呢?

徐元梦(1655—1741),比康熙帝小一岁,满洲正白旗人,舒穆禄氏。徐元梦生活在清朝定都北京之初。这是一个由弓马驰骋到以文治国的时代。许多满洲人陶醉在以军功立业的旧梦中。但徐元梦是满洲人中最早重视文化、以文治国的先行者之一。康熙十二年(1673年),徐元梦十九岁中进士,改庶吉士。徐元梦没有沉醉于清初官场生活,而是认真读书,精读汉文儒家经典,充任日讲起居注官,不久升为侍讲——给康熙帝讲课的师傅。

徐元梦精通满洲语文,兼蒙古语文和汉语文,学力深厚,又会讲课,效果很好,颇负声誉。康熙帝评价徐元梦说,徐元梦是当代满、蒙、汉文之间翻译的第一人。康熙帝自己精通满、蒙、汉文,他对徐元梦做出如此高的评价实属难得。也可以说,徐元梦是有清一代,在额尔德尼、达海创立和改进满文之后,满洲语文学术水平和翻译水平成就最高的人。

除了给康熙皇帝讲课,徐元梦还受命在上书房教诸皇子读书,又专任皇太子胤礽的老师。后来的雍正帝、乾隆帝以及一批亲王等,都曾经是徐元梦的学生。徐元梦还兼任翰林院掌院学士。他还做过顺天乡试、礼部会试的考官。可以说,他是桃李满天下。

徐元梦的学问越来越深,功力越来越厚,地位越来越高,影响越来越大。当朝大学士、宰相明珠要笼络徐元梦到自己门下,但徐元梦一次也不登相府的大门,明珠对他也无可奈何。后来明珠擅权、贪腐,受到御史郭琇的弹劾而罢相,许多依附明珠的官员受到牵连,徐元梦则安然无事。

徐元梦走的道路并不平安顺利,也受到过挫折。他至少受到三次沉重打击。

第一次,因不投附明珠,明珠就编造和传播流言蜚语,说"徐元梦为李光地党",中伤徐元梦。后徐元梦受到诘责,赖有人保护,才免于惩处。

第二次,有人奏劾德格勒私自涂抹《起居注》——这是弥天大罪,并说徐元梦与德格勒互相标榜。康熙帝命将二人免官下狱。刑部拟判决:"德格勒立斩,徐元梦绞。"这就是说,二人都拟判死刑,德格勒最重,斩首;徐元梦其次,绞死。康熙帝命徐元梦免死,戴枷三个月,鞭一百,入辛者库,就是犯罪之奴。后康熙帝考察发现徐元梦忠诚,仍将其恢复在上书房里,教诸皇子读书。

第三次,康熙帝在西苑(今中南海)瀛台考察诸皇子射箭,命徐元梦也射箭。康熙帝指着一张强弓让他拉开,徐元梦推辞说:"臣不能力挽强弓。"康熙帝不高兴,谴责徐元梦。徐元梦就解释、辩白。康熙帝更加愤怒,立命侍卫将徐元梦扑倒在地,并用鞭子狠抽他。康熙帝越说越生气,命抄他的家,流放他的父母。当天夜里回宫之后,康熙帝火气消了,略有反思,派御医到徐元梦家,给他治疗创伤。第二天,命徐元梦照常给诸皇子讲课。徐元梦奏道:"臣父母被遣送,请求赦免。"康熙帝派官前去赦免,但他的父母已经被押解上路,于是康熙帝特派骑兵将他父母追回。

徐元梦经受如此沉重的打击,仍然身心平静,潜心读书,谆谆教书,一如既往。康熙帝经过考察,升他为内阁学士,免除罪奴身份,归还满洲正白旗的旗籍。

徐元梦后来出任浙江巡抚。他上奏请修复旧书院,康熙帝特别赐匾"敷文书院"。回京后,吏部提出高官人选,康熙帝指示选拔条件是"不畏人"和"学问优"。这就是敢于直言,学问优秀。徐元梦符合这个条件,被提拔为工部尚书兼翰林院掌院学士。康熙帝晚年赐徐元梦自己写的诗,并说,徐元梦是和他一起学习的旧翰林,康熙十六年以前的进士只此一人。

雍正帝即位后,命徐元梦署大学士,兼署左都御史,调任户部尚书,任纂修《明史》总裁。

乾隆帝即位后,命徐元梦参与修《八旗满洲氏族通谱》,仍在上书房,教诸皇子读书。

徐元梦八十岁以后,仍在朝廷任职,后来患病,乾隆帝命皇长子前去他家里探视、慰问。不久,徐元梦病重。乾隆帝下谕说:"徐元梦践履笃实,言行相符。历事三朝,出入禁近,小心谨慎,数十年如一日。寿逾大耋(dié),洵属完人。"真是一个完人。这是对徐元梦极高的评价,也是极难得的评价。

徐元梦病危,乾隆帝又派人问他有什么话要说。徐元梦伏着枕头流涕说:"臣受恩深重,心所欲言,口不能尽!"说完又叫曾孙取来《论语》,看了很久。第二天,病故,年八十七。乾隆帝命和亲王弘昼及皇长子亲临祭奠,并出库银办理丧事,赠太傅,赐祭葬,谥文定。

徐元梦的学问和人品不仅受到康、雍、乾三位皇帝的肯定,而且泽被后代。

他的孙子舒赫德沿袭祖父文士家风,每日必记事作诗,又能习武统兵,曾任户部、兵部、工部尚书,陕甘总督,伊犁将军,武英殿大学士,还两次被图形紫光阁。什么是图形紫光阁?紫光阁在西苑,也就是中南海,原址是皇家练武和殿试武进士之地,后来建起楼阁,就是紫光阁。乾隆时为了宣扬武功,每次清军凯旋,都要为他钦定的功臣绘制图像,悬挂在紫光阁里,这是武将的最高荣誉。徐元梦的重孙舒常,官做到湖广总督、两广总督、工部尚书,也因军功图形紫光阁。

徐元梦的一生告诉人们:人生成就功名,既要有天时地利的条件,更要有坚韧忠谨的品行。

## 81

## 惩治贪官
—— 匪夷所思的贪污大案

康熙晚期，吏治松弛，官员贪污严重。雍正惩贪，雷厉风行，但是后期松弛。乾隆治贪，亲抓大案要案，严惩而不手软。

乾隆帝惩治贪官，从皇亲国戚下手。当时有一个著名的贪污案，惩治的贪官是高恒和高朴父子。高恒的父亲、高朴的爷爷叫高斌，是满洲镶黄旗人，在康熙朝做文渊阁大学士、军机大臣、内大臣、吏部尚书等。高斌一生，勤奋兢业，以七十三岁高龄累死在治河工地上，与靳辅同受庙祀。

老话说："老子英雄儿好汉。"有的如此，有的未必。高斌的儿子高恒，因为父亲是军机大臣，妹妹是乾隆帝的皇贵妃，没有经过科举，做淮安等税关长官，署长芦盐政，又做了内务府总管大臣，都是美差、肥差、权差。后来，高恒被几个盐商告发，说他贪污白银四百六十七万余两。当时全国一年征收的盐税银，康熙六十年（1721年）为三百七十七万余两，雍正十二年（1734年）为三百九十九万余两，高恒贪污的白银竟然超过了全国全年的盐税银总和！经刑部调查审理，事实清楚，证据充足。乾隆帝谕旨，要处死高恒。

## 惩治贪官

就在这时,大学士傅恒为高恒求情:"请皇上看在皇贵妃面上,免其死罪。"乾隆帝说:"皇贵妃兄弟犯法免死,皇后兄弟犯法当奈何?"傅恒的姐姐是乾隆帝皇后富察氏,所以他一听这话非常敏感,这是话外有音,敲山震虎!因此吓得发抖,不再敢说。乾隆皇帝的小舅子高恒,还是被处死了。

高恒的儿子高朴也没有经过科举考试,因为祖父高斌、父亲高恒和姑姑皇贵妃这三重关系,起初做员外郎,逐步升到左副都御史、兵部侍郎,相当于副部级,后来出任新疆叶尔羌办事大臣。这里有座密尔岱山,出产美玉,已经封禁。高朴到叶尔羌后,上疏请求开采玉石,每年一次,开采出来的玉石被称为官玉,全部上缴朝廷。两年后,新疆当地少数民族首领阿奇木伯克上奏,说高朴役使当地民众三千人上山采玉,还索要金银,盗卖官玉。乾隆帝得到奏报,下令将高朴免职调查,结果发现高朴在叶尔羌存银一万六千余两、黄金五百余两,还把官玉寄回家。乾隆帝说:"高朴贪婪无忌,罔顾法纪,比他父亲高恒更加严重,不能顾念他是皇贵妃的侄子而宽宥他。"又命:"诛杀高朴,抄他的家。"

对皇亲国戚、高官后代,乾隆帝惩治贪官绝不手软。但是对于贪官来说,父亲倒下,儿子又贪,人性贪婪,无比顽固。

以上说了一件皇亲国戚父子贪污案。在当时的贫困地区甘肃,还出现了一桩官员群体贪污案。领头的贪官是陕甘总督勒尔锦和甘肃布政使王亶(dǎn)望。案情经过是这样的。

甘肃地区土地瘠薄,常有灾荒,非常贫穷。陕甘总督勒尔锦上疏,请求在肃州、安西等地卖监生文凭,以便筹集粮食,备用赈灾。有钱的人可以通过捐粮获得国子监生员的资格,也就可以应试做官。主管户部的首辅军机大臣、大学士、户部尚书于敏中极为赞同,说服乾隆帝允准。乾隆帝强调,卖监生文凭,只准收取粮食,不能收取银钱,以确保达到储粮赈灾的目的。为了慎重起见,乾隆帝特意把浙江巡抚王亶望调任甘肃布政使,协助勒尔锦经办此事。王亶望的父亲王师是个清官,乾隆帝以为王亶望会谨守家风,也做个清官。

王亶望到任后半年左右,拿出了可观的成绩:安西、肃州捐买监生文凭的人已经达到一万九千〇一十七名,收到各种粮食八十二万七千五百石。当时就引起乾隆帝怀疑,他问:"甘肃民贫地薄,怎么能有近两万人捐监生呢?怎么会有这么多余粮?"勒尔锦回奏:"因为新疆开辟,商贾流通,又逢粮价平减,所以捐监的人很踊跃。"而且当地连年丰收,余粮比较多。乾隆帝不再深问。

甘肃捐监实行三年,王亶望报告,一共有十五万商民纳粮而成为监生,收到监粮六百多万石,是甘肃每年赋税收入的七八倍,可谓成绩斐然。当然,勒尔锦、王亶望也同时报告,甘肃连年大旱,每年都动用监粮赈灾。所以入库的粮食多,出库的粮食也多,出入大体持平,库里并没有多余的粮食。

这时,总督勒尔锦、布政使王亶望等暗地里贪污腐败,激发了甘肃民变。勒尔锦督师镇压民变,结果兵败,被捕下狱。乾隆帝派大学士阿桂、尚书和珅先后出师甘肃。他们报告说,在甘肃连日遇到大雨,大军只能延期入境。乾隆帝因此产生怀疑:甘肃不是连年都报告大旱吗?怎么会连日大雨呢?之前报告的连年大旱、连年赈灾,是否真实呢?于是令阿桂等严密调查。结果,很快就真相大白。

第一,勒尔锦、王亶望根本就没有收纳捐粮,而是违背皇帝指令,收纳的是捐银,而这些银子直接就被大小官员私分了。所谓连年大旱、连年赈灾,全部是编出的谎话。因为根本就没有捐粮食,所以不存在捐监粮食入库,而账面上有粮食,是做的空账;也根本没有发粮赈灾,所谓发粮赈灾,也完全是账面的空支,全是数字游戏。实实在在的是,捐纳得来的银子，全部落入各级官员的私囊。

第二，本案中，全省大小官员几乎没有一个人不染指的。贪污白银一千两以下的一百〇二人，一千至九千两的二十六人，一万两以上的十一人，二万两以上的二十二人，一个六品官贪了十五万多两，王亶望则贪了约三百万两。这批贪官侵吞了约一千万两白银，相当于国家一年总收入的三分之一。

乾隆帝下令，王亶望立即正法，王亶望之子王裘发配新疆伊犁，幼子下狱，到年满十二岁时逐个流放。对勒尔锦，先命自尽，后改斩监候，勒尔锦死于狱中。布政使王廷赞被判处绞刑，兰州知府蒋全迪斩首，州县官贪污二万两以上的二十二人全部斩首。这样，甘肃被处死的官员五十六人，免死充军的四十六人，使得当地大小衙门陷于瘫痪，朝廷不得不紧急调整官员，才度过这场衙门缺官的危机。

此案还牵连乾隆三年（1738年）状元、前军机大臣、文华殿大学士兼户部尚书于敏中。于敏中当时极力支持甘肃捐监之事，时于敏中已死，并入祀贤良祠。乾隆帝命将于敏中撤出贤良祠，以为大臣贪污谋私者戒。

高恒父子贪污案和甘肃官员群体贪污案，既令人震惊，也发人深思。

## 有福之人
——乾隆皇帝的生母钮祜禄氏

康熙六十一年（1722年），在承德避暑山庄发生了一个有趣的故事。康熙帝带着养在宫里的皇孙弘历，来到皇四子雍亲王胤禛的狮子园，胤禛和嫡福晋乌拉那拉氏在门口恭迎。康熙帝提出带弘历的生母来见，当康熙帝见到这位儿媳钮祜禄氏的时候，不禁连称她是"有福之人"。这一年，钮祜禄氏三十岁。

乾隆帝的生母钮祜禄氏，一说其父亲名叫凌柱，是四品官。她生于康熙三十一年（1692年），十三岁时，通过选秀女进入皇四子胤禛府邸。胤禛的嫡妻乌拉那拉氏是一品官费扬古的女儿，还有一位侧福晋是年羹尧的妹妹，而钮祜禄氏出身不高，多年以来，勤理家务，地位较低，被称为"格格"。康熙五十年（1711年）八月，她为雍亲王胤禛生下弘历，但地位并没有改变，直到雍正帝登极才被封为熹妃，后晋封为熹贵妃。雍正帝逝世，乾隆帝继位，她被尊为崇庆皇太后。

正如康熙皇帝所预言的，钮祜禄氏是一位有福之人。她作为崇庆皇太后，不仅享受到儿子乾隆帝的孝敬，而且母子双双寿高体健，是清朝最有福气的皇太后。

首先是健康长寿。前面讲过，钮祜禄氏在胤禛府邸地位低，每天忙碌家务琐事，不参与家长里短，内心平静而适当劳动，于是有个健壮的身体。出身高贵的皇后和年妃，都是死在雍正帝之前，所谓富贵荣华过眼烟云。钮祜禄氏则目睹了国家全盛，见到曾孙、玄孙，五世同堂，最终以八十六岁高寿离世。

崇庆皇太后不仅健康长寿，还有一个好儿子。好儿子，一个就够了。崇庆太后有乾隆帝弘历这一个儿子，权力至高无上，对母亲至孝至敬。崇庆太后居住在慈宁宫，明亮宽敞，前有花园，花繁叶茂，亭台错落，小路平整，佛堂静肃。还有寿康宫、寿安宫，都供崇庆太后使用。吃饭，有专门的厨房、厨师，人间美味尽情享用；餐具，有景德镇御窑特供瓷器；穿着，有江南三织造特供锦缎衣服；日常用品和文玩摆设，有内务府特供精美器物。除物质享受外，乾隆帝经常来到母亲身边，问寒暖，叙家常。她还有一大享受，就是跟着儿子乾隆帝外出巡游，先后一次巡游嵩（山）洛（阳），两次东巡，三上五台山，四下江南；而圆明园赏月、山庄避暑、木兰秋狝（xiǎn）更是每年必去。

崇庆太后地位高，儿子孝，她并没有昏头，而是守家法，重国体，知足知止。一天，太后偶然说有一座废弃的寺庙应当重修，乾隆帝听太监传话后，立即照办。太后说："你们伺候过圣祖（康熙皇帝），几时见过昭圣太后令圣祖修盖庙宇呢？赶紧上奏皇上，停止修庙！"每次太后弟弟到内廷来谢恩，太后都会制止。有福还得会享福，崇庆太后知福惜福，知足知止，一辈子平平安安。

乾隆皇帝为给崇庆太后尽孝，可以说是无所不用其极。皇太后的生日被称为万寿节。每年太后万寿节，乾隆帝都要率领儿孙和大臣给太后奉觞称庆。特别是崇庆太后五十、六十、七十和八十大寿，贺寿庆典无比隆重。乾隆送给母亲的贺寿大礼，有的一直存留到当今，成为珍贵的文化遗产。此处讲四件大礼。

第一，清漪园。清漪园是颐和园的前身。为什么要修这个园子呢？乾隆帝的《万寿山昆明湖记》说，目的之一是庆贺皇太后六十大寿。乾隆十四年（1749年），乾隆帝兴建清漪园，改瓮山为万寿山，改西湖为昆明湖。在今佛香阁的位置上建有九层宝塔，后湖沿岸一带建有仿照江南苏州水乡的街市房屋，后山兴建喇嘛庙和藏式碉楼。另外，还疏浚长河水道，引湖水出闸，沿长河入城。皇帝和太后可以乘辇出宫，到西直门外高梁桥附近的倚虹桥，弃辇登舟，溯长河到清漪园游幸。清漪园暨昆明湖的景色更为秀丽，"何处燕山最畅情，无双风月属昆明"就是形容这里美景的诗句。如果从空中俯瞰，昆明湖像一个大寿桃。传说乾隆帝以湖为蟠桃，为皇母祝寿。

乾隆帝到清漪园共一百三十二次，但从不在园里过夜。为什么呢？乾隆帝说过，修园劳民伤财，他为此自责："园虽成，过辰而往，逮午而返，未尝度宵，犹初志也，或亦有以谅予矣。"就是说，每次早上去，过午返回，不曾在园里过夜，以此自律和反思，也许可以得到天下对自己的谅解。后来到光绪年间，慈禧皇太后为庆贺自己生日，重新修园，改名为颐和园。现在颐和园被列入世界文化遗产。

第二，皇宫里的寿安宫。乾隆十六年（1751年），乾隆帝为皇太后六十岁生日，将旧宫改建，更名寿安宫。乾隆二十六年（1761年），为皇太后七十大寿，寿安宫再次重修。所以，寿安宫是乾隆帝送给母亲六十大寿和七十大寿的礼物，主要是为了给太后举办庆典活动，三进三跨的大四合院，院内还建了一座三层的大戏台。太后大寿庆典，在这里盛宴、看戏，不亦乐乎。

第三，皇宫里的万佛楼。这是一座三层高的大殿堂，乾隆帝为母亲八十大寿而建造。万佛楼陈设佛龛：底层4956尊，中层3048尊，上层

2095 尊，共有 10099 尊，故名"万佛楼"，寓意太后万寿。乾隆帝曾下令文武大臣和封疆大吏各捐造金佛一尊，大金佛五百八十八两八钱，小金佛五十八两，也都含"八"字。这些金佛都被八国联军中的日本军队抢夺得一干二净。语云："鸟来鸟去山色里，人歌人哭水声中。"万佛楼可谓是阅尽人世沧桑。

第四，金发塔。乾隆四十二年（1777 年）正月二十三日，崇庆皇太后病逝于圆明园长春仙馆，享年八十六。乾隆帝下诏制作金发塔一座，塔高 147 厘米，使用黄金三千多两，镶嵌珠宝、绿松石、珊瑚等。塔肚内有一个金盒子，珍存太后的头发。金发塔安放在紫檀木莲花瓣须弥座上。这座金发塔现在在故宫博物院珍藏并展出。

乾隆帝给他皇母太后祝寿，所花掉的金银，所挥霍的财富，都是赋税人的血汗。他所未料到的是，这些却也成为民族文化精粹、世界文化遗产。

人们常说，五福同享。"五福"都包括哪些呢？一是寿，二是富，三是康宁，四是修好德，五是考终命，就是善终。这"五福"，崇庆皇太后都享受到了。她是一个勤劳、健康、乐观、知足的女人，又生了乾隆皇帝这个孝顺儿子，享尽人间荣华富贵。她对儿子最大的回馈，应该就是传递了她的长寿健康基因。她享年八十六岁，她儿子享年八十九岁，是中国古代皇帝中有文字记载寿命最长的一位。而乾隆帝以他祖父康熙帝为榜样，像康熙帝孝敬孝庄太皇太后一样，孝敬崇庆皇太后，也是为后代树立了榜样。孝，是中华传统美德，孝的内涵有"六孝"：孝敬、孝顺、孝养、孝心、孝言、孝行。《汉书·艺文志》说："夫孝，天之经，地之义，民之行也。"乾隆帝用自己心身，实践了中国人"孝"的传统美德。

## 83

## 和珅儿媳
——乾隆帝最喜欢的十公主

大家所熟知的和珅,有一位特殊的儿媳,她就是乾隆帝的第十个女儿和孝公主,俗称十公主。所以,乾隆帝同和珅既是君臣,又是儿女亲家。

乾隆帝有十个女儿,十公主出生时,乾隆帝已经六十五岁。老来得女,非常宠爱。十公主长大后,长相酷似父亲,性格刚毅,能挽十力弓,曾女扮男装随驾木兰秋狝。乾隆帝视她如掌上明珠,曾对十公主说:"汝若为皇子,朕必立汝储也。"(如果你是男孩,我就立你为皇太子。)

十公主六岁时,皇父为他选了一个婆家,把她指婚给和珅的长子,还特别为她这位未来额驸赐了一个满文名字,叫丰绅殷德,大意是有福、祝福的意思。十公主十四岁时,皇父又封她为固伦和孝公主,按照规定,只有皇后生的女儿才可以叫固伦公主。乾隆帝封她为固伦和孝公主,就是将她视同皇后生的女儿。

乾隆五十四年(1789年),十五岁的和孝公主受赐金顶轿,举行隆重的婚礼,下嫁与她同岁的丰绅殷德。下嫁这天,乾隆帝先在保和

## 和珅儿媳

殿大宴额驸丰绅殷德及王公大臣，然后接受十公主拜别。据说，十公主穿着金黄色绣龙朝褂，头戴貂皮朝冠，朝冠上镶着十颗大东珠。东珠不是一般的珍珠，来自东北的江河，非常稀缺，极为名贵。在清朝，东珠镶嵌在冠服上，象征权力和尊荣。到达婆家，和珅夫妇在门口跪迎儿媳十公主。在那前后的日子里，装载公主嫁妆的车马络绎道路。婚后第九天，公主和驸马回宫谢恩。公主入宫行礼，皇父赏了三十万两白银。额驸则在乾清门外行礼，不能进入后宫。在结婚之前，乾隆帝因快过八十大寿，赏给五位皇子、两位公主，也不过各五千两白银。可见三十万两银子是多么巨大的财富。不久，乾隆帝亲自到和珅府邸去看望十公主。

按照清朝制度，在京居住的公主俸银，固伦公主四百两、额驸三百两。额驸丰绅殷德很聪明，善作小诗，潇洒倜傥，俊逸可喜，因娶了和孝公主，官升都统兼护军统领、内务府大臣。有时额驸恃宠骄纵，公主说："你父亲受皇父厚德，没有相应的报答，只会每日受贿，我很替你担忧。他日恐怕身家不保，我一定会受你的牵累。"下雪天，驸马在院子里做玩雪游戏，公主立即责备说："你的年龄已经成年，还做傻孩子的游戏吗？！"

和孝公主的婆家，就是和珅府邸，在北京西苑三海西北的什刹海畔，元代这里是重要的漕运终点码头，清代逐渐在什刹海周边建起许多大宅院。这里区位高贵，水道蜿蜒，杨柳成荫，环境优美。乾隆四十一年（1776年），和珅在这里建府，五十四年（1789年）和孝公主下嫁到这里，这里后来逐渐形成三路四进、前邸后园的格局。中路用于礼仪，东、西两路用于居住：公主和额驸居东路，和珅夫妇居西路。

中路的三进院，主要建筑由南到北依次是大门、二门、正殿、二殿、后罩楼。后罩楼有两层，东西长一百五十六米，计一百〇九间，据说是和珅夫人冯氏居所，也是珍藏珠宝金银的地方。

东路的三进院，主要建筑，南有延禧堂，北有乐道堂。延禧堂是和孝公主和额驸丰绅殷德的居所。乐道堂是和孝公主的寝室，室内梁架上至今保存着乾隆时的凤凰贴金彩画。金色的凤凰之间绽放着华贵牡丹，尽显和孝公主的尊贵身份。她在此居住了三十四年。

西路的三进院，主要建筑也是前后两处，后院是嘉乐堂，为和珅的起居室。和珅仿照紫禁城里宁寿宫的档次，精心装修，安设金丝楠木仙楼，材料昂贵，精雕细刻，再配合金色花纹的火山岩地砖，满目华丽，多有逾制，后被列为大罪之一。

和珅府邸同时也是公主府第，在和孝公主嫁过来的前十年里，这里充满了高贵与财富、欢乐与喜庆。

和孝公主的知名度远没有公爹和珅大。和珅本身已位居高位，又因儿子丰绅殷德娶乾隆帝十公主而更加显赫。大家关心和珅为什么能成为宠臣、佞臣，又能专权、贪腐？原因很多，其中之一，就是和珅"善伺意""巧弥缝"。什么叫"善伺意"呢？就是善于揣摩、迎合乾隆帝的意图。和珅能够把握、抓住、利用乾隆帝的心。当年杨贵妃把握住唐明皇，万贵妃把握住成化帝，都是用的"善伺意"心计。乾隆帝将要喜欢的，和珅就先猜到，并做到；乾隆帝决心要做的，和珅立刻遵办，并办得妥帖；乾隆帝想做而不该做的，和珅不反对，并顺遂；乾隆帝应做而没想到的，和珅不显露出比主子更聪明而使主子做到。所以，乾隆帝认为和珅是自己看得见、信得过、用得上、离不开的人。

和珅做官做到了极致：由乾清门侍卫升到"六大臣"，即大学士、军机大臣、议政大臣、领侍卫内大臣、内务府大臣、御前大臣，兼都统、步军统领，管户部三库，充崇文门税务监督，任吏部、户部、兵部尚书，兼管刑部尚书、理藩院尚书事，为翰林院掌院学士，充《四

/ 和珅儿媳 /

库全书》馆正总裁等。私宅军人供役者千余人。但应了《老子》所说："福兮，祸之所伏。"

和孝公主二十五岁时，遭家难。这一年，嘉庆四年（1799年），太上皇乾隆帝去世，嘉庆帝将和珅家查封，赐和珅自尽。看在和孝公主的面子上，嘉庆帝饶了和珅儿子丰绅殷德的命，给丰绅殷德留下伯的爵位，后来只让他袭三等轻车都尉。

和珅府邸，东路仍为公主府第，和孝公主和额驸仍是这里的主人。后花园被没收，由嘉庆帝赐给成亲王永瑆。西路由嘉庆帝赐给他的幼弟庆僖亲王永璘。这里有一个故事。永璘相貌丰伟，皮肤黧（lí）黑，不爱读书，喜欢音乐，还喜欢到处游玩。少年时曾微服出游，到小巷寻乐，乾隆帝讨厌他，降为贝勒。乾隆末年，皇子觊觎皇位，永璘笑道："即使皇帝恩赐多如雨点，也不能滴到我头顶上，只求诸兄见怜，将和珅邸第赐给我居住，那我就心满意足了！"嘉庆帝籍没和珅家产后，果然将其府宅西路赐给了他。

在一段时间里，庆王和他十妹共同居住在这处府第。和孝公主居东路，庆王永璘居西路。后和孝公主和庆王死，庆王的儿子降为郡王，西路便成为郡王府。

和孝公主继续生活在府第东路，得到嘉庆与道光两任皇帝的关照。道光三年（1823年），公主病死，时年四十九岁，她的皇侄道光帝亲临祭奠。

可叹这位和孝公主，生在帝王之家，受到皇父宠爱，公爹为宰相，算是有福吧！但她的公爹获罪自裁，家财被抄；丈夫没有出息，还养妾生女，英年去世；儿子夭折，留下她孤独终老。

金枝玉叶，在中国古代特指皇家公主。南京博物院收藏着一件精美的艺术品：一只栩栩如生的金蝉，安然地栖息在一片洁白无瑕的玉叶上。

蝉，俗称"知了"，"知"谐音"枝"。这是"金枝玉叶"的形象诠释。现在独生子女多，流传一种说法：女儿要富养，把女儿当成金枝玉叶。其实作为公主，既能享受常人享受不到的荣华富贵，也要承受常人不用承受的礼法约束，还要面对反差巨大的生活环境和身份转换，更要听任朝廷动荡的命运摆布，正如和孝公主一样。

## 84

## 御制唐窑
——为皇帝督造瓷器的唐英

康、雍、乾三位皇帝,都非常关注景德镇御窑厂,所以清朝御窑厂的瓷器,康熙"郎窑"、雍正"年窑"、乾隆"唐窑",名贯中西。而督陶官唐英,十六岁就在养心殿造办处工作,和康熙、雍正、乾隆三代皇帝都有交集。他是中国瓷器史上既有著作又有精品,既懂管理又会操作,既倾心敬业又清廉自守的督陶官员。

唐英(1682—1756),今辽宁沈阳人。他的父亲随清军入关。唐英七岁入学读书,十四岁被编入内务府八旗满洲正白旗包衣。包衣,是满语译音,意思是家内奴,终身不变,子孙世袭。他十六岁到养心殿造办处工作,后来任职宫廷画样,给宫廷御制器物画样子。唐英聪明、忠诚、细心、勤奋。他的工作使他能看到内廷的名器、名书、名画、名家,并得到康熙帝的信任,积淀丰厚文化的底蕴。这为唐英日后在御窑厂督陶期间,揣摩上意,推陈出新,从而烧造出精美的"唐窑"瓷器,打下了良好的文化与艺术基础。

雍正六年(1728年),唐英四十七岁,被以内务府员外郎身份派到景德镇协理年希尧督陶。内务府总管大臣多是内阁大学士、军机大臣兼任,下面有郎中(正厅局级)、员外郎(副厅局级)等。出任景德镇督陶官,这是唐英人生的重大转折点。

唐英初到御窑厂,完全外行,茫然无措,心里惴惴不安,唯恐有辱使命。怎么办呢?学习,学习,再学习!放下官架子,向工匠学习。

第一,闭门谢客,不应酬,不唱和,不访客,不出游。

第二,放下架子,与工匠,同吃饭,同劳作,同休息。

第三,刻苦钻研,学制胎,学彩绘,学釉料,学烧制。

第四,成为内行,会制胎,会彩绘,会釉料,会窑火。

三年之后,唐英学会全部七十二道制瓷工艺,得心应手,成为专家。

唐英督窑,创造辉煌。他先后管理淮安关、九江关、粤海关,遥领陶务。到乾隆二十一年(1756年)才获准辞职,同年去世。唐英于景德镇御窑及相关处工作共二十八年。在有清一代景德镇御窑督陶官员中,唐英任事最久,工作最勤,业务最精,贡献最大,烧制出举世闻名的"唐窑"瓷器。唐英于御窑,有三大贡献。

第一,制瓷工艺贡献。唐英在二十八年的御窑管理与烧制过程中,亲自督导和烧制的瓷器,数量大,质量优,精品多,影响大,因而被誉为"唐窑"。

第二,学术创新贡献。唐英之前,瓷器工匠没有文化,不会著书立说;文人有文化,但不懂制瓷工艺。唐英既懂烧造瓷器工艺,又有较高文化素养,先后编写出《陶务叙略》《陶冶图说》《陶成纪事碑记》《瓷务事宜谕稿》等著作,从而对御窑瓷器制作及其发展创新做出了开创性的贡献。学苑出版社出版的《唐英全集》则是其集大成者。

第三,制瓷精细管理。在他任内,人事、财务、生产、工艺,方方面面,都立规矩,既约束下级,也约束自己。这里着重讲财务制度。御窑开支浩大，财务制度不清：钱花了多少，花到哪里去了，缺乏统计；什么钱该花，什么钱不该花，缺乏标准。唐英制定《烧造瓷器则例章程》。唐英在两百年前就实施成本核算，观念超前，制度完备，切实可行，贡献斐然。

唐英在景德镇受到敬重。他从粤海关调回九江关，到景德镇巡视御窑厂。史料记载，他到达景德镇那天，渡过昌江，全镇士、农、工、商，都等待在昌江两岸，叹惜唐英有些老态龙钟，为他的到来欢腾鼓舞，颇有故旧远归之意。

唐英的人生，在外人看来，可谓风光，一辈子工作在康、雍、乾三位皇帝身边，创作了太多的艺术精品，官也做到局级。但他自称"蜗寄"。蜗寄，就是像蜗牛一样寄生在硬壳里。为什么会有这样的感叹呢？

一是忍劳。积劳成疾，说的恰似唐英。乾隆初，唐英短暂卸去窑务，赴淮安关履新，却大病一场；乾隆十一年（1746年），唐英已六十五岁，不辞劳苦，巡视窑厂，却患上眼病，在镇上疗养两个月才痊愈。后调任粤海关，气候不适，患了重病，又调回景德镇，直到七十五岁才获准辞职。唐英无福颐养天年，去职的当月就去世了。

二是忍怨。唐英尽职尽责，乾隆帝并不体谅，反而经常指责。瓷器的数量少了，质量差了，破损多了，工期迟了，花钱超了，不管唐英是否有责任，都会受到指责，而且还要挨罚。

三是忍贫。历朝督陶官都是肥差，因为可以贪污。唐英不仅不贪，还自掏腰包，补贴公用。他试制新的器型，经常用工资垫付烧造费用。

四是忍贱。唐英身为包衣，从未办过出格事，说过出格话。即使这样，遇到位高权重的人，他还要"冷热面前陪色笑"，指望对方伸手不打笑脸人。这种低贱身份，必定心受煎熬。

唐英一生，酷爱读书。他说："我特别喜欢读书，每天漏下四五，还披阅不休。"他留下诗作六百多首。唐英平生最快乐之事，大概是悬赏征诗。他在九江关任职时，捐款重修琵琶亭。一次，唐英把纸笔放在亭子上，令过客赋诗，签上姓名，交关吏投进，最后由唐英评出高下，给以报酬。结果，文人骚客，纷至沓来。著名文人袁枚曾躬逢其盛，多年后旧地重游，琵琶亭还在，他不禁回忆起当日置酒高会、彻夜茶叙和诗的盛况。

唐英把希望寄托于儿孙，希望儿孙考功名、有成就，摆脱包衣身份。他的长子文保继承父职，在内务府造办处供奉；而次子寅保考中进士。唐英欣喜万状，以为寅保从此可以摆脱包衣身份，不料乾隆帝却让寅保学习陶务，准备接班。眼看两个儿子都走上自己的老路，唐英黯然神伤。

唐英一生，脱不掉包衣身份，洗不掉俗务风尘，换不掉陶人身份，忘不掉心灵宏愿。唐英一生清白，就如他自己所追求的："真清真白阶前雪，奇富奇贫架上书。"御窑千秋史，唐英第一人。

## 85

## 宫中三宝
## ——大石雕、大玉山和大珐琅塔

乾隆朝时间长,国家富裕,皇帝重视文化艺术,给皇宫增添了不少宝贝。本讲介绍皇宫三件宝物。

第一件宝物是保和殿大石雕。

我们都知道,故宫的中轴线上,由南而北,矗立着六座宏伟的建筑,它们是太和殿、中和殿、保和殿、乾清宫、交泰殿、坤宁宫,就是前三殿、后三宫。这六座建筑,是紫禁城的核心,也是皇帝、皇宫、皇权的象征。乾清门是外朝和内廷的分界。

我要说的这件保和殿大石雕,就铺在保和殿北面的台阶中路,正对着乾清宫。从永乐十八年(1420年)皇宫启用,数百年间,保和殿几经大修,但殿后这块大石雕却保留着明永乐建紫禁城宫殿时的原物。乾隆时把石雕原来图案凿去约0.4米厚,又重新雕刻了流云立龙图案。这件十分珍贵的文物,当中刻着九条蟠龙,四周为缠枝莲花纹,下部为海水江崖,中雕流云,气势磅礴。

这块大石雕,长16.57米,宽3.07米,厚1.7米,重约200吨,为宫中石雕之最,俗称"大石雕"。经测算,大石雕毛坯重量约为300吨。

石料采自今北京房山大石窝。那里距紫禁城约一百里，当时没有起重吊车，没有运输机械，巨石是怎样运进来的？有学者研究，运输方法是：运道路旁，每隔一里，打一眼井，寒冷冬季，汲水泼路，结成冰道；工匠民夫们将石料放在冰车上，用大批骡马拉着，在冰道上往前滑动，缓慢行进，运到工地。康熙帝听前明太监讲故事说，保和殿初建时，采买搬运巨石到京，不能运入午门，运石太监参奏，这块大石头不肯入午门，于是太监奉命把大石头捆绑起来，打六十御棍。当然，打御棍，大石头也不能进午门。其实这块大石头在紫禁城三大殿建成之前就先运到了，就地雕刻，安装到位。

三大殿御路上的石雕，最重要的有两块：一块在太和殿前，另一块在保和殿后。按常理说，太和殿前石雕应比保和殿后石雕更重要，更显眼。但是，这块最大的石雕，为什么没有安放在太和殿前，而安放在保和殿后呢？

有一种看法是，这块大石雕主要是为给皇帝看的。皇帝居住在乾清宫，出了乾清门，这块大石雕立即映入眼帘。大石雕的宽度恰是御轿的宽度，两旁是抬轿太监行走的小台阶。皇帝乘坐御轿，在大石雕上经过，何等气势，何等庄严！到了今天，保和殿后大石雕是紫禁城中轴线上游客必看的一个景观。

第二件宝物是《大禹治水图》玉山。

故宫的东北部有一处高墙围护的独立区域，这就是著名的宁寿宫区，这里在明代曾是崇祯时懿安皇后张嫣等养老之所。清康熙二十八年（1689年）改建宁寿宫，供孝惠章太后在此颐养天年。乾隆帝为归政后养老休憩，而把这里增建为太上皇宫，但他并未入住这里。慈禧太后晚年居住在这里。明清帝、后认为这块福地是宫中养老的理想宫殿。

宁寿宫有座乐寿堂，原来是准备作为太上皇乾隆的寝宫。在乐寿堂后门内,有一座《大禹治水图》玉山。

乾隆四十一年(1776年),乾隆帝命高贵妃的侄子高朴任新疆叶尔羌办事大臣。距叶尔羌四百余里有座密尔岱山,产美玉。据说这件《大禹治水图》玉山,用的就是密尔岱山出产的青白玉料。从新疆和田到北京一万一千一百里,需制作特大专车,前面用一百多匹马拉车,后面用若干夫役扶推,逢山开路,遇水架桥,冬天泼水成冰路,日行五六里,三年才运到北京。

玉石到京后,乾隆帝选用宫中珍藏的宋人名画《大禹治水图》为蓝本,派画师照图摹画在玉山上。先做玉山蜡样,怕蜡样融化,又刻做木样,再把玉石经运河运往扬州,由能工巧匠照样雕造。自乾隆四十六年(1781年)九月开工雕刻,到乾隆五十二年(1787年)六月雕成,历时五年〇八个月。这件大玉山,从采玉到制成,长达十年,仅雕刻就用了十五万个工。

这件玉山,高224厘米,宽96厘米,重约5330公斤,雕刻了大禹治水的壮观情景:崇山峻岭,古木丛立,洞壑溪涧,地势险恶,大禹在山腰劳作,民众凿石开山,使水下流。这幅生动图景,按玉材天然色彩,做艺术加工而成。背面刻有乾隆帝御制诗,歌颂大禹治水,功德万古不朽。诗中告诫子孙,像这样大的玉材,用来制造一般器物,会大材小用,但制成玉山,便久存不朽。如果为追求珍玩,今后不要再做。这座由一块整玉四面雕琢成的《大禹治水图》玉山,构思巧妙,雕工精绝,充满动感,鬼斧神工,堪称中华艺术奇珍,也是世界文化瑰宝,显示中国各族人民的智慧和艺术。

再简单说说第三件宝物大珐琅塔。

在紫禁城,东北部的宁寿宫是太上皇的居所;西北部的慈宁宫是皇太后的宫殿。宁寿宫有梵华楼,为二层楼,面阔七间,一楼明间,供栴檀佛铜像，而另六间，每间供奉掐丝珐琅大佛塔一座，共六座珐琅佛塔。塔周围三面墙挂通壁大幅唐卡，画护法神像五十四尊。

同样，在慈宁宫有宝相楼，为二层楼，面阔七间，一楼明间，供释迦牟尼佛立像，其余六间，每间供奉掐丝珐琅大佛塔一座，共六座珐琅佛塔，塔周围三面墙挂通壁大幅唐卡，画护法神像五十四尊。

陈设在梵华楼和宝相楼的十二座珐琅佛塔，每座高238厘米左右，由宫廷造办处珐琅作，于乾隆三十九年（1774年）和乾隆四十七年（1782年）制造，造型各异，豪华精美。釉色均不相同，图案富于变化，塔身结构严谨，结合部位不露痕迹。通体填釉饱满，很少砂眼，充分体现出乾隆时期掐丝珐琅精湛高超的技艺，是前所未有的新成就，也成为难能可贵的宝物。

金属胎珐琅器有着黄金和宝石般的华美和瑰丽，因其制作工艺复杂，釉料配制繁难，珐琅颜料昂贵，烧造技术极难，生产成本太高，所以很长时期内主要作为御前用器，由宫廷内皇家御用作坊制作，除少量珐琅器作为贵重礼物由皇帝赏赐给王公大臣或馈赠给外国使臣外，民间很少流传，而且难得一见。

以上这三件（套）清朝乾隆时期的宝物，如果到故宫一游，非常值得去欣赏。

## 86

## 马戛尔尼
——遇上无知与傲慢

前面讲到，17世纪40年代，在中国和英国，发生了两个重要历史事件。

1644年，明朝崇祯皇帝在万岁山（今景山）自缢身亡。五年之后，英格兰伦敦的上千名市民走向白厅广场，目睹了国王查理一世被送上断头台。

在中国，清承明制，中国仍沿着封建体制路线运行。到康、雍、乾时期，出现"康乾之治"，虽然被称为中国皇朝史上的一个"黄金时代"，却潜藏着"盛世的危机"。

英国几经波折，沿着资本主义路线运行。就在乾隆朝同一时期，西方世界发生了划时代性的巨大变化：一是英国发生工业革命，二是美利坚合众国成立，三是法国大革命。这三件大事加上以前的英国资产阶级革命，再加上后来1861年（清咸丰十一年）俄国废除农奴制，1868年（清同治七年）日本明治维新，1871年（清同治十年）德国统一，改变了整个世界的面貌。其中，英国走在西方的最前列。

中国和英国这两艘巨轮，在时代浪潮的航行中终于靠近。

英国先后击败了葡萄牙、西班牙、荷兰，军舰游弋，称霸海上，成为当时的世界强国。早在明崇祯十年（1637年），英国武装商船就曾抵达澳门附近的横琴岛。他们后把船驶向广州，闯入虎门，声言求市，同守军交火。事后英国派人到广州谈判，失败后，英军占领虎门炮台，明军进行反击。英舰失利，退回澳门。明廷规定："英商永远不许来广州。"英国想用武力打开明朝大门的举动失败后，便改用外交手段，以达到在中国通商与殖民的目的。清统一台湾后，放宽海禁，准许在广州、漳州、宁波、云台山四个口岸对外通商。乾隆二十年（1755年），英国武装商船驶到宁波，引起乾隆帝的关注。乾隆帝阅兵巡防，随后下令只准英商在广州贸易。英国想通过同乾隆帝谈判取消清廷对英贸易的禁令与限制，于是，决定派遣以马戛尔尼为首的外交使团访清。

马戛尔尼何许人也？

马戛尔尼（George Macartney，1737—1806），曾任英殖民地马德拉斯总督、驻俄国公使，是一位经验丰富的高级外交官。马戛尔尼使团一行包括秘书、翻译、医生和军事、化学、天文、历算、制图、航海等方面的专家以及官兵等，以向清廷"进贡"和补祝乾隆帝八十大寿为名，乘坐装有六十四门大炮的军舰"狮子号"，自英国朴茨茅斯港起航，于乾隆五十八年（1793年）六月二十一日过澳门，于八月初五在天津大沽登陆，应乾隆帝邀请，到避暑山庄觐见。

乾隆帝在避暑山庄看到英国使团的礼单，首先是觉得礼物并不像他们自吹的那么珍贵，天朝本来就有这些东西；然后看到礼单上有这样的文字"有遣钦差来朝"，乾隆帝更觉不满。英国遣使入贡，怎么会是钦差？以前都是贡使来朝，还从来没有什么钦差来朝。在乾隆帝看来，英国使团的正副使臣就是贡使，带来的礼物是向皇帝进贡的贡物。既然是贡使进贡，乾隆帝下谕给总督梁肯堂和盐政徵瑞说，各处藩封到天朝进

/ 马戛尔尼 /

贡觐见者,都要行三跪九叩首之礼,即使国王亲自来朝,也是同样的礼节。就是说,要求马戛尔尼像其他藩属国的使臣一样,觐见皇帝的时候,要行三跪九叩之礼。

于是,梁肯堂和徵瑞在陪同使团前往避暑山庄的路上反复劝说马戛尔尼,先派出官员给使臣做跪拜的示范动作,又安排外国传教士当着使臣的面,给徵瑞按照安排的礼节预演行礼。

事实上,马戛尔尼仅答应以觐见英皇的礼节来觐见乾隆皇帝,拒绝学习三跪九叩的跪拜礼。马戛尔尼坚持,他是西方一个独立国家所派的钦差,和中国的附庸国家所派的贡使完全不同,所以拒绝行中国三跪九叩的礼节。他们为此写了致大学士和珅的备忘录,请徵瑞转递。

马戛尔尼一行到承德后,以疲劳为由,仅派代表把英王致中国皇帝信件的翻译件交给和珅,根本不理睬徵瑞的劝告。乾隆帝对此很不高兴,下谕减少给他们的供给,取消格外赏赐,打算在万寿节宴会后就让他们回去。

眼看使团就要被遣送出境,马戛尔尼和清朝大臣密商,终于受到乾隆皇帝的接见。

八月初十,乾隆帝在避暑山庄万树园接见了英王正使马戛尔尼、副使斯当东。礼部尚书引导马戛尔尼到御座左边,马戛尔尼向乾隆皇帝行礼,然后致词,呈递英王国书给乾隆帝。乾隆帝以玉如意回赠英王,又分赠马戛尔尼和斯当东绿色如意。他们二人又以金表和气枪回赠乾隆帝。觐见仪式完毕后,乾隆帝赐宴。第二天,乾隆帝命和珅、福康安陪英使游览避暑山庄。十三日,乾隆帝八十三岁生日庆典,马戛尔尼又随同王公大臣等到澹泊敬诚殿,向乾隆皇帝行庆贺礼。那么,马戛尔尼两次觐见,有没有向乾隆帝行三跪九叩大礼呢?史料记载有各种说法,有说是双腿跪的,有说是单腿跪的,也有说是双腿略微弯曲的,权当是一桩历史疑案吧。

回到北京后,和珅同马戛尔尼在圆明园举行会谈。两天后,和珅在皇宫会见马戛尔尼,面交乾隆帝致英王的复信。英王来信和乾隆帝回信的主要内容有五。

第一,英方要求派使臣常驻北京。答复:这与天朝体制不合,断不可行。

第二,英方要求在宁波、舟山、天津开放贸易。答复:皆不可行。

第三,英方要求在北京设立洋行。答复:京城从无外人等在京城开设货行之事。

第四,英方要求在舟山附近一小岛存放货物。答复:天朝尺土俱归版籍,即使岛屿沙洲,也不便准行。

第五,英方要求在广州附近拨给一小块地方居住英商。答复:按照规定,在澳门居住。

总之,乾隆帝将英使提出的各项要求,逐一驳回。

乾隆帝将中国历朝防堵"夷狄"的传统政策,来防堵西方经济文化的扩张。乾隆帝只能略窥一点西方科技的神奇,并没有了解并把握中国近代化的契机,这是中英正式接触后,中国方面的最大损失。马戛尔尼一行虽然没有达到其直接目的,但他们获取了清朝的各方面情报,特别是清军装备尤其是海军落后的情报,为而后发动侵略战争埋下伏笔。四十多年后,英军侵略中国的中英鸦片战争爆发。

## 和珅得宠秘诀
——看得见、信得过、用得上、离不开

和珅受到乾隆帝的宠信,是近三百年清史上空前绝后的。为什么这样说呢?我们看乾隆帝给和珅封的官爵:

武职——镶蓝旗满洲都统、正白旗满洲都统、镶黄旗满洲都统、步军统领;

文职——内务府大臣、御前大臣、议政大臣、领侍卫内大臣、军机大臣、协办大学士、文华殿大学士、户部尚书、吏部尚书、兵部尚书,兼管刑部尚书、理藩院尚书事;

学职——殿试读卷官、日讲起居注官、《四库全书》馆正总裁、石经馆正总裁、国史馆正总裁、翰林院掌院学士;

钱官——崇文门税务监督,管理户部三库;

内职——兼管太医院、御药房事务;

爵位——太子太保、伯爵、公爵等。

以上表明:和珅受到乾隆帝的宠信,可以说是"宠任冠朝列"、清史无二人。

除了封给他这么多的官职,乾隆还把最喜欢的十公主给和珅做儿媳，跟他结为儿女亲家。

人们不禁要问，和珅如此得宠，有什么秘诀呢？

和珅生于乾隆十五年（1750年），比乾隆帝小三十九岁，钮祜禄氏，满洲正红旗人。十来岁时，有幸进皇宫咸安宫官学，学习儒家经典和满洲、蒙古文字，受到良好的教育。二十一岁时，他参加了顺天府乡试，但没有考中举人。虽然如此，和珅因为出身满洲，便做了宫廷三等侍卫，开始进入仕途。这个差事给和珅接近乾隆帝提供了机会，是和珅人生的一个重要起点。

乾隆四十年（1775年），和珅二十六岁。乾隆帝巡视山东，有一天，碰巧和珅跟着他乘坐的小骡车随侍，于是君臣二人，有了下面这段交谈。

问："你是什么出身？"

答："文员。"

问："你参加过科举考试吗？"

答："乾隆三十五年（1770年）曾乡试举人。"

问："什么题目？"

答："孟公绰一节。"

问："能背你的文章吗？"

和珅就边走边背，行动趫（qiáo）捷。

乾隆帝听了以后说："你可以考中啊！"

这次乾隆帝同和珅的谈话，成为和珅政治生涯的转折点。和珅聪明伶俐又干练潇洒，年轻身健，口齿清晰，得到乾隆皇帝的赏识和器重，从此青云直上。

和珅既有学问，又能实干。

乾隆四十五年（1780年）正月，三十一岁的和珅接受了一项重要任务，就是远赴云南，查办大学士、云贵总督李侍尧贪污案。和珅一到云南，首先拘审李侍尧的管家，取得实据后，迫使精明强干的李侍尧不得不认罪。和珅从接受这个任务，到乾隆下御旨处治李侍尧，前后只用了两个多月，表现了他出众的才华和干练的能力。所以和珅在回京的途中，就被提升为户部尚书。

乾隆帝曾说，用兵西藏和廓尔喀时，所有的谕旨都是兼用满、汉文下达；颁给达赖喇嘛和廓尔喀的敕书，则兼用藏文。只有和珅能把这些谕旨敕书，用满文、藏文、蒙古文、汉文等各种文字撰写，并宣读出来，进而把事情都办理得很好。

乾隆帝身边并不缺少有学问和能干的人，为什么唯独和珅在朝二十多年间，重要的升官和封爵就达五十次之多？因为他还有一个特殊的能力，就是对乾隆帝揣摩其旨意，迎合其所好，满足其欲求，博得其欢心。

第一，陪乾隆帝和诗。乾隆帝一生喜爱作诗，和珅为迎合乾隆皇帝，下功夫学诗、写诗，并造诣很深。和珅经常与乾隆帝和诗，故宫里留下当年和珅与乾隆帝和诗的折子。

第二，仿乾隆帝书法。乾隆帝酷爱书法，和珅就刻意摹仿乾隆帝的字，他写的字酷似乾隆。乾隆帝后期的一些诗匾题字，干脆交由和珅代笔。

第三，同乾隆修佛教密宗。乾隆帝信奉喇嘛教，对佛教经典颇有研究。和珅也学佛经，还同乾隆帝一起"修持密宗"。

第四，体贴侍奉乾隆。当时乾隆帝已经是老人，喜欢别人奉承、照顾，和珅就陪伴在乾隆帝左右，对皇上照顾、服侍，体贴周到。朝鲜使臣就记下这么一件事：和珅虽贵为大学士、军机大臣，但每当皇帝咳嗽吐痰时，他就马上端个痰盂去接。随着乾隆帝愈来愈老，执政时间愈来愈长，和珅有文化，又在他身边，可以同他交谈诗文、书画、佛经，可以帮他处理军国大事，可以跟他进行多种语言文字交流。太监、宫女接近乾隆帝但没有文化，大臣、翰林有文化但难以接近乾隆帝，所以和珅对老年乾隆帝来说，是朝廷内外没有一个人可以替代的。

乾隆晚年生活奢华，大兴土木，大张筵宴，太后六十、七十、八十大寿，他自己六十、七十、八十大寿，大量犒赏，繁华铺张，花费巨大。这都需要大量银子。当时国库拮据，银子从哪里来呢？靠和珅。和珅想尽各种办法聚敛钱财，比如侵吞、贿赂、索要、放债、开店、加税等。对官员也不放过，好官被强制要求进献，有过失的官被收取"议罪银"，用交纳罚银代替处分，这些钱不入国库，而是交到内务府，供乾隆帝享用。和珅搜刮勒索，使得原来入不敷出的内务府很快就扭亏为盈。乾隆帝惬意享乐，对和珅就更加依赖。

和珅得宠的秘诀，其实说来也简单，就是让乾隆皇帝看得见、信得过、用得上、离不开。《左传》说："君以此始，必以此终。"和珅能登上"一人之下"的高位，靠的是紧紧地傍着皇帝，最后也是以二十大罪被皇帝赐死。

嘉庆四年（1799年）正月初三，乾隆帝崩于皇宫养心殿。颙琰在当日亲政，是为嘉庆帝。嘉庆帝在办理大行皇帝丧事期间，采取断然措施，惩治权相和珅，举朝上下，大为震惊。短短十五天里，嘉庆帝就把被先帝恩宠三十年的"二皇帝"，干净利索，加以惩治，举措得体，取得胜利。这是嘉庆帝一生中处理重大政治事件最为精彩的一笔，也是他作为政治家的唯一杰作。

正直和奸佞相伴相生。直臣往往身遭劫难而流芳千古，佞臣往往直上青云而被人唾弃。和珅就是后者的典型代表。

## 88

## 大内遇刺
—— 皇宫两次遭遇危险

嘉庆帝二十五年的皇帝生涯,虽然一件一件地解决乾隆帝留下的危机,却又一步一步地使清朝陷入更加衰落的危机。盛世下的危机,到嘉庆时更加深重。其中一个典型例子,就是皇宫大内居然两次遭遇危险。

嘉庆八年(1803年)闰二月二十日,嘉庆帝从圆明园回到皇宫,在进了神武门、要进顺贞门的时候,有一位壮汉突然冲着嘉庆皇帝跑来,举刀行刺。这就是当年震惊朝野的陈德行刺嘉庆帝事件。

这名刺客陈德,从小就辗转在山东、北京等地,在一些当官的家里做工,后来跟随镶黄旗包衣在内务府服役,帮办配送嘉庆帝妃子刘佳氏的碗盏等器物。刘佳氏是一位资深的妃子,在后宫很有地位,后来被晋封为贵妃、皇贵妃。陈德因给贵妃跑腿而得以进出紫禁城。

后来,陈德妻子病故,留下两个儿子,他又被解雇。陈德贫穷、孤独、苦闷,他生活在社会底层,作为奴仆,跟官服役,饱尝辛酸,受尽欺凌;同时,陈德也亲历皇室的穷奢极欲,体察到人间不平,激发起反抗情绪,精神也不太正常。就在陈德实在穷苦难过、要寻死路的时候,他求了个签,说他有"朝廷福分"。正好他在街上看到黄土垫道,听说嘉庆帝将于二十日进宫，就谋刺嘉庆帝。陈德心想：犯了惊驾之罪，必将我乱刀剁死，图个痛快，也死个明白。

这天，陈德带着长子陈禄儿进入皇宫东门东华门，又绕到北门神武门，潜伏在顺贞门外西厢房的山墙后面。当嘉庆帝一行乘轿刚要进顺贞门的时候，陈德突然跃出，手持小刀，冲了过来。这突如其来的袭击，吓得嘉庆帝匆忙逃入顺贞门内。在场侍卫、护军多达百余人，都被陈德的突然行刺吓着了，神情惊愕，呆若木鸡，竟然没有人上前拦阻。只有御前大臣定亲王绵恩、乾清门侍卫蒙古喀喇沁公丹巴多尔济等六人，尚属镇定，扑前捉拿。经过一番搏斗，绵恩的袍袖被刺破，丹巴多尔济被刺伤。陈德力竭被抓。陈德的长子陈禄儿则乘乱溜走回家。

嘉庆帝对陈德行刺事件异常震惊，命军机大臣会同刑部尚书，日夜严审陈德。二十四日，陈德被处以磔刑，立即执行；其长子陈禄儿年十五，次子陈对儿年十三，被同时处以绞刑。

十年之后，又发生天理教众攻入紫禁城的事件。我们今天参观故宫，还可以看到隆宗门的门额上留有清晰的箭痕。相传，这是嘉庆十八年（1813年）九月，天理教民众攻入皇宫留下的历史印记。

白莲教起事，困扰嘉庆朝。其中一支天理教在北京南郊大兴县活动，首领叫林清，他与河南滑县的李文成相呼应，约定九月十五日同时起事，要把皇帝赶出关外，恢复汉人统治。

投靠林清的八旗汉军正黄旗曹福昌透露说，嘉庆帝木兰秋狝返程，将于十七日抵达白涧行宫，到时留京大臣会出城迎驾；建议在那一天乘虚而发，成功把握较大。但林清认为，九月十五日的起事日期为"天定"，不宜更改，于是决定：如期举事，攻打皇宫。

林清依靠内应太监熟悉宫廷，决定派两百人，分作两队——东队进东华门，太监刘得才、刘金为向导；西队进西华门，太监张太、高广福为向导。太监王得禄等则居中应援，并约定以"白帕"为标志。他们在十四日化装成小商贩等，各备兵器，混杂于酒肆、行商中，分别在菜市口、珠市口、鲜鱼口等处会合，待十五日午时一到，即向皇宫发动进攻。林清则在黄村坐镇指挥。

十五日早晨，两百多名天理教众由宣武门潜入，然后分成东、西两队，潜伏在东华门、西华门外。午时一到，由宫内太监接应，开始分别攻闯东华门和西华门。

东华门一路被守门官兵察觉，只有五名起事者闯入东华门内。双方展开激烈搏斗，这五人全被擒杀。西华门一路约五十人，冲入门内后，反闭城门，向里冲进，一路向东，冲到隆宗门。大家知道，皇宫外廷和后宫之间，在乾清门前有一个狭长的大院落，隆宗门就是这个大院落的西门，也就是说，如果闯进隆宗门，也就进入了后宫乾清门和养心门的范围。这件事可非同小可。皇宫守军发现后，立即关闭隆宗门，于是在隆宗门外以南发生激战。

正在上书房读书的诸皇子听说出事了，皇次子绵宁（即后来的道光帝）急命准备弓箭、鸟铳、腰刀，派太监登上城墙了解情况。这时，发现有起事者由廊房越墙，手举白旗冲向养心殿，已经靠近养心门。绵宁用鸟铳开枪，打死一人，再发，又打死一人。皇三子绵恺紧随皇兄之后，冲到苍震门，也发枪射击。留京的礼亲王昭梿等得知警情，急率禁兵，自神武门进入皇宫增援。一千多名火器营官兵等调入皇宫内，投入战斗。教众退到武英殿前，寡难敌众，全被擒杀。后来经过一番搜索，内应太监也全被擒获。十七日晨，林清在黄村宋家庄被捕。至此，天理教众进攻皇宫的举事失败。

嘉庆帝在结束木兰围猎后，原打算去遵化东陵谒陵，惊闻宫内之变，立即改变行程，直接回京。十九日，回到北京城，诸王大臣迎驾于朝阳门内。嘉庆帝感慨说:"这实在是从未有过的事变!寇贼叛逆,哪一代没有?今天事起仓促,扰及宫禁,传之道路,骇人听闻!"

嘉庆十八年(1813年)是癸酉年,这一事件又称"癸酉之变"。

如果说十年前的陈德行刺案只是个案,具有一定的偶然性,那么这次事变使清朝皇帝第一次认识到,入关一百七十年来,大清的江山,发生了危机。

嘉庆帝在回宫的路上就颁布《遇变罪己诏》,称此为"汉、唐、宋、明未有之事",但是"变起一时,祸积有日"。突然的一次事变,背后是累积了多年的祸因。

这一年嘉庆帝五十四岁生日,他也没有心思过了。他说:"十月初六日,为朕寿辰,国家典礼,应当庆贺七天,朕御殿受贺,这是祖宗定下的规矩。如今朕实在无颜受贺,军书交驰,邪气未靖,还有什么心思宴会和欢乐呢!"

直到他临终的前一年,还在大臣奏折中朱批,大意是说:"有天良之大臣,永不忘十八年之变;而丧尽天良之辈,早已把这次事变付之云烟之外了!"

皇帝在大内遇刺,大内天理教众攻入,这在明清五百多年皇宫历史上,先例没有,后例也无。这预示着大清皇朝正在迅速走向衰败。

## 道光继位
——第一个同西方签订丧权辱国条约的皇帝

清道光帝旻宁,三十九岁登极,在位三十年,享年六十九岁。他在历史上有两个"第一":他是清朝唯一以嫡子身份继承皇位的皇帝;他又是中国两千年帝制史上,第一个同西方殖民者签订丧权辱国条约的皇帝。

道光帝旻宁的生母嘉庆帝皇后喜塔腊氏为副都统、内务府总管大臣和尔经额的女儿。乾隆三十九年(1774年),被乾隆帝册为皇十五子永琰(继位后改为颙琰)的福晋。乾隆四十七年(1782年)八月初十,喜塔腊氏在皇宫撷芳殿中所生下一位皇子,名绵宁(继位后改为旻宁),就是后来的道光皇帝。

绵宁六岁开始读书,受到良好的儒家教育。绵宁十岁那年,有一件吉祥的事。这年,他初次随祖父乾隆帝木兰秋狝。他引张小弓,射获一鹿。乾隆帝大喜,赋诗一首,说乾隆帝自己十二岁时,随同祖父康熙帝前往木兰行围,初围得熊,此次旻宁则初围就获鹿,比当年的自己还小两岁。

绵宁十四岁时,父亲永琰被立为皇太子,全家大喜。十五岁,双喜临门。正月初一，皇父在太和殿登极，成为清朝入关后第五代皇帝——嘉庆皇帝，这是一喜。另一喜是皇父为他娶妻成婚。新娘钮祜禄氏是户部尚书布彦达赉（lài）之女，被册为嫡福晋。

绵宁十八岁时，皇父嘉庆帝遵照秘密建储家法，亲笔写下绵宁的名字，封藏在镡（jué）匣里。这样，绵宁成为秘立的皇太子。从此，到寿皇殿展拜历代先帝，命他随行；去乾隆帝的裕陵添敷土，命他恭代，这都表现出皇父对他格外信任和关怀。绵宁被秘密立储之后，嘉庆帝经常嘱咐他不要胡思乱想，要他静心读书，修身养性。绵宁更加严格要求自己，每天与诗书相砥砺，写成了《养正书屋诗文》四十卷。他亲笔书写了"至敬""存诚""勤学""改过"四个条幅，挂在屋中，以提示自己要修身养性，也是向皇父表露心迹。

绵宁三十二岁时，发生了天理教民攻入皇宫的突发性事件。他机智勇敢，登墙上房，射死两名天理教徒，并飞章向皇父奏报。这使他在内廷上下，朝野内外，威望大增。嘉庆帝在回京途中得到奏报后，立即封绵宁为智亲王。

尽管绵宁有出色的表现，又被秘定为储君，但在皇位继承时，仍然出现了风波。这场风波是由装着立储谕旨的镡匣引起的。

嘉庆二十五年（1820年）七月，绵宁随皇父嘉庆帝到热河木兰秋狝。二十四日，嘉庆帝不适。二十五日，病危，接着就驾崩了。嘉庆帝在避暑山庄崩逝后，本应立即派大臣急驰北京，到乾清宫"正大光明"匾后取下镡匣。但是，当时并没有这样做。

嘉庆帝的皇后在皇宫惊悉嘉庆帝驾崩的噩耗，传下懿旨，传谕留京王大臣，驰寄皇次子智亲王绵宁，即正尊位。本来皇后就在宫里，应该派人去取"正大光明"匾后面的镡匣御书，但是皇后却直接传下懿旨，这说明镡匣御书不在"正大光明"匾的后面。

| 道光继位 |

而在避暑山庄，内廷扈从、睿亲王之子禧恩提出，智亲王有定乱之功，应当继位。禧恩本来并无权力建言皇储大事，所以他的建议没有得到军机大臣托津、戴均元等认同。这说明当时禧恩等跟随在嘉庆皇帝身边的大臣，并没有听到皇帝对储位的安排。

戴均元和托津就督促皇帝身边的太监们，查找了皇帝用的十多个箱子，最后从嘉庆帝的近侍身上发现一个小金盒，锁着，没钥匙。托津把锁拧开，发现御书就在里面。原来装御书的镨匣就是这个小金盒，由嘉庆帝随行携带。这样，镨匣御书经过周折，总算找到。大学士托津偕戴均元宣示御书，立绵宁为皇太子，奉嗣尊位，然后发丧。

在找不到镨匣御书的情况下，皇后钮祜禄氏明明有绵恺、绵忻两个亲生皇子，但她下懿旨由不是自己亲生的皇次子绵宁继位；而宗室禧恩也斗胆建议由绵宁继位，这些都说明绵宁继位是人心所向的。

道光帝执政三十年，既算是勤政，也算是节俭。他做了不少事情，如惩治贪污、整顿吏治、治河通漕、清厘盐政、开通海运等，都或多或少有所成绩。他一生中最大的政绩，是巩固了新疆的社会秩序；最大的悲苦，是鸦片战争失败，并签订丧权辱国的《南京条约》。

道光帝面对英国的鸦片侵略，是禁烟还是销烟？摇摆不定；应对英国入侵的鸦片战争，是抗战，还是议和？首鼠两端；最终，签订《南京条约》，丧权辱国。

道光二十二年（1842年）七月初七，道光皇帝派钦差大臣耆英到达江宁（今南京）。英舰已经开到南京下关江面，陈兵南京城下。十五日，耆英同英国全权代表璞鼎查在英舰"康华丽号"上会见。十九日，耆英同璞鼎查又在静海寺会谈。二十四日（8月29日），钦差大臣耆英、伊里布受道光皇帝之命，与璞鼎查签订结束中英鸦片战争的《江宁条约》，即《南京条约》。八月初二（9月6日），道光帝批准《南京条约》。《南京条约》共十三款，主要内容有：

一、中国向英国赔款两千一百万银元；

二、割让香港岛；

三、中国开放广州、福州、厦门、宁波、上海五处为通商口岸；

四、中国进出口税率由中英双方共同议定，等等。

《南京条约》是中国近代史上第一个丧权辱国的不平等条约。从此，西方侵略者用武力打开了中国的大门，使中国逐步沦为半殖民地半封建社会。道光帝是中国两千年帝制史上第一个同西方侵略者签订丧权辱国条约的皇帝。

## 梅妻鹤子
——追慕淡泊名利的高洁情操

大家听了这个题目,会觉得奇怪,怎么会以梅花作妻子,以仙鹤作儿子呢?这是个神话吧!不,这不是神话故事,而是一个真实的历史故事。

北宋有个名士林逋(967—1028),字君复,浙江钱塘(今杭州)人,少年失去双亲,生活极端艰难,但学习很努力。

他的学习,不重八股,而重诗画;他的为人,不重名利,而重友善;他的性格,不好张扬,而尚恬静;他的脾气,不急不躁,温文尔雅。

家里贫苦,缺衣少食,毫不在乎,读书自乐。稍长,他在长江、淮河之间,乐山乐水,游荡交友。后回到杭州,他在西湖孤山①,搭巢居阁避风雨,夜里就寝居在这里。林逋很奇特,整天在孤山,不想考取功名,也不想结婚生子,每天赋诗作画,观梅放鹤,长达二十年,没进杭州城。

---

①孤山是杭州西湖中的一座小孤岛,在西堤以东,西泠印社之旁,沿孤山路可达。西湖海拔约13米,孤山海拔约35米,所以孤山高约22米,面积约20万平方米。谚语说:西湖有三怪——断桥不断,长桥不长,孤山不孤。林逋的遗迹,在孤山西麓,主要有放鹤亭、林逋墓、乾隆行宫等。

他常说:"梅是我的妻,鹤是我的子。"所以,人们说他是"梅妻鹤子"。那么林逋是怎样过日子的呢?看书,写诗,抚琴,舞墨,绘画,种地,采药,养梅,育鹤,仰观蓝天,俯视绿地,观赏孤山,荡桨西湖,被范仲淹戏称为"山中宰相"。

清幽的生活,恬淡的性情,使得林逋写出诗来自有韵味。他的咏梅诗《山园小梅》有名句:"疏影横斜水清浅,暗香浮动月黄昏。"有人评论说,这不仅把梅品与人品,而且把梅花的清影和神韵写绝了。这么好的诗,现代人会把它放到网上,让其流布天下。但林逋写出佳作名句,刚写完,就抛弃。朋友问他:"为什么不誊清,传于后世?"他说:"我隐逸山林,并不想以诗来出名一时,更何况传于后世呢!"有的好事者,往往把林逋的诗暗自记下,后来集结为传世的三百一十三篇。《宋史·艺文志》记载《林逋诗》七卷,又《诗》二卷,还有《句图》三卷。

林逋事迹传到宋真宗赵恒那里,他命赐林逋粟米和布帛。杭州知府薛映、李及等,也常去拜访,他们每次到林逋住处,都要清谈一整天才离开。林逋养了两只仙鹤。有时,林逋自荡小舟,游西湖,观青山,赏游鱼。来了客人,怎样通报?书童一面待客,一面放飞仙鹤。林逋见鹤飞,知道来客了,就摇桨荡舟回来见客。林逋死后五十多年,苏轼到杭州,仰慕林逋植梅养鹤,脱俗高节,造访林逋遗迹。他赞扬林逋,以湖光为呼吸,以山绿为饮食,神清骨冷,双眸像烛火一样明亮。赞叹林逋诗文清净而富意蕴,书法秀逸而藏劲健。甚至自我期望化作修竹、寒泉和秋菊,与林逋为伴。苏轼写在林逋遗诗后的诗跋,现藏于北京故宫博物院。

在两宋三百二十年间,南北分治,官场倾轧,日处险境。寻求超脱的清逸之士,避喧趋静,居山水之间,观日出日落。宋朝士林,重君子，鄙小人。什么样的人是君子？"言其所善，行其所善，思其所善，如此而不为君子者，未之有也。"也就是说，君子就是言善、行善、思善的人。而"言其不善，行其不善，思其不善，如此而不为小人者，未之有也"。如今在杭州西湖孤山，还有舞鹤赋刻石、放鹤亭、林逋墓等遗迹。

林逋"梅妻鹤子"的隐士生活，是中国古代知识分子追求的一种类型，虽有消极遁世的一面，但淡泊宁静、超凡脱俗、不慕虚荣、不求名利的高雅情操，千年以来受到文人雅士的追慕，包括苏轼，也包括林则徐。

林则徐的父亲林宾日仰慕同宗远祖林逋，也在家中养鹤，还画了一张《饲鹤图》，以陶冶性情，沉醉淡雅。他给第一个儿子起名"鸣鹤"。父亲淡泊高雅的品格，对林则徐影响很深，成为林氏家风的一个重要特征。林则徐在父亲去世后，不仅把父亲所画的《饲鹤图》带在身边，而且又画了第二图、第三图。二十年间，先后有六十五位名宦、名士、名友在这三幅高雅的《饲鹤图》上留下墨宝。

林逋祠、墓在杭州西湖孤山。林则徐任职杭嘉湖道时发起修葺，补种梅树三百六十株，并在墓前养了两只仙鹤，还为墓表题额。他为林逋祠题写柱联："我忆家风负梅鹤，天教处士领湖山。"

"梅妻鹤子"的林逋，在林则徐幼年时就进入他的心田，在为学、为官的人生旅途中，一直影响着他。林逋孤高自好、清洁高雅的情操，甚至隐士的生活方式，都为林则徐所景仰。

林则徐在国难之时挺身而出，慷慨许国，他的骨子里有一种什么样的精神？这就是本讲说的"梅妻鹤子"的精神。

林则徐出生于福州左营司巷。他回忆，小时候每到冬天天寒夜长，家里破屋三椽，朔风怒号，只有一盏油灯挂在墙壁上，全家长幼围坐在油灯旁，有的诵读，有的做针线活，手上皮肤皲裂，每天都到半夜。林则徐刚四岁，就被父亲带到任教的罗氏试馆，坐在父亲膝盖上读书。家境虽然清寒，但他的父亲林宾日是一位品德高洁的读书人，他为家庭树立了一个榜样，就是同为林姓的宋朝隐士林逋。

　　道光十八年（1838年），鸿胪寺卿黄爵滋上奏，请求严禁鸦片烟。林则徐坚决支持，他慷慨激昂地写道："如果鸦片这个祸根不除，十年之后，不但没有可筹之饷银，而且没有可用之兵。"道光帝听了之后，暗表赞赏。随后，命林则徐朝见，先后在皇宫召对他十九次。皇帝在皇宫连续十九次召对一位大臣，这在历史上极少出现。后来，道光帝命林则徐为湖广总督、钦差大臣，迅速前往广东，严厉禁烟。林则徐向座师沈维𫓧辞行时，慨然表示："死生，是命也，成败，是天意也，如果有利于社稷，不敢不竭尽股肱之力，为国家消除耻辱！"在前往广东途中，林则徐给妻子郑夫人写信："明明知道禁烟损害了外国奸商的大利益，禁烟必有困难，但是我毅然决然，不敢存一点点畏惧之心，而以身许国，但求福国利民，与民除害。自身的生死都不考虑，对名誉就更不计较了。"

　　道光朝的重臣林则徐，以钦差大臣于虎门销烟的壮举，维护了中华民族的尊严，向世界宣示了中华民族反对外来侵略的坚强意志。虎门销烟不仅成为中国近代史的开端，而且影响至今。第四十二届联合国大会将虎门销烟结束翌日即6月26日定为"国际禁毒日"。而林则徐"名节播宇内、彪炳焕史册"。

　　林则徐的名句"苟利国家生死以，岂因祸福避趋之"成为中华文化的名句，激励多少英雄豪杰披荆斩棘，抛颅洒血，为国为民，死而后已！而"梅妻鹤子"所昭示的追慕淡泊名利的高洁情操，也深深浸润了无数文人志士的风骨。

## 91

## 爱国英雄
——林则徐的为官与交友

上一讲说到林则徐仰慕"梅妻鹤子"的精神境界,在任职杭嘉湖道时,修葺林逋墓。此外,在杭州,林则徐还修葺了明朝于谦墓,而在福州任职时,他修葺了宋朝李纲墓。林则徐用这些举动来追慕英雄,教育后人,而他自己也成为中国近代历史上著名的爱国英雄。

林则徐虎门销烟的英雄壮举,在中国可谓家喻户晓,但是,为什么林则徐可以做出如此英雄壮举呢?答案可以从他为官和交友的一些片段中去寻找。

清代各衙署公堂大多悬挂一个匾额,上面是康熙帝御笔"清慎勤"三个字——清廉、谨慎、勤勉。林则徐以一生三十多年的为官实践,践行这三字的官箴。

林则徐从二十九岁到三十六岁,在京师做了七年小京官。他刻了一枚闲章,"读书东观,视草西台"八个字——"东观"为汉藏书之处,"西台"为唐御史之省,表明他励志既勤于学习,又清廉自守。

嘉庆二十五年(1820年)至道光十八年(1838年),三十六岁到五十四岁的林则徐,官场生涯进入上行道,从浙江杭嘉湖道,做到湖广总督。而且林则徐为官，多在江浙等富庶之区，官职也多为肥缺。他始终秉持"清慎勤"这三字为官箴言，展现出过人的能力和勇气，道光皇帝对林则徐是信任和重用的。

前面讲过，道光十八年（1838年）十一月，林则徐来到皇宫，这一次是道光皇帝命他觐见。在很短的时间里，林则徐先后被皇帝召对十九次。接着，林则徐被授为钦差大臣，赴广东禁烟。

道光二十年（1840年）正月初一，林则徐接任两广总督，投身禁烟第一线。六月，林则徐和邓廷桢把从英美烟贩那儿缴出的二百三十七万多斤鸦片，在虎门海滩当众销毁。林则徐虎门销烟的壮举，维护了中华民族的尊严，向世界宣示了中华民族反对外来侵略的坚强意志。

鸦片战争爆发后，九月，林则徐、邓廷桢被严加议处，接着被革职。道光二十一年（1841）五月，林则徐被遣戍伊犁。

道光二十一年（1841年）七月，林则徐在遣戍伊犁途经镇江的时候会见魏源。魏源（1794—1857）是清末思想家、史学家、文学家。这两个人同宿一室，对榻倾谈。林则徐把他在广东收集的有关西洋的《四洲志》的全部资料交给魏源，希望他编纂介绍西方国家情况的《海国图志》。面临被遣戍新疆的噩运，林则徐竟然还在考虑国家大事，令魏源非常感佩。不久，当魏源听说林则徐临时被调到开封参加黄河抢险的时候，又赶来再度相会。两人定下《海国图志》之约，结下肝胆相照的情谊。后来魏源写成《海国图志》，主张"师夷之长技以制夷"，学习西方技艺，抵抗外国侵略。

道光二十一年（1841年）八月，黄河在开封祥符决口。道光帝派大学士、军机大臣王鼎前往督办河工，又命刚刚前往新疆的林则徐折回开封效力。早在嘉庆二十一年（1816年），年轻的林则徐到南昌充江西乡试副主考官，便与时任江西学政的王鼎结识，得到王鼎器重。此时他身处低谷，再见老领导，两人都悲喜交加。经过半年的艰苦努力，到第二年二月，工程完工。王鼎晋升太子太师，而林则徐则仍旧发往伊犁效力赎罪。分别时，王鼎送别林则徐，依依不舍，老泪纵横。林则徐赋诗安慰他："塞马未堪论得失，相公且莫涕滂沱。"（塞翁失马焉知祸福，您千万不要为我难过。）

王鼎愤愤不平，回到朝廷力争。道光帝倒没责备他，就让他退休了。过了几天，王鼎写下遗疏，弹劾大学士穆彰阿误国，然后关紧门户自缢，希望以死来警示皇帝。但是这份遗疏被军机章京陈孚恩毁灭。道光帝对王鼎突然死去虽有怀疑，但没有证据，便给予优诏悯惜。史载王鼎清操绝俗，生平不受请托，也不请托于人。请托就是古代的拉关系、送贿赂、走门路。王鼎死那天，家无余赀。

魏源、王鼎，都是林则徐的真朋友！

再说林则徐。鸦片战争爆发后，林则徐从事业的巅峰跌入谷底，忍辱负重，远戍新疆。他克服了短暂的气馁，在五十八岁到六十六岁生命的最后八年里，虽远在新疆和西北、西南，仍然做出重大贡献。

道光二十二年（1842年）七月，林则徐带领两个儿子——十九岁的聪彝和十七岁的拱枢——由西安登程赴戍。林则徐写下《赴戍登程口占示家人》诗二首，其中，就有传颂千古的诗句："苟利国家生死以，岂因祸福避趋之。"（如对国家有利，我愿牺牲自己生命，难道会躲避危险、迎取好处吗？）

十一月初九，经连续四个月艰苦跋涉，林则徐父子抵达新疆首府伊犁惠远城。老友邓廷桢陪同进城，一同来到伊犁将军府拜见伊犁将军布彦泰等。在新疆的艰苦岁月，林则徐得到邓廷桢和布彦泰的鼓励、关心和照顾，结下深厚友情。

道光二十三年（1843年）年底，林则徐向伊犁将军布彦泰提出，捐资开垦惠远城东的一块荒废土地,并开始筹备。开垦,须开挖一条大灌渠。林则徐提出"分段承修"的施工原则,并主动捐资承修整个工程中最困难的龙口首段。这个工程历时一年才完工。其间,林则徐带领他的两个儿子日夜奋战在工地上。大渠全长四百三十余里,浇灌了伊犁河北岸的二十多万亩农田。这是清代伊犁开辟屯田以来最大的水利工程,也是乾隆、嘉庆两代的未竟之业,被当地人称为"林公渠",至今还在发挥作用。

道光二十五年(1845年),林则徐的足迹踏遍南疆八城及吐鲁番、哈密,行程三万里。其间,浚水源,开沟渠,父子扯绳,进行测量,垦田近六十九万亩,提议给当地民众耕种,得到允准,为新疆的开发建设做出贡献。同时,林则徐以政治家的敏锐研究西部局势,提出海防和塞防并重,并预见:"终为中国患者,其俄罗斯乎!"指出了沙俄对中国的威胁。

后来,清廷起用林则徐任陕西巡抚、云贵总督。道光二十九年(1849年),林则徐因病辞职回福建老家。十一月,疾病缠身的林则徐特意把行船在长沙岳麓山下湘江边停泊,派人招左宗棠来舟中见面。左宗棠(1812—1885)是清末洋务派和湘军首领。左宗棠和林则徐在舟中彻夜畅饮倾谈。当时,林则徐六十五岁,左宗棠三十八岁,两人神交已久,素未谋面,但一见如故。"湘江夜话"的经历对左宗棠产生很大影响,后来他经略西北,反抗沙俄侵略,为祖国做出了重要贡献。

道光三十年(1850年)九月,清廷任林则徐为钦差大臣往广西,林则徐在途中病逝。

林则徐为官,始终以清廉、谨慎、勤勉为准则,鞠躬尽瘁,死而后已;林则徐重视交友,以正直的人格结交正人君子为友,肝胆相照,相互感召,志同道合,同舟共济。这种君子之交就像一股清流,注入当时颓萎的官场。

　　林则徐生逢中国社会大变革时代。他睁眼看世界,挺身抗侵略,以铮铮铁骨维护国家独立和民族尊严,是伟大的爱国民族英雄。

## 辛酉政变
——年轻的两宫太后和恭亲王

咸丰皇帝奕詝是清朝皇宫的第九位主人,在位十一年。这十一年始终沉陷在内忧外患之中,内忧是太平天国和捻军,外患为英法联军两次入侵,清朝签署了丧权辱国的《天津条约》《北京条约》,举世闻名的圆明园惨遭焚毁。

咸丰十一年(1861年)七月十六日,三十一岁的咸丰皇帝在避暑山庄烟波致爽殿立下遗嘱:立皇长子载淳为皇太子,著派载垣、端华、肃顺等八位顾命大臣,赞襄一切政务。咸丰帝这时已经病得不能握笔,命大臣写下谕旨。接着,咸丰帝给皇后钮祜禄氏一枚"御赏"印章,给皇子载淳一枚"同道堂"印章,由懿贵妃叶赫那拉氏保管。他的意思是,因为载淳只有六岁,还小,在他死后,由皇后钮祜禄氏、懿贵妃叶赫那拉氏与八大臣联合执政,避免出现八大臣专权或皇后钮祜禄氏与懿贵妃叶赫那拉氏专权的局面。第二天清晨,咸丰帝病逝。

咸丰帝临终前所做的精心安排,很快就被打破,这就是"辛酉政变"。

当时,朝廷的主要政治势力分为三股。

第一，朝臣势力，其集中代表是咸丰临终顾命、赞襄政务的八大臣。

第二，帝胤势力，主要是咸丰皇帝的弟弟们，如五阿哥惇亲王奕誴、六阿哥恭亲王奕䜣、七阿哥醇郡王奕譞、八阿哥钟郡王奕詥、九阿哥孚郡王奕譓等。其中最有才能的恭亲王奕䜣这时三十岁，正年富力强。当初大敌当前，咸丰帝和一干大臣都逃到避暑山庄。恭亲王奕䜣是空有爵位的闲散亲王，既不是大学士，也不是军机大臣，更不是御前大臣，却要挺身在第一线，处理那么一个乱摊子，结果还没有被列入顾命大臣。这就引起奕䜣的强烈不满。

第三，帝后势力，就是六岁的同治皇帝和两宫太后——慈安太后和慈禧太后，虽然他们是孤儿寡母，却是帝制时代皇权的核心。咸丰帝在临终之前将"御赏"章交慈安太后收掌；而将"同道堂"章交皇太子载淳收掌，实际上是由其生母慈禧太后掌管。持有这两枚印章，就是掌握了最后否决权。如果她们不加盖这两枚印章，八位顾命大臣是发不出诏书和谕旨的。因此，帝后势力是朝廷中最为重要的政治势力。

在对待顾命大臣的态度上，帝后一方同帝胤一方的利益是共同的，他们联合起来共同对付顾命大臣，这就在三个政治集团的力量对比上以二对一，占有优势。

以上三股政治势力，在咸丰断气之日，便开始较量。

咸丰十一年（1861年）八月初一，恭亲王奕䜣获准赶到承德避暑山庄，叩谒咸丰帝的梓宫。相传在此期间，奕䜣化装成萨满，在行宫见了两宫皇太后，会面约两个小时，密商决策与步骤之后，返回北京，准备政变。此时，咸丰皇帝刚驾崩十三天。

初五，醇郡王奕譞为正黄旗汉军都统，掌握实际军事权力。

十一，两宫太后召见八大臣，讨论一封奏折，内容是请求太后权理朝政，由亲王一二人辅弼。肃顺等顾命大臣以咸丰遗诏和祖制无皇太后垂帘听政作为理由,加以驳斥。双方激烈辩论。肃顺等人面对年幼的小皇帝和年轻的两宫太后,恣意咆哮,声震殿陛,小皇帝吓得哭了起来,尿湿了慈禧太后的衣服。最后,八大臣答应两宫太后,回到北京再说。

九月初四,醇郡王奕譞任步军统领,掌握了京师卫戍的军权。不久,奕譞又兼管善捕营事。

二十三,大行皇帝梓宫由避暑山庄启驾。同治帝与两宫皇太后奉大行皇帝梓宫,从承德启程返回京师。第二天,就以皇帝年龄小、两太后为年轻妇道为借口,从小路提前赶回北京。

二十九,同治帝奉两宫太后回到北京皇宫,随即在大内召见恭亲王奕䜣等。

三十,发动政变。同治帝与两宫皇太后宣布载垣等顾命大臣罪状,把英法联军入侵北京、圆明园被焚掠、皇都百姓受惊、咸丰皇帝逃到热河的政治责任,全部扣到载垣等八大臣头上。随后,睿亲王仁寿、醇郡王奕譞趁夜在行馆中将肃顺抓捕。肃顺咆哮不服,被捆起来,下宗人府狱,这时他才发现载垣、端华都已经在狱中了。

十月初一,同治帝与两宫皇太后命恭亲王奕䜣为议政王、军机大臣;命大学士桂良、户部尚书沈兆霖、侍郎宝鋆、文祥为军机大臣。

初三,大行皇帝梓宫才到北京。两宫太后和恭亲王利用提前到京的四天,完成了这场政变。

初五,改年号"祺祥"为"同治"。初六,诏赐载垣、端华在宗人府自尽,罢去景寿、穆荫、匡源、杜翰、焦佑瀛官职,肃顺处斩。即将行刑的时候,肃顺肆口大骂,又不肯跪,刽子手以大铁柄敲断了他的胫骨,他才跪下,然后被斩。就这样,咸丰皇帝任命的顾命八大臣,一人被斩,两人自尽,五人被免。

初九,年幼的载淳在太和殿即皇帝位,这就是同治皇帝。

| 辛酉政变 |

后来,同治帝奉慈安皇太后、慈禧皇太后御养心殿垂帘听政。垂帘听政设在养心殿东间,在同治帝宝座后面挂一张黄幔,慈安太后与慈禧太后并坐在垂帘后面,恭亲王奕䜣站在左侧,醇郡王奕譞站在右侧。

这次政变,因载淳登极后拟定年号为祺祥,史称"祺祥政变";这年为辛酉年,又称"辛酉政变";因政变发生在北京,也称"北京政变"。这个时候,发动政变的四个主要人物——慈安皇太后二十五岁,慈禧皇太后二十七岁,恭亲王奕䜣三十岁,醇郡王奕譞二十二岁。

"辛酉政变"是君权与相权的一次大冲突,最终以君权取胜而告终,表现了两宫皇太后和恭亲王奕䜣的机智果敢。它的重大结果是清朝体制的一大改变。经过"辛酉政变",朝廷否定由顾命大臣赞襄政务的方式,而由两宫太后垂帘听政,由帝胤贵族担任议政王、军机大臣,这个体制最大的特征是皇太后与奕䜣联合主政,后来慈安去世,奕䜣失势,演变为慈禧太后独揽朝政的局面。而那位二十二岁的醇郡王奕譞也在这次政变中崭露头角,并且得到慈禧太后的信任。

同治帝继位不久,清朝便开始推行同治新政。

## 93

## 同治新政
——短暂的改革与开放

同治皇帝是清朝皇宫的第十位主人。

同治朝遇上难得的历史机遇:在国内处于"太平天国"与"义和团"运动两次重大社会动荡之间,在国际处于英法联军与八国联军两次入侵之间,这就如同处在两次大风暴中间的缓冲地带。同治之前的道光、咸丰,之后的光绪、宣统,都没有这样有利的条件。这就给同治朝实行新政提供了一个难得的机遇。

两宫太后垂帘听政,议政王奕䜣主持政务,他们互相配合,推行新政,史称"洋务运动",又称"同治新政"。新政主要做了些什么呢?先从总理衙门说起。

同治元年(1862年)二月,清朝成立总理各国事务衙门,简称总理衙门,这是两千年来第一个专门处理外事的中央机构。它不仅掌管清廷与各国间的外交事务,而且总揽"新政"的所有洋务事务,所以实际上它是清廷的内阁兼外交部。

总理各国事务衙门下设英国股、法国股、俄国股、美国股和海防股等机构。其中各股兼理的事务——俄国股,兼理俄、日两国;英国股,兼理英国、奥地利；美国股，监理美、德、秘鲁、意大利、瑞典、挪威、比利时、丹麦、葡萄牙；法国股，兼理法国、荷兰、西班牙、巴西等国外交事务；海防股掌管南北洋海防等。可以看出，当时清朝外交的视野还是比较开阔的。

当时，清朝海关总税务司由英国人赫德担任，同治五年（1866年）春天，赫德要请假回国结婚，建议顺道带几个人去西方考察，这促成了派员出国考察的破天荒的事情发生。

官员们对出国考察都不愿去也不敢去，而六十三岁的斌椿却报名应征。斌椿，汉军正白旗人，曾做过知县等低级官员，后给赫德做秘书。同治五年（1866年）正月二十一，斌椿率三名学生从上海乘轮船出洋，在欧洲游历一百一十多天，访问了法、英、荷兰、丹麦、瑞典、芬兰、俄国、普鲁士、比利时等国。斌椿写出《乘槎（chá）笔记》一书，记录亲眼所见诸如欧洲博览会、芭蕾舞、大英博物馆、国家议会、近代报社、高等学院、法国凡尔赛宫、凯旋门，及火车、轮船、电报、电梯、机器印刷、蒸汽机、摄影、钢琴、起重机、显微镜、幻灯机、纺织厂、兵工厂等，同行学生张德彝也著《航海述奇》，把他们所看到的西方近代科技与文明介绍给国人。

清政府着力培养洋务人才，总理各国事务衙门下属的京师同文馆，实际上就是新式外国语学校。同文馆后来面向社会招生，聘请美国人丁韪良为总教习，相当于校长，开设化学、数学、天文、物理、国际法、外国史地、医学、生理学、政治经济学等课程，毕业年限为八年。同文馆初步具备一所综合性高等学府的规模，到光绪二十八年（1902年）并入京师大学堂。

除了开办学堂，清政府还派出留学生。这跟一个叫容闳的人关系密切。容闳（1828—1912），广东香山人。道光二十一年（1841年），容闳进入澳门马礼逊教会学堂读书，后来跟随该校美国教员布朗去了美国，成为近代早期留学生。他在美国读完中学后进入大学，获得耶鲁大学文学学士学位，回国后，给直隶总督曾国藩做幕僚和译员。同治九年（1870年），清政府批准曾国藩等申请派留学生的奏章，在上海成立留学出洋局，后以陈兰彬、容闳为正、副委员，常驻美国，经管留学生事务。

当时，招生工作极难进行，幼童父母都不愿把孩子送到遥远的大洋彼岸去。如詹天佑，他的邻居在香港做事，劝其父送詹天佑报名。这位邻居再三说明去美国留学比科举进士有出息，并提出，如果詹天佑去美国留学，就把女儿许配给他，詹天佑的父亲才同意了。当时詹天佑才十二岁。后来，詹天佑学成回国，修筑京张铁路，建滦河大桥，都是称著世界的创举。

留学幼童先受预备班半年教育，学习简单英语，了解美国情况。同治十一年（1872年）夏，经过考试选拔，第一批幼童三十名，在上海乘轮船出洋。从同治十一年到光绪元年（1875年），每年出国一批，每批三十人，先后共有四批一百二十人赴美国留学。

光绪七年（1881年）五月，清政府将出洋学生一律调回。留美学生自同治十一年（1872年）首批出洋，至光绪七年（1881年）撤回，留美时间最长者达九年。出国时十二至十六岁的少年，归来时已是二十多岁的青年。他们在美国虽未完成计划的学业，但都受到西方的教育。这些留学归国的青年，后来许多人成为中国政界、军界、学界、工商界、科技界等方面的知名人物，为中国近代建设做出贡献。据不完全统计，从事行政和外交者二十四人，其中成为领事、代办的十二人，外交次长、公使二人，成为总长的一人，内阁总理一人；加入海军的二十人，其中成为海军将领者十四人；从事教育者五人，其中成为大学校长者二人；

从事实业者三十人，其中成为工矿负责人者九人、工程师六人、铁路局局长三人等。

除了总理衙门、出国考察、设立同文馆、派遣留学生外，洋务运动的另一个主要内容就是军工。曾国藩、李鸿章、左宗棠等走在前列，兴办近代军工厂，编练新式军队，购买英国、德国军舰，还初建水师学堂、北洋水师等。近代军事工业的出现，引进比较先进的科学技术和大机器生产，对学习西方先进科学技术和培养科技人才起到积极作用。这标志着清朝开始迈出开放和近代发展的一小步。

然而，好景不长。中国的近邻日本在1868年（同治七年）实行"明治维新"后，走上国家富强之路。而清朝维新图强的新鲜空气却伴随着奕䜣军机大臣的五次任命又五次被免而宣告夭折。清朝再一次堵塞了中西交流的渠道，又一次失去了向西方借鉴、学习和吸纳的机会。

清朝同中国历史上其他皇朝不同，处于世界范围的近代化过程中。这时，英、美、法、德等西方列强已经实现资本主义工业化、资产阶级民主化；日本、俄国也逐渐强大。清朝面临生死存亡的问题，却依旧故我，或换汤不换药，因循、顽固、颓废、没落，可谓极矣！

## 94

## 道光四位皇子
——影响中国近代史的进程

道光皇帝一共有七个成年儿子,其中,皇四子奕詝继承皇位为咸丰帝,孙子为同治皇帝;皇五子奕誴的孙子溥儁(jùn)被慈禧选为皇储,一度预备取代光绪帝,后来被废;皇六子奕䜣被封为恭亲王,先后辅佐咸丰、同治和光绪两代三帝;皇七子奕譞,慈禧时被封为醇亲王,他的儿子就是光绪皇帝,奕譞的另一个儿子载沣为摄政王,孙子就是宣统皇帝。总之,道光帝的儿孙们,对晚清历史影响深远,可以说,道光皇帝的这四个皇子,影响了中国近代历史的进程。

在道光皇帝的皇子中,跟老四咸丰帝奕詝关系最密切的是老六奕䜣。

恭亲王奕䜣(1832—1898)和皇四兄奕詝是同父异母兄弟,而且,奕詝从小由奕䜣母亲抚养。奕詝在十岁时,母亲去世,他就完全由奕䜣母亲养育。奕詝与奕䜣共同生活了十七年,同在书房,读经书,习骑射,共制枪法二十八势,刀法十八势,道光帝非常赞赏这两个儿子,亲自给枪赐名"棣华协力",给刀赐名"宝锷宣威",并赐给奕䜣一把白虹刀。同时,奕詝和奕䜣仅相差一岁,都曾经是皇位的候选人。最后奕詝以仁孝的表现取得父皇的青睐。而奕䜣一生,在咸丰、同治、光绪三朝多次大起大落，从一位文武双全的睿智青年，到从容威严的外交官，最后成为唯唯诺诺的病人。每当国家阴云密布，奕䜣就受到信任起用；雨过天晴，他就遭到贬斥冷落。于光绪二十四年（1898年）四月去世，享年六十七。

奕誴，道光皇帝的第五子。他的母亲钮祜禄氏被道光帝封为贵人，进为嫔，后来又降为贵人。咸丰继位后尊她为皇考祥妃。

道光二十六年（1846年），奕誴过继给皇叔惇恪亲王绵恺为后，袭郡王。咸丰帝即位，命他在内廷行走。奕誴多次因失礼受到谴责，咸丰五年（1855年）三月，降为贝勒，罢去一切职务，只在上书房读书，六年（1856年）正月，又被封为惇郡王，十月，进亲王。同治七年（1868年）正月，捻军逼近京畿，奕誴上陈防守之策。十一年（1872年），同治帝大婚，赐奕誴紫内大臣班及带豹尾枪。十三年（1874年）十二月，赐紫禁城乘四人肩舆。

奕誴有八个儿子，其中有爵位的五位：载濂、载漪、载澜、载瀛、载津。其中，载漪值得说一下。光绪十年（1884年），奕誴第二子载漪过继给瑞怀亲王绵忻的儿子奕誌，袭贝勒。光绪十五年（1889年），加郡王衔。十九年（1893年）九月，授为御前大臣。二十年（1894年），进封端郡王。为什么他可以连连升迁呢？因为载漪的福晋是承恩公桂祥之女，就是慈禧的侄女。二十五年（1899年）十二月，光绪帝承太后命，让载漪的儿子溥儁进入皇宫，成为光绪帝的接班人，号"大阿哥"，命在弘德殿读书，以承恩公尚书崇绮、大学士徐桐为师傅。第二年春节，大高玄殿、奉先殿行礼，由溥儁代行。京师流言，光绪帝即将下诏禅位，大学士荣禄和庆亲王奕劻以各国公使有异议为理由，上谏阻止此事。

光绪二十六年（1900年），义和团起。八月，八国联军自天津逼京师,光绪帝和慈禧太后仓皇出逃,载漪及大阿哥溥儁跟随。到大同,慈禧太后任命载漪为军机大臣,不久罢免;命奕劻和大学士李鸿章跟联军议和,结果,八国联军指责载漪为首祸;十二月,将载漪夺去爵位,遣戍新疆。二十七年(1901年)十月,光绪和慈禧太后返回途中,经过开封时,下谕说:"载漪纵容义和拳,对祖宗犯罪,其子溥儁不宜担当储位,废去大阿哥的名号。"

道光帝第七子奕譞,在咸丰帝即位后被封为醇郡王。同治帝即位后,授奕譞为都统、御前大臣,领神机营。前面讲过,在"辛酉政变"中,奕譞执掌军权,起到重要作用。同治三年(1864年),为他加亲王衔。四年(1865年),两宫太后命奕譞弘德殿行走,稽察课程。十一年(1872年),进封醇亲王。

同治帝突然病死后,奕譞的儿子、四岁的载湉被慈禧太后指定为新皇帝,就是光绪皇帝。醇亲王奕譞奏告两宫太后,说因为同治帝去世,儿子被定为新皇帝,自己五内崩裂,仓促昏迷,不知所措,而且肝病复发,因此请求辞去一切职务。慈禧太后同意,命王爵世袭,光绪帝在毓庆宫入学,命他照料,后来又赐给他亲王双俸。

光绪十一年(1885年)九月,清廷设海军衙门,命醇亲王奕譞总理海军事务,节制沿海水师。他定议操练海军,从北洋水师开始,并派李鸿章专管此事。十二年(1886年)三月,慈禧太后赐醇亲王与福晋杏黄色轿子,奕譞上疏辞谢,慈禧太后还是要赐给他们,奕譞坚持不坐。李鸿章经画海防,于旅顺开船坞,筑炮台,建立海军基地。北洋有大小战舰五艘,还有蚊船、雷艇等,逐渐组成水师。慈禧太后命奕譞同李鸿章等出天津大沽口,经威海、烟台,到旅顺,巡视北洋水师及水师学堂。光绪帝亲政后,醇亲王奕譞上奏,说自己太平湖的府第是光绪皇帝出生地。当初世宗雍正皇帝把潜邸升为宫殿,高宗乾隆皇帝曾下谕说:"子孙有自藩邸继承帝位者，应用其例。"于是光绪帝同意将醇亲王府腾出来加以保护，另外赐给一处新的醇亲王府（今宋庆龄故居），发帑十万两修葺。十五年（1889年）正月，光绪大婚礼成，又发帑六万，扩建醇亲王府，并进封醇亲王其他的儿子。二十六年（1900年）正月，以光绪帝三十岁万寿，增加护卫官兵五十人。十一月，醇亲王发病，光绪帝亲往探视。不久，醇亲王奕譞去世，年五十一。定称号为皇帝本生考，也就是说他是皇帝亲生父亲，配享太庙。

奕譞有七个儿子，除了光绪皇帝载湉外，还有一个儿子也是大名鼎鼎，就是载沣。载沣的儿子，也就是奕譞的孙子、光绪帝的侄子溥仪，被慈禧太后指定为宣统皇帝。载沣袭醇亲王，宣统皇帝即位后，命其为监国摄政王，直到1912年，宣统逊位，清朝也到此结束。

清朝十二位皇帝，共有皇子一百一十三人。道光皇帝有七位皇子，其中，以上四位影响清朝最后半个世纪的历史。就这个意义而言，道光皇帝在中国近代历史上的地位不可小觑。

道光皇帝的孙子载沣是清朝也是中国皇朝史上最后一位摄政王。民谚说：清朝自摄政王多尔衮始，又以摄政王载沣终。是偶然耶，还是必然耶？

## 95

## 国师王懿荣
——有学问有气节的国子监祭酒

　　清朝光绪年间，光绪帝有一位国子监祭酒兼南书房翰林，他就是王懿荣。王懿荣为后人永久记忆的，是他的学问和气节。

　　王懿荣（1845—1900），福山县（今山东省烟台市福山区）人。他在仕途上最大的成就，就是三次担任国子监祭酒。国子监是明清北京最高学府，祭酒是官名，就是国子监的最高领导者。当时北京国子监是全国唯一的最高学府，相当于国家唯一的一所大学，王懿荣就是这所大学的校长。王懿荣连着三次任国子监祭酒，为人师表，师生敬佩。

　　王懿荣的先祖王忠，明初到福山做官。这里依山傍海，风景优美，物产丰富，民风朴实，王懿荣最后定居在这里。王懿荣出生在世代官宦、诗书溢香的门第，自幼读书，参加科考，虽读书用功，却科场不顺。他参加乡试，一试不中，二试不中，三试不中，四试还不中。他的夫人黄氏受了刺激，只要听到外面叫卖考榜录取名单的声音，就用被子蒙着头，捂着耳朵。王懿荣直到第七次乡试，终于中举。来年，王懿荣考中进士，时年三十六岁。

　　王懿荣中进士后，一路东风，顺顺利利。考入庶吉士（读研），三年后散馆（毕业），进入翰林院。这年他三十九岁，任翰林院编修，后来入值皇宫南书房，还兼任国子监祭酒。

这种和平的日子没多久，甲午战起，日本占据威海，又攻陷荣城，登州大震。于是，王懿荣放弃北京的官职，回到家乡练乡团。后来回北京，又做了国子监祭酒。他一共做了三任国子监祭酒，共七年。

王懿荣有一个特殊的重大贡献，就是发现了甲骨文字。

光绪二十五年（1899年）的一天，王懿荣得病，派家人到北京菜市口达仁堂中药店抓药，买回药来开包一看，发现一种叫"龙骨"的药，上面有刻痕。王懿荣对金石文字素有研究，对古文字很敏感，就觉得好奇，仔细观看，反复琢磨，认为这不是一般的刻痕，很像古代文字。他派人赶到这家药店，把药店刻有符号的龙骨全部买下，后来又广泛搜购，共收集了一千五百多片。王懿荣经过初步对比和研究，断定是殷墟古文字。王懿荣的儿子王崇焕有一段记载，意思是说，河南安阳小屯地方，发现殷代卜骨龟甲甚多，上有文字。商贾带到京师，他父亲审定为殷商古物，购得数千片。

这是我国研究殷墟甲骨文的开始，学界公誉王懿荣是甲骨文之父。甲骨文发现后，经《老残游记》作者刘鹗，并罗振玉等收集整理，拓片成书；再经王国维等研究，识别出更多的字。后来，文字学家、金石学家、考古学家和历史学家等经共同研究证实，商朝确实存在，并将甲骨文记载与司马迁《史记·殷本纪》记载互相对照，将殷商王朝世系大致排列出来。商朝不再是传说的历史，而成为有文字记载的历史。

目前，已出土甲骨文十五万余片，其中单字约四千五百个，已识读两千余字。故宫也收藏了数量可观的刻有文字的甲骨。甲骨文的发现和识读，把中国有文字记载的历史提前了将近一千年，从此，商朝结束了神话和传说的历史，开始了有文字记载的历史，为中华文明发展做出了重大贡献。而这一成就的发端者，就是被誉为甲骨文之父的王懿荣！

可惜，王懿荣在发现甲骨文后的第二年，就抗击外敌，以身殉国。

王懿荣所处的时代，正是西方和东方的列强疯狂侵略中国的时期。清朝一仗败一仗，一辱连一辱，割地、赔款、丧权、辱国……

光绪二十六年（1900年），八国联军侵入时，国子监祭酒王懿荣被任命为京师团练大臣。王懿荣面奏："义和团的拳民靠不住，应当联合广大商界和民众一起来守卫京师。"但是，事态危急，王懿荣已经无可作为了。

七月二十一日，慈禧太后、光绪皇帝等从皇宫仓皇出逃，离开北京。二十三日，八国联军进攻北京城东直门，王懿荣等率领义勇，奋不顾身，进行抵抗。然而，寡不敌众，抵抗失利。见势危急，王懿荣急速回到东城锡拉胡同11号住宅。此前，院里有一口又大又深的井，王懿荣早就命人把井挖深。问为什么？他笑道："此吾之止水也！"（这是让我此身终止的井水啊！）

他跟家人说："吾义不可苟生！"（大义使我不能苟且求生！）于是要自尽。家人围着他长跪，一边哭泣，一边劝说。王懿荣决心已定，喝下毒药，没有立即死去，就在墙壁上写下绝命词：

主忧臣辱（皇上忧愁，大臣受辱），
主辱臣死（皇上受辱，大臣死节）。
于止知其所止（死，知道为什么死），
此为近之（我要为国而死）！

王懿荣写完绝命词，绝然掷笔，赴井而死。王懿荣投井殉国后，他的夫人谢氏、寡媳张氏，共同殉难！

事后，国子监太学生打捞他的遗体，集资掩埋。这年王懿荣五十六岁。后朝廷赠他侍郎衔，就是让他享受副部级待遇，还给他谥号：文敏。

王懿荣自杀殉国，舍身成仁，大节凛然，既体现了士人的高风亮节，也体现了国人的爱国精神。

## 96

## 皇帝的称谓
——当时的人怎样称呼皇帝？

明清二十八位皇帝，先后有二十四位皇帝成为北京皇宫的主人，在帝制时代，皇帝才是皇宫的主角。那么，当时其他人该怎样称呼皇帝呢？以清朝为例，简单介绍一下。

先说皇帝的称谓。

每一位清朝皇帝（宣统除外）都有五种称谓：一是皇帝的名字，二是他的年号，三是他的庙号，四是他的谥号，五是他去世后入葬前的称谓。这五种称谓使用的时间、地点、场合，都有严格规定，既不能乱用，也不能混用。在清朝，如果疏忽错用，轻者受到申斥、降罚，重者可能被革职，甚至于论斩。但是，影视剧中常遇到皇帝庙号、谥号、年号、名字相混淆的现象，许多观众、听众也提出这方面的问题。

第一，名字。这个比较简单，皇帝的名字，多是皇帝出生后不久，由他的父亲或祖父起的，伴随他的终生。清朝皇帝遵循满洲传统，只有名，不贯姓。比如，清太祖，名努尔哈赤；清太宗，名皇太极。他们不姓努也不姓皇，而姓爱新觉罗。入关后，顺治帝给皇子取名，虽然还是只有名不贯姓，但是用满语取名，再音译成汉字，比如玄烨。康熙二十年（1681年）以后，康熙帝一方面坚持满洲只取名不贯姓的传统，同时正式采用汉人的取名方法，规定他的皇子、皇孙取名，第一个字表示排行、辈分，第二个字采用同样偏旁。如皇子辈，第一个字用"胤"字排行，表示辈分，第二个字用"示"字偏旁，如皇太子胤礽，皇四子胤禛；皇孙辈，第一个字用"弘"，第二个字用"日"字偏旁，如弘历（曆）、弘晳；曾孙辈，第一个字用"永"字排行，第二个字以"王"字为偏旁，如永琰、永瑆。

在明清时，皇帝的名字是不可以随便叫也不可以随便写的。清帝的名字，从他登上皇位那天开始是要避讳的，别人不能使用皇帝名字的读音，不能使用和书写皇帝名字里的字。具体怎样避讳，不同时期有不同规定，这里就不详细介绍了。

第二，年号，用来纪年。中国古代是用干支纪年，如甲午、己巳、戊戌、辛酉，但干支纪年有一个缺陷，就是每六十年一轮回，就是六十年一重复；另一种办法就是用帝王的年号纪年；或两者兼用。明清纪年，用皇帝年号，就是每一个皇帝有一个（个别有两个）年号，用它来纪年。我们常说的永乐、崇祯、康熙、雍正、乾隆，就是年号。现在通行将年号和名字等同，如康熙就是玄烨，雍正就是胤禛，乾隆就是弘历等。严格说来，"康熙""雍正""乾隆"等都是年号，不是名字。但大家已经习惯，约定俗成。这样，清朝十二个皇帝共有十三个年号（皇太极有天聪、崇德两个年号），十三个年号也称十三朝，所以有的书说"清宫十三朝演义"，就是这个意思。

明万历四十八年（1620年）七月，万历皇帝去世。八月初一，光宗泰昌皇帝继位，九月初一，泰昌皇帝在位一个月就死去。九月初六，天启皇帝继位。在同一年里，先后有三位皇帝的年号存在，该如何纪年？大臣经过反复讨论，最后决定：万历四十八年八月初一以前，为万历四十八年；八月初一以后为泰昌元年，第二年为天启元年。

第三，庙号。《辞源》解释说："帝王死后，在太庙立室奉祀，并追尊以某祖、某宗的名号，称庙号。始于殷代……其后历代封建帝王，都有庙号。"庙号是皇帝死了之后给他追尊的名号，因为要写在太庙的牌位上，所以称为庙号。如康熙帝的庙号是圣祖，雍正庙号是世宗，乾隆庙号是高宗。宣统死于辛亥之后，所以没有庙号。庙号是皇帝死了之后才有的，皇帝生前没有庙号。影视剧中皇帝活着就被大臣称庙号，这个大臣犯了弥天大罪。

第四，谥号。谥号是对死去皇帝具有评价意义的称号。清代皇帝的谥号由继任的皇帝恭上。如努尔哈赤的谥号是"高"，皇太极的谥号是"文"，康熙帝谥号是"仁"，雍正帝谥号是"宪"，乾隆帝谥号是"纯"。宣统死于辛亥之后，没有谥号。

皇帝的庙号和谥号在正式册文中写全称。比如清太祖努尔哈赤的庙号和谥号，是清朝皇帝中字数最多的，共二十九个字：

太祖 承天广运 圣德神功 肇纪立极 仁孝睿武 端毅钦安 弘文定业 高皇帝

这二十九个字，关键是三个字，即庙号"太祖"和谥号"高"。这三个字是努尔哈赤独有的。

清帝谥号的前四个字，都有一个"天"字，也都有一个"运"字（皇太极除外）。如康熙为"合天弘运"，雍正为"敬天昌运"，乾隆为"法天隆运"。

明朝皇帝谥号的前四个字，也都有一个"天"字，不同的是没有"运"字，而是"道"字。如明太祖朱元璋为"开天行道"，明太宗朱棣为"启天弘道"等。

第五，大行皇帝。皇帝死后入葬之前，称作大行皇帝。有人把皇帝出巡称作"大行皇帝"，显然是错误的。

新皇帝登极，大行皇帝入葬，定了庙号和谥号之后，就称"庙号""谥号"，如康熙帝称"圣祖仁皇帝"，雍正帝称"世宗宪皇帝"，乾隆帝称"高宗纯皇帝"等。

随着帝制的覆亡，刚才介绍的这些有关皇帝的称谓、名号也都进入故纸堆。但是，作为古代文化的基本知识，还是应当了解的。今天可以利用这些知识鉴定文物真伪、书籍朝代版本等。

譬如，康熙叫玄烨，这个"玄"和带"玄"偏旁的字，如炫、眩、铉、泫、玹、眃、玹、狯、怰、伭、痃、袨、贙、罻等，都要在"玄"字讳末笔，就是缺末笔。如过去的线装书，如"玄"字缺少末笔，一定是康熙朝及其以后的著作和版本，不可能是明版书。

## 97

## 皇位继承
——越来越专制的选择

在中国帝制时代，皇帝不仅是皇宫的主人，而且是国家、民族的最高象征，掌握国家最高的立法、祭祀、行政、军事和司法大权。皇帝个人的素质、才能、品德、喜好等，对于国家、民族至关重要。因此，皇帝的选择，皇位的继承，与皇朝的盛衰，关系至为紧密。明朝的皇位继承制度传承了唐宋传统，实行嫡长继承制，就是父死子继、兄终弟及的制度。而清朝皇帝因有东北森林文化的滋养，所以在皇位继承制度上几经变革。

让我们对清朝皇位继承演变的轨迹做个简单的历史回顾。

第一，贵族公推制。清朝皇帝的选择，清太祖、太宗时是由贵族会议推选。清朝的奠基者太祖努尔哈赤、太宗皇太极，是当时天下之精英，是各路英雄之俊杰。努尔哈赤十三副遗甲起兵，开始称雄。但是，各部首领不服。努尔哈赤逐步征服了建州五部，也就是苏克素浒河部、哲陈部、董鄂部、完颜部、浑河部，又征抚了长白山三部，也就是鸭绿江部、朱舍里部、讷殷部，再将东海女真、黑龙江女真逐个部落征抚，还使海西女真扈伦四部——哈达、辉发、乌拉、叶赫逐个臣服。除了统一女真各部，努尔哈赤还要东对朝鲜，西对蒙古，南对明朝。最后，努尔哈赤是历史的胜利者。所以，努尔哈赤黄衣称朕，是经过长期激烈较量取得胜利的结果。满洲贵族和部分蒙古贵族共同推举努尔哈赤为昆都仑汗，后称天命汗。

皇太极、顺治的登极，都是诸王贝勒大臣认真讨论、反复酝酿、彼此协调、政治平衡的结果。顺治六岁登极，真正掌握实权的是摄政睿亲王多尔衮。多尔衮在当时清朝统治阶层中是最突出的英杰人物。

第二，皇帝遗命制，也就是上一个皇帝临死前决定下一个皇帝的人选。从顺治开始皇位继承改为遗命制。康熙继位，由顺治帝遗命；雍正继位，由康熙帝遗命（当然其中仍有历史疑案）；同治继位，由咸丰帝遗命。顺治皇帝临终时，孝庄皇太后同己的意见。可见这时的皇位继承还有一定的透明度，有一丁点民主味儿。

第三，秘密立储制，也就是皇帝生前就秘密决定接班人。雍正朝实行秘密立储制，就是皇帝生前确定皇位继承人，但不宣布，秘密立储。这样做的好处，一是避免被指定的皇太子放松对自己的严格要求；二是避免皇太子周围结党，威胁皇权；三是避免其他皇子之间争斗厮杀，以夺取皇太子的地位；四是激发皇子们严以律己，争取向上。这项制度促生了乾隆、嘉庆、道光、咸丰四朝，实际上只有乾隆、道光、咸丰三朝，因为嘉庆帝继位是乾隆帝禅让。秘密立储制最大的缺陷是，皇位继承人的选择完全由皇帝一个人暗箱操作。如道光秘密立后来的咸丰帝奕詝为太子，选人不当。

第四，懿旨定储制，即皇帝死后由太后决定接班人。同治帝身后，光绪帝载湉、大阿哥溥儁、宣统帝溥仪，都是由慈禧皇太后懿旨决定。皇帝并不参与，朝廷大臣不予议论，而由慈禧皇太后独断专行。载湉和溥仪两任皇帝继承皇位，既不是满洲贵族会议推举，也不是用遗诏形式，更不是秘密立储，而是由慈禧皇太后"一言而定"。其选择标准，一是幼童，便于太后垂帘；二是处在爱新觉罗氏与叶赫那拉氏两个家族的交叉点，以维持这两个家族的统治。这在明清是没有先例的。

清朝皇位继承制度，贵族参与程度愈来愈低，直至一人独断；从皇帝独断，又到皇太后独断。这同当时世界发展的民主潮流是完全相悖的。

嘉庆、道光以后，清朝不自觉地或被迫地参与世界范围近代社会的竞争。然而，皇帝却一代不如一代——嘉庆帝为庸君，道光帝为愚君，咸丰帝为懦君，同治帝为顽君，光绪帝为哀君，宣统帝则为幼君。特别是慈禧皇太后，不懂军事，不懂政治，不懂文化，不懂工农商学兵，不会弓马骑射，更不懂近代科技，凭一点小聪明、小权术，却成为中华四万万民众的"女皇"，怎能不败于世界列强！清朝皇位继承制度选出的最后三位皇帝，是六岁的同治帝、四岁的光绪帝、三岁的宣统帝，而他们面对的国际对手都是谁呢？

美国：林肯（1809—1865），美国第十六任总统，恰与咸丰、同治同时，以反对蓄奴的政治纲领赢得大选，主张废除奴隶制度，发表《解放宣言》，平定南方叛乱，进一步扫荡了奴隶制度，捍卫了国家统一。

英国：维多利亚女王（1819—1901），英国女王，与慈禧太后大体同时。英国工商业快速发展，号称"日不没国"。英国有女王，也有国会。维多利亚女王在任期间严格遵守宪法原则，决不逾越法定权限。

法国：拿破仑一世（1769—1821），法兰西第一帝国皇帝，在位时间相当于乾隆、嘉庆时期。1799 年通过"雾月政变"夺取政权，1804 年加冕为皇帝。在任期间建立欧洲霸权，进兵俄国，数次打败反法同盟，后兵败被囚于圣赫勒拿岛。

德国：俾斯麦（1815—1898），普鲁士和德意志第二帝国首相，与咸丰、同治、光绪同时。他通过三次王朝战争统一德国，对内推行高压政策，被称为"铁血宰相"。

日本：伊藤博文（1841—1909），日本首相，执政时间大体与同治、光绪同时，曾在英国学习海军。在任期间，起草《明治宪法》，在废除日本封建制度、建立现代国家中起过重大作用；发动甲午战争，并取得胜利，迫使清政府签订《马关条约》。

俄国：亚历山大二世（1818—1881），俄国皇帝，大体与同治、光绪同时，于克里米亚战争期间即位，之后废除农奴制度，并进行财政、文化、司法、军事等方面的一系列改革，其任期被誉为"大改革时代"。通过与清朝签订《瑷珲条约》《中俄北京条约》《中俄勘分西北界约记》，强占中国约一百五十万平方千米土地。

慈禧太后及其傀儡皇帝同治、光绪、宣统，恰与美国林肯、法国拿破仑、英国维多利亚女王、德国俾斯麦、日本伊藤博文、俄国亚历山大二世等同时代，这些孤儿寡母，怎么可能与之相匹敌呢？

司马迁有句名言："究天人之际，通古今之变。"晚清，西方许多国家已经实现工业化、民主制，清朝还是家天下、君主制。清末同、光、宣三朝，慈禧太后通过"听政—训政—亲政"实行统治，长达半个世纪之久，逆天时，拂民意，不鉴古，拒通变。因此，清朝的覆亡，民国的兴起，既是历史的必然逻辑，也是民意的自然选择。

## 98

## 皇帝之寿
——住在皇宫里的皇帝不见得能长寿

皇帝不仅是皇宫的主人,也是当时天下之主,可谓呼风唤雨,改天换地,随心所欲。这么自在,这么得意,这么任性,这么享受,他们的寿命一定很长吧?本讲我们就来探讨一下。

明朝十六位皇帝中,在北京皇宫君临天下的有十四位,寿命最长的是永乐帝朱棣,65岁;寿龄最短的是天启帝朱由校,23岁,平均寿龄约41.2岁。十四位皇帝中,没有一位活到70岁的,他们寿龄在40岁以上的五位,其余九位寿龄都在39岁以下。

寿龄在60~69岁的,只有两位,永乐帝65岁,嘉靖帝60岁。

寿龄在50~59岁的,有一位,万历帝58岁。

寿龄在40~49岁的,有两位,洪熙帝48岁和成化帝41岁。

寿龄在30~39岁的,有八位,宣德帝38岁,英宗38岁,弘治帝36岁,正德帝31岁,景泰帝30岁,隆庆帝36岁,泰昌帝39岁,崇祯帝34岁。

寿龄在20~29岁的,有一位,天启帝23岁。

清朝皇帝在北京皇宫君临天下的有十位,寿龄最长的是乾隆帝,89

岁；寿龄最短的是同治帝，19 岁，平均寿龄 52 岁。

寿龄在 80 岁以上的，只有一位，乾隆帝 89 岁。

寿龄在 60~69 岁的，有四位，康熙帝 69 岁，嘉庆帝 61 岁，道光帝 69 岁，宣统帝 62 岁。

寿龄在 50~59 岁的，有一位，雍正帝 58 岁。

寿龄在 40~49 岁的，没有。

寿龄在 30~39 岁的，有两位，咸丰帝 31 岁，光绪帝 38 岁。

寿龄在 20~29 岁的，有一位，顺治帝 24 岁。

还有一位寿龄不到 20 岁的，同治帝，只活了 19 岁。

清朝十位皇帝中，寿龄在 50 岁以上的六位，其余四位寿龄在 39 岁以下。

从以上统计可以看出，清代皇帝比明代皇帝，平均寿龄长 11 岁，但是以当代的眼光看，显然明清皇帝的寿龄都并不长，至少比一般人想象的要短。以上这明清两代二十四位皇帝，寿龄超过 70 岁的，竟然只有乾隆皇帝一人，正好应了那句老话："人生七十古来稀。"

皇帝去世的原因属于宫廷机密，后人只能通过一些史料加以分析推断，多有历史疑案。但是明清皇帝死去的时间都是有记载的。学者经过研究，发现一个有趣的现象，就是明清皇帝多数在冬、夏两季去世。

明朝十四位皇帝，崇祯不是病死的，景泰帝和泰昌帝是春、秋季去世，其余十一位皇帝都在冬、夏两季去世，其中宣德帝和英宗都是正月去世，大年还没过完就死了。

清朝十位皇帝，死于春、秋季的只有光绪帝和溥仪，其中光绪帝很有可能是被毒死的，而溥仪死时已经不是皇帝。其余八位皇帝都死于冬、夏两季。其中，顺治、乾隆、道光三位皇帝，都是正月去世。

就皇帝去世的季节而言，明朝和清朝的皇帝竟然惊人地相似。

虽然皇帝的死因往往是宫廷疑案，并不是很清晰，但还是有一定的规律性。此处重点说一下心理因素对寿命的影响。

第一，强势皇帝阴影下的继承人。

明朝有两位在位时间非常短的皇帝，一位是仁宗洪熙帝朱高炽，47岁继位，48岁去世，在位九个月。他的父亲就是永乐帝。他17岁被爷爷朱元璋封为燕王世子，26岁被皇父立为皇太子，在此后的二十一年里，皇父对他忽冷忽热，忽亲忽疏，两位亲王弟弟也觊觎皇位而明争暗斗，朱高炽终日不安，长期压抑，拖垮身体。另一位光宗泰昌帝朱常洛更是熬淘，他的父亲万历帝迟迟不安排他出阁读书，读了书又很快让他辍读。他直到20岁才被立为太子，可以说，在他继位前的三十八年中，一直生活在孤独、恐惧和苦闷之中，结果继位才一个月就死去。

清朝的光绪皇帝长期生活在慈禧太后的阴影中，特别是大婚之后，他渴望施展才能，实现抱负，婚姻幸福，但是都被慈禧太后碾得粉碎。即使他不是被毒死的，也已经病入膏肓，病重难愈了。

康熙皇帝虽然寿命不算短，但如果不是晚年纠结于立废太子这个有关接班人的难题而患了中风，其实他应该有更长的寿命。

从这几位皇帝的经历可以看出，心理因素对于寿命至关重要。生气、着急和恐惧，是生命的三大杀手。

第二，肆无忌惮与节制有常。

皇帝深居皇宫，权力至高无上，靠什么来节制和约束自己呢？明武宗正德帝就是一位肆无忌惮的人，他的豹房政治，他的荒淫酒色，都创造了历史之最，最后在31岁就丧了命。明熹宗天启帝则是缺乏教育的典型。他到16岁继位时还是个无知顽童，没有出阁读书，当了皇帝以后更不好好读书，任性，暴躁，结果23岁就死去了。

乾隆帝是这些皇帝中寿命最长的，前面曾经介绍过他的膳单，通过他吃饭，可以感觉到他是一个有节制的人，有理想，有抱负，有爱好，有约束，把政余精力放在读书、作诗、写字、绘画等文化艺术方面，修养心性。仅就吃饭来说，他在位时间那么长，国家经济状况又好，顿顿大吃大喝也是有条件的，但他吃饭无非是有荤有素，有粗有细，有凉有热，有汤有点心，营养均衡，这对健体延寿应该是有帮助的。乾隆帝回忆说："予五十五年之间，无一日因微疾而不理事者。求仙索所鄙，即医理并不识，亦惟慎起居、节饮食，以为养生之常道耳。"

## 99

## 海洋之殇
——近代入侵者为什么总是从海上打来？

中国近代之落后、挨打，签订不平等条约之丧权、辱国，从哪里开始呢？从海洋文化之殇开始。

第一，鸦片战争（1840—1842年）。英国发动鸦片战争，其坚船利炮，从海上打来。英军攻广州，由于林则徐率官民抵御，没能得逞；转攻厦门，邓廷桢率官民抵御，也没得逞；北上攻定海，则清军失败。道光二十二年（1842年），不平等的中英《南京条约》签订。一次战争失败并不那么可怕，可怕的是没能从中吸取正确的历史教训。其实，林则徐已有疏陈，他说："自道光元年（1821年）以来，广东海关征银三千多万两，这些税银大多来自外国的鸦片和其他商品贸易。既然收了它的利，就一定要提防它的害。如果拨出关税收入的十分之一，用来制炮造船，控制外国势力就可以应付自如。"道光皇帝既没有颁《罪己诏》，反省抵御英军失败的责任，也没有采纳正确的意见，更没有研究历史的原因，而是将抵御外侵、打了胜仗的湖广总督林则徐、闽浙总督邓廷桢做替罪羔羊，遣戍到新疆伊犁。

第二，英法联军侵华（1857—1860年），两万多人，又从海上打来。

咸丰八年（1858年），联军攻占天津大沽炮台，签订中英、中法、中美、中俄《天津条约》，后来进攻北京。咸丰皇帝带领后妃逃到避暑山庄，照样歌舞升平，日夜骄奢淫逸。而后联军控制北京，签订《北京条约》。此前，俄国还逼签《瑷珲条约》《中俄勘分西北界约记》等。中国领土和主权等蒙受重大损失，如赔款白银八百万两；俄国先后割占黑龙江以北、外兴安岭以南，乌苏里江以东到海，新疆西部等，总计约一百五十万平方千米土地；圆明园遭到焚掠；中国丧失重大主权等。如此中华奇耻大辱，咸丰帝等既没有颁《罪己诏》，也没有采纳正确意见，更没有研究历史教训。咸丰帝死后，慈禧太后等将八位顾命大臣解职，并处死肃顺等，将这次战争失败的责任推到肃顺等身上。慈禧太后等并没有从清朝败给英法联军中吸取教训，而是忙着搞垂帘听政，掌控皇权，巩固皇权。

第三，甲午海战（1894—1895年），日军还是从海上打来，攻占丹东、旅顺、大连、威海等，北洋舰队覆没，清军失败，签订《马关条约》。条约规定，赔款白银二万万两；割让台湾、澎湖列岛给日本（第二次世界大战胜利后收回中国），等等。慈禧太后等只顾得筹备和庆祝自己的寿辰等，也没有研究海洋文化这块短板，更没有倾力加强海洋建设的决心和韬略。

第四，1990年，八国联军还是从海上打来，清军失败。英、美、法、德、俄、日、意、奥八国组成联军，先攻陷天津，继攻占北京，并侵入紫禁城。慈禧太后带光绪帝等先期离京，明明是出逃，却美其名曰"西狩"，前往西安。翌年，《辛丑条约》签订，条约十七款，其中一款是，中国赔款白银四亿五千万两，分期还清，原本和利息共计九亿八千多万两！并将北京东交民巷划为使馆区。慈禧太后杀了几个"主战派"敷衍了事，也没有下《罪己诏》，更没有在海洋文化建设方面做出根本性的改变。

以上四例，发生在道光帝、咸丰帝和慈禧太后统治时期，应当说，道光帝旻宁、咸丰帝奕詝、慈禧太后叶赫那拉氏，以丧权辱国之罪，被永远钉在中华历史的耻辱柱上。

第五，清朝结束，民国建立。1937年，侵华日军又从海上打来。本来淞沪会战，国民军占有优势，但是日本海军在杭州湾登陆，海陆夹击，国民军失败。接着，三个月之间，一失上海，二失南京，三失武汉，四失长沙，五失广州！

以上五例表明，中华历史之辱，从海洋之殇开始。海洋之殇，源自海洋经济、海洋军事、海洋人才的落后和缺失，而背后深层的原因，还隐藏着海洋文化的短板。

中国是一个地域辽阔、历史悠久的大国。中华文明由多元文化融合而成，主要由五种文化形态组成：一是中原农耕文化，二是西北草原文化，三是东北森林文化，四是西部高原文化，五是沿海暨岛屿海洋文化。

中原农耕文化主要是在黄河、淮河、长江、钱塘江、珠江中下游等地区，以农业所产为衣食之源，这是中华文明的基础、主体与核心。农耕文化养育的皇帝，自秦始皇以来，长期在中国居于主尊地位。草原文化主要分布在北部和西北部的草原地区，以游牧的牛羊为衣食之源。秦汉匈奴、隋唐突厥、元明蒙古等都属于草原文化。草原文化养育的成吉思汗，建立了地跨亚欧的蒙古帝国，忽必烈建立的元朝，在一段时间内居于中国的主要地位。森林文化主要分布在东北地区，大兴安岭以东到海，长城以北到外兴安岭、库页岛（萨哈林岛）以南等广阔地域。人们擅长弓马骑射，以狩猎的飞禽走兽、捕获的鱼类、采集的果实等为衣食之源。森林文化产生过唐朝渤海政权、与南宋对立的金朝，特别是清朝。高原文化的南诏、吐蕃等都是区域性的政权，没有建立全国性的皇朝。而海洋文化呢？

我国在明清强盛时，海域从黑龙江入海口的鞑靼海峡、日本海、渤海、黄海、东海、南海——东沙群岛、西沙群岛、中沙群岛、南沙群岛，直到曾母暗沙，包括今黑龙江、吉林、辽宁、天津、河北、山东、江苏、浙江、福建、广东、广西、海南岛，以及台湾、香港、澳门等沿海地区，广大沿海暨海岛居民以海洋产品和贸易、运输等为主要衣食之源，拥有比较深厚的海洋文化。但是，跟农耕文化、草原文化和森林文化相比，甚至跟高原文化相比，海洋文化存在明显的文化短板。

在中国，远的不说，从秦始皇到宣统帝，两千一百三十二年间，历朝皇帝都缺少海洋文化基因，都不重视海洋文化，所以海洋文化成为中华五种文化形态中的一块短板。

到了15世纪，世界开始进入大航海时代。西方海洋国家，如西班牙、葡萄牙率先崛起，称霸海上。继之，荷兰等崛起。早在明代，而后在清初，西班牙、葡萄牙、荷兰、意大利势力都到了中国。而后英国崛起，四处扩张，建立所谓的"日不没国"。这个时期的清朝执政者仍沉醉于"天朝上国""持盈保泰"的自我陶醉之中。中华文明的海洋文化短板，遇上西方列强的坚船利炮，打了败仗，吃了大亏。中华国门被西方列强叩开，蒙受了历史的奇耻大辱。

《清史稿·兵志·海军》说："中国初无海军。"到光绪十一年（1885年）九月初四才成立海军衙门（《清德宗实录》卷二一五）。这时，距鸦片战争爆发已经过去道光、咸丰、同治三朝，达四十五年之久。直到宣统初，清朝军舰能出海作战的，只有"海筹、海圻等巡洋舰四艘，楚泰、楚谦、江元、江亨等炮舰十余艘而已"（《清史稿》卷一三六）。清朝当局，反应何等之迟缓，又何等之无力！

一部中华文明沉痛的海洋文化短板史,惊醒中国人。历史进入21世纪,中华已经跨入新时代。中国要走向世界,走向海洋。中国发展有了新的机遇。其中的一个重要内容,就是全民重视海洋文化,制定海洋方略,建立强大海军,发展海洋经济,研究海洋科技,建设海洋强国。中华海洋文化,面临新的机遇和新的目标。

## 100

## 故宫新生
——从皇宫到故宫再到故宫博物院

　　明永乐十八年（1420年）十一月初四，永乐皇帝朱棣在北京皇宫奉天殿举行盛典，向天下宣告：北京宫殿，今已告成。到2020年，故宫已经六百年了！故宫六百年的历史是辉煌的，也是曲折的。它从明皇宫到清皇宫，从故宫到故宫博物院，几经蝉蜕，几度新生。

　　1911年，辛亥革命爆发，第二年，清朝灭亡；民国建立，历经艰难。从清朝皇宫演变为故宫博物院，紫禁城所收藏和皇帝享用的宝物，成为博物院的藏品，从而成为属于人民的国宝。从"宫"到"院"，这条道路，走了几百年。

　　辛亥革命以后，故宫一分为二：后宫仍为旧皇家禁地，前廷于1914年2月4日成立国家古物陈列所，将沈阳故宫和避暑山庄等处文物集中转运过来，暂存于武英殿等处，并利用武英殿西配殿开放。

　　1924年11月5日下午4时10分，溥仪等清皇室成员搬离故宫。11月7日，临时执政府发布命令：清理原宫内公产私产，昭示大众。善后委员会由政府和清室双方人士组成。点查清宫物品，以宫殿为单位，逐件编号，依序登录。经过五年多时间，清宫物品清点结束，随后出版

《故宫物品点查报告》，共6编28册，载录每一件文物的编号、品名、件数以及参点人员、监视人员的姓名。清宫遗留物品，有117万件之多，留下完整记录。这些文物就成为后来故宫博物院的藏品。

1925年10月10日，故宫博物院成立，在乾清宫前举行隆重典礼。这一天，神武门上镶嵌李煜瀛手书颜体大字"故宫博物院"青石匾额。当天，故宫正式开放。自永乐建宫五百多年来，人们第一次可以游览故宫中路三大殿和后三宫等宫殿，两天内前来参观的多达五万人。

故宫博物院成立后，故宫又一分为三，后宫部分为故宫博物院，前朝部分为古物陈列所，午门外两庑及端门为国立历史博物馆。之后，故宫逐渐合而为一，古物陈列所并入故宫博物院，午门外两庑及端门建筑也交故宫博物院。另建历史博物馆和革命博物馆，后合并为国家博物馆。这项分割与合并，直到2008年才结束。

故宫博物院的成立，象征着宫廷文物从君有到民有、从君爱到民爱、从君享到民享的划时代的转变。

先说从君有到民有。在古代中国，掌握着至高权力的帝王，必然是全社会最高端、最精美、最稀缺、最珍贵物品的拥有者、收藏者、享用者。经过历代传承和融汇，这些国宝最终为国家所有、民众共享。

1949年，改天换地，发展空前。百年以来，几代中国人对故宫古建和文物的守护、利用与研究，都做出了各自的重大贡献。不少社会贤达以爱文物、爱国家之心，从文物市场以重金购买文物，捐献给国家。仅以张伯驹为例。张伯驹（1898—1982）曾以重金购藏被溥仪携带出宫的西晋陆机《平复帖》、隋展子虔《游春图》、赵孟𫖯草书《千字文卷》收藏。《平复帖》是我国传世最早的一件名人墨迹，他爱同身家性命，抗日战争中曾把此帖缝在随身穿的棉袄里避难。隋展子虔《游春图》是我国现存卷轴山水画中最古老的一幅，张伯驹变卖房产并搭上夫人的首饰才将其买来。后张先生将《平复帖》《游春图》'和《千字文卷》等书画巨品无偿地捐献给国家,成为故宫博物院的藏品。故宫博物院在景仁宫特设景仁榜,将捐献者姓名镌刻于墙上,并出版《捐献铭记》,以做永久纪念。

还有就是从君享到民享。昔日民众不能涉足的皇家紫禁城已成为今天民众可以畅游的故宫博物院,故宫和故宫博物院受到国人和世人的空前关注和热爱。参观故宫,共享故宫,这个现象,日趋鲜明。以2011年巴黎卢浮宫和北京故宫博物院为例,卢浮宫全年接待游客总数为860万人次,故宫博物院全年参观人数为14112384人,约为卢浮宫参观人数的两倍。据统计,2016年北京故宫接待国内外观众达1601万人次,2018年则达到1740万人次。故宫成为迄今世界上参观人数最多的博物院。

六百年的故宫,依靠中华文化养育,而成为中华文化宝库。

从宋宫到清宫,北京故宫的直接收藏,可以上溯到北宋汴梁,曲折历程,已有千年。宋代宫廷收藏丰富,"靖康之乱"后,典籍宝器,悉归于金;宋高宗迁都临安,又广泛收藏。蒙元兴起,先灭金朝,再灭南宋。南宋灭亡,宫廷收藏随着元定鼎大都(今北京),也运到大都。元亡明兴,明大将徐达将元朝内府所藏运到南京;永乐帝迁都北京,宝物回到北京。明亡清兴,明朝宫廷藏品又为清廷所有。所以,清宫承接的文物,是中国历代宫廷收藏的总汇。

故宫的建筑、人物、珍宝——器物、服饰、珠宝、书画、典籍、档案等——早已不是皇家的财富,而是士人、匠师、能工、夫役等,用鲜血、智慧、汗水和生命凝聚的,是中华民族的珍贵财富。后人对中华文化遗产,既应抱以敬畏之心、赞颂之意、骄傲之情、欣赏之趣,更应行以守护之职、关爱之举、学习之实、弘扬之责。

故宫既是中华的,故宫更是世界的。故宫博物院早在1987年就被列为世界文化遗产。故宫,不仅是中华文明的骄傲,而且是世界文明的瑰宝。故宫六百年证明:中华民族已对人类文明发展做出辉煌的贡献,而且正在做着积极的贡献!